JAMES C. DOBSON

… man hat's nicht leicht als Mann

edition TROBISCH

JAMES C. DOBSON

… man hat's nicht leicht als Mann

edition
TROBISCH

hänssler-edition Trobisch
Bestell-Nr. 854.148
ISBN 3-7751-9148-8
2. Auflage

Originaltitel:
Straight Talk to Men and Their Wifes

Übertragung aus dem Amerikanischen: Ulrike Schumacher

Titelfoto: Paxmann/Teutsch, München
Umschlaggestaltung: Christine Paxmann, München
Printed in Germany

Inhaltsverzeichnis

Dieses Buch widme ich, aus Gründen, die beim Lesen dieser Seiten verständlich werden, dem herzlichen Andenken meines Vaters, JAMES DOBSON sen.

Teil I

Was ist ein Mann?

1

Mein Vater

Wer wäre an einem solch schönen Nachmittag auf den Gedanken gekommen, daß mein Vater mit seinen sechsundsechzig Jahren seine letzten Augenblicke auf dieser Erde erlebte? Er hatte das Baby auf dem Arm und unterhielt sich angeregt mit der Familie. Dann kam ein sonntägliches Mittagessen auf den Tisch, und Vater wurde gebeten, für die Gaben zu danken. So neigte James Dobson sen. ein letztes Mal sein Haupt, um den Herrn für seine Güte und Liebe zu preisen. Dieses Gebet sollte zum Segensgebet für ihn selbst werden, denn wenige Minuten später rief Gott über die kalten Ströme des Todes hinweg seine Seele zu sich – ohne Kampf, ohne Schmerz, ohne qualvolles „Abschiednehmen". Er hielt einfach inne, lehnte sich dann an meine Mutter und war tot.

Eine Stunde später erreichte mich meine Frau am Telefon, um mich zu benachrichtigen. Ich war auf einer Vortragsreise und hatte meine Ausführungen an jenem Tag gerade der großen Bedeutung gewidmet, die einer aus christlichem Glauben gelebten Vaterschaft zukommt. Den ganzen Vormittag über hatte ich sogar über meinen Vater und über das große Vorbild gesprochen, das er für mich war. Dann rief Shirley an. Wir empfanden in diesem Augenblick beide ein unaussprechliches Gefühl der Trauer und des Verlustes. Nur wer einmal durch eine ähnliche Erfahrung hindurchgegangen ist, wird es verstehen.

Die Beisetzung fand drei Tage später statt. Bei dieser Gelegenheit hielt ich eine Rede zum Gedenken meines Vaters. Irgendwie gelang es mir, als Ausdruck dessen, was ich in meinem Herzen empfand, an jenem kalten Dezembertag die folgenden Worte zu sagen.

Danksagung für meinen Vater

„Es ist mir ein Bedürfnis, unseren Freunden und Ihnen, die Sie mit uns verbunden sind, im Namen unserer Familie meinen Dank auszusprechen, daß Sie heute hierher gekommen sind, um jenem Mann die letzte Ehre zu erweisen, den wir so sehr geliebt haben.

Ich habe meine Mutter um das Vorrecht gebeten, diese Rede am Grab meines Vaters zu halten, obwohl ich gestehen muß, daß dies der schwierigste Augenblick meines Lebens ist. Der Mann, dessen Körper hier vor mir liegt, war nicht nur mein Vater und mein Freund, er war mir auch eine große Quelle der Inspiration. Nur wenige Menschen wissen, daß vieles von dem, was ich in meinen Büchern geschrieben habe, Ausdruck dessen ist, was er dachte und lehrte. Wenn wir zusammen waren, sprach er, und ich machte mir gewöhnlich Notizen. Wir hatten eine solch enge Beziehung, daß sein Tod für mich ein äußerst schmerzlicher Verlust ist.

So möchte ich mich auch nicht für den Schmerz entschuldigen, der mich in dieser Stunde überwältigt. Es sind keine Tränen aus Schuldgefühlen oder der Reue oder des Bedauerns. Ich habe keine schmerzlichen Erinnerungen ... Es fielen keine harten Worte, die ich wiedergutmachen wollte ... Es gab zwischen uns keine Konflikte oder Kämpfe oder Zwistigkeiten. In diesem Gefühl, das ich heute empfinde, spiegelt sich nur die Liebe eines Sohnes wider, der plötzlich seinen Vater und einen sehr guten Freund verloren hat.

Manche von Ihnen wissen, daß mein Vater im September dieses Jahres einen schweren Herzanfall hatte. Shirley und ich waren nach San Antonio (Texas) gereist, wo ich am Freitag vor der Pädiatrischen Gesellschaft von Texas sprechen sollte. Als wir am Donnerstagabend im Hotel ankamen, erhielten wir eine Nachricht von Dr. Paul Cunningham, aus der hervorging, daß mein Vater auf der Intensivstation eines Krankenhauses in Kansas City lag. Am Freitagmorgen rief Dr. Cunningham nochmals an, um uns zu sagen, daß sich der Zustand meines Vaters verschlimmert hatte und daß man nicht davon ausgehen könne, daß er die Nacht überleben würde. Er teilte mir auch mit, daß mein Onkel, Dr. James McGraw, an jenem Morgen um 10.30 Uhr im gleichen Krankenhaus gestorben war. Es ist unbeschreiblich, wie drückend die Traurigkeit war, die Shirley und ich empfanden, als wir an jenem Nachmittag nach Kansas City flogen. Wir rechneten nicht mehr damit, meinen Vater jemals lebend wiederzusehen, und wir gingen durch allen Schmerz hindurch, den uns sein Verlust bereitete. Als wir aber am Flughafen ankamen, erfuhren wir, daß mein Vater sich in bemerkenswerter Weise erholt hatte und unseren Besuch im Krankenhaus erwartete. Ich werde Gott immer unendlich dankbar dafür sein, daß er unsere Bitten erhört und uns noch neunundsiebzig weitere – herrliche, kostbare – Tage geschenkt hat, bevor er meinen Vater am 4. Dezember 1977 zu sich nahm.

Vielleicht darf ich Ihnen sagen, welche Gedanken mir in diesen von Schmerz und Sorge erfüllten Stunden bei jenem endlos erscheinenden Flug von San Antonio nach Kansas City durch den Kopf gingen. Ich machte innerlich eine Reise in die Vergangenheit, und wie in einem Kaleidoskop zogen frühe Kindheitserinnerungen an mir vorüber. Ich dachte zurück an die glücklichsten Tage meines Lebens, als ich zwischen zehn und dreizehn Jahre alt war. An einem Wintermorgen standen Vater und ich sehr früh, noch vor Sonnenaufgang, auf. Wir zogen unsere Jagdkleidung an und fuhren etwa 30 Kilometer von der kleinen Stadt weg, in der wir lebten. Nachdem wir das Auto auf dem Parkplatz abgestellt hatten und über einen Zaun geklettert waren, kamen wir in ein Waldgebiet, das ich „den großen Wald“ nannte, weil mir die Bäume so groß zu sein schienen. Wir schlichen uns hinunter zu einem Wasserlauf und folgten seinem sich windenden Bett einige Kilometer tief in den Wald hinein.

Dann versteckte mich mein Vater unter einem umgestürzten Baum, unter dessen Ästen sich ein kleiner Raum auftat. Für sich selbst suchte er einen ähnlichen Unterschlupf an einer geschützten Stelle. Wir warteten, bis die Sonne aufging und die Tiere erwachten. Kleine braune und gestreifte Eichhörnchen und Vögel huschten hin und her und merkten nicht, daß sie beobachtet wurden. Mein Vater und ich konnten sehen, wie das atemberaubende Schauspiel des Erwachens der Natur sich vollzog, das so beredt von Gott sprach, der alle Dinge gemacht hat.

Das Wichtigste aber war, daß sich in diesem Wald etwas Entscheidendes zwischen meinem Vater und mir ereignete. An solchen Morgen entwickelte sich eine tiefe Liebe und Zuneigung zu meinem Vater, die eine lebenslang dauernde Freundschaft prägte. Ich empfand eine Nähe und eine Einheit, die in mir den Wunsch weckten, so zu sein wie dieser Mann ... die mich seine Werte zu den meinen machen ließen, seine Träume zu meinen Träumen, seinen Gott zu meinem Gott.

Dies waren einige der Gedanken, die mir bei jener einsamen Flugreise im September in den Sinn kamen. Dann erfaßte mich eine andere Welle von Gefühlen, als ich an meine eigenen Kinder dachte. Ich fragte mich, an welche Dinge sie sich wohl erinnern werden, wenn ich einmal selbst an der Schwelle des Todes stehen werde. Welche Erfahrungen in ihrem Leben werden sie als die glücklichsten empfinden? Werden sie sich an einen Vater erinnern, der ständig beschäftigt war, der sich in erster Linie damit befaßte, Bücher zu schreiben, zum Flughafen zu hasten, Post zu beantworten und lange Telefongespräche zu führen? Oder werden sie an einen geduldigen Vater zurückdenken, der sich Zeit nahm, um ihnen zu zeigen, daß er sie gern hatte, um ihnen neue Dinge beizubringen und sich mit ihnen zusammen an der Schönheit von Gottes Schöpfung zu freuen? Ich bete zu Gott, daß er mir helfen möge, meiner kleinen Familie in diesen ersten und wichtigsten Jahren höchste Priorität einzuräumen.

Mein Vater war ein Mensch, der vieles leidenschaftlich liebte. Seine größte Liebe galt Jesus Christus. Jeder seiner Gedanken und alles, was er tat, entsprang direkt oder indirekt seinem Wunsch, seinem Herrn zu dienen. Und ich kann wirklich sagen, daß wir nie zusammen waren, ohne daß ich durch seine Gegenwart nicht näher zu Gott hingezogen worden wäre. Nicht, weil er mir Angst eingeflößt oder moralischen Druck auf mich ausgeübt hätte ... sondern weil die große Liebe, die er zu seinem Herrn hatte, meine eigenen Einstellungen durchdrang und formte.

Aus dem allerletzten Gespräch, das ich mit meinem Vater hatte, wird deutlich, welches Vertrauen ich in seinen Glauben hatte. Genau fünf Tage vor seinem Tod rief ich ihn von Los Angeles an. Ich sagte: „Vater, ich habe um 11.30 Uhr einen Termin und nur drei Minuten Zeit. Ich rufe dich an, weil ich heute nachmittag einige Entscheidungen treffen muß, die beruflich für mich sehr wichtig sind, und ich möchte dich darum bitten, für mich zu beten". Seine letzten Worte waren: „Ich *werde* dafür beten, Jim." Und man konnte sich darauf verlassen, daß er es auch tat!

Eine andere große Liebe meines Vaters war meine Mutter. Das kam zum Ausdruck, als meine Eltern uns letztes Jahr in Kalifornien besuchten. Mein

Vater und ich gingen eines Morgens in einem nahegelegenen Park spazieren, und wie gewöhnlich sprach er und ich schrieb. Dann griff er in seine Tasche und zog ein zerknittertes Stück Papier hervor, das schon sehr alt zu sein schien. Er sagte: „Vielleicht möchtest du das lesen. Ich habe es vor 42 Jahren zu deiner Mutter gesagt, bevor wir heirateten. Ich habe ihr diese Worte zwar nicht vorgelesen, später aber die Gedanken aufgeschrieben, die ich ihr gegenüber ausgesprochen hatte."

Folgendes stand auf dem Papier:

> Ich möchte, daß du weißt und verstehst, was diese Ehe für mich bedeutet, die wir nun bald beginnen werden. Ich habe von klein auf und im Einklang mit dem Wort Gottes gelernt, daß das Versprechen, das man sich am Traualtar gibt, nicht gebrochen werden darf, und indem ich es gebe, verbinde ich mich mit dir ohne jede Einschränkung und solange ich lebe. Ich werde es niemals zulassen, daß in mir der Gedanke aufkommt, mich aus irgendeinem Grund durch eine Scheidung von dir zu trennen (auch wenn Gott einen – die Untreue – dafür zuläßt). Ich mache mir da keine Illusionen. Im Gegenteil: Ich weiß sehr genau, daß es möglich ist – so unwahrscheinlich es jetzt auch scheinen mag –, daß wir durch charakterliche Gegensätze oder unvorhersehbare Umstände vielleicht sehr aneinander leiden werden. Wenn es dazu kommen sollte, so will ich es als Folge dieses Versprechens annehmen, das ich dir nun gebe und es, wenn nötig, bis zum Ende unseres gemeinsamen Lebens auf mich nehmen.
> Ich habe dich geliebt als meine Freundin und Verlobte, und ich werde dich lieben, wenn du meine Frau bist. Aber mehr noch und darüber hinaus liebe ich dich mit der Liebe Christi, die von mir verlangt, daß ich mich dir gegenüber niemals so verhalte, daß ich unsere Aussichten schmälere, das oberste Ziel unseres Lebens, in die Ewigkeit einzugehen, zu erreichen. Und ich bitte Gott, daß er selbst unsere Liebe zueinander vollkommen und ewig macht.

Ist das nicht eine schöne Art „Ich liebe dich" zu sagen? Wie sehr braucht unser Land Ehemänner und Väter, die in Treue zu ihrer Familie halten – Männer, die *entschlossen* sind, sich dieser entscheidenden Verantwortung wirklich zu stellen. Mein Vater war ein solcher Mann, und seine Verbundenheit mit meiner Mutter nahm in den dreiundvierzig Jahren ihrer Ehe beständig zu. Sie waren in der von Gott gewollten Art und Weise *voneinander abhängig*. Dazu paßt es auch, daß mein Vater im letzten Augenblick, in dem er noch bei Bewußtsein war, sich an meine Mutter lehnte und in ihren Armen friedlich einschlief.

Wenige Menschen wußten, wie groß die Liebe meines Vater zum Lernen war. Als er starb, lag ein Buch neben seinem Sessel. Er hatte ein Kapitel geöffnet, in dem die Struktur der Desoxyribonukleinsäure und jener Prozeß beschrieben wurden, durch den erblich festgelegte Eigenschaften von einer Generation an die nächste weitergegeben werden. Daneben lag eine Liste (in seiner Handschrift) mit den zwanzig wichtigsten Aminosäuren, die beim Menschen vorkommen, nebst einer Aufstellung, wie sie genetisch verschlüsselt werden.

Mein Vater hatte einen unglaublichen Wissensdurst. Einmal befaßte er sich mit der Biologie, dann wieder mit der Physik, der Astronomie, der Ökologie, der Theologie, der Politik, der Medizin oder Kunst. Unten in seiner Werkstatt hinterließ er ein halb vollendetes Gemälde, das einen Gebirgsfluß zeigt; rechts davon hatte er ein Foto angebracht. Eine Palette mit Ölfarben liegt noch genau an dem Platz, an den er sie an jenem letzten Samstagabend hingelegt hatte. Ja, mein Vater liebte *alles*, was Gott geschaffen hat, und es ist aufregend, sich vorzustellen, welcher Lernprozeß gerade in diesem Augenblick auf der anderen Seite vonstatten gehen mußte!

Und dann liebte mein Vater auch mich. Ich habe das von den ersten Augenblicken an erfahren, an die ich mich zurückerinnern kann. Man erzählte mir, daß wir, als ich ein kleines Kind war, in einer Wohnung wohnten, die nur ein Schlafzimmer hatte. Mein Kinderbett stand neben dem Bett meiner Eltern. Vater erzählte, es sei in dieser Zeit nicht selten vorgekommen, daß er nachts aufgewacht sei und eine leise Stimme gehört habe, die „Papa? Papa?" flüsterte. Dann antwortete er ruhig: „Was ist, Jimmy?" Und ich sagte: „Halte meine Hand!" Mein Vater streckte daraufhin seine Hand aus in der Dunkelheit und griff nach meiner kleinen Hand, die er schließlich mit der seinen umschloß. Er erzählte, daß in dem Augenblick, in dem er meine Hand umfaßte, mein Arm locker und mein Atmen tief und regelmäßig wurde. Ich war wieder eingeschlafen. Ich hatte also nur wissen wollen, ob er *da* war. Ich habe in den einundvierzig Jahren meines Lebens immer wieder die Hand nach ihm ausgestreckt, und er war immer da. Nun ist es zum ersten Mal in meinem Leben nicht mehr so.

Was soll jetzt werden? Verlassen wir diese Kirche heute verzweifelt und mutlos? Gewiß nicht, auch wenn unsere Trauer unbeschreiblich groß ist. Aber mein Vater ist nicht in diesem Sarg, der hier vor uns steht. Er *lebt*, und wir werden ihn bald wiedersehen. Er hat die Perle des ewigen Lebens gefunden, das auch wir einmal erben sollen. Ich weiß nun, daß der Tod meines Vaters keine vereinzelte Tragödie ist, die einem unglücklichen Mann und seiner Familie begegnet ist. Hier zeigt sich in einem wahren Sinn die Begrenztheit des Menschen. Das Leben auf dieser Erde geht für jeden einmal vorüber, auch für diejenigen, die wir lieben[1]. Deshalb habe ich mich entschlossen, jeden Tag nach dem Willen Christi zu leben und daran zu denken, daß alles vergänglich ist, das uns heute so dauerhaft zu sein scheint. Selbst in seinem Tod hat mein Vater mich, wie Sie sehen, etwas über das Leben gelehrt.

Ich möchte Ihnen danken, daß ich meine tiefsten Gefühle und Empfindungen heute mit Ihnen teilen durfte. Ich muß abschließend einräumen, daß mein Vater auch wie jeder andere Mensch seine Fehler hatte. Es wäre unangemessen, ihn in einer Weise zu ehren, die er als peinlich empfände, wenn er hier bei uns sitzen würde. Mein Vater hatte seine Fehler, wie Sie und ich auch. Aber ich liebte ihn. Vielleicht, ... wie selten ein Sohn seinen Vater.

Danae und Ryan (an meine Kinder gewandt), euer Großvater war ein großer Mann. Nicht weil er Präsident gewesen wäre oder weil sein Name einmal in den Geschichtsbüchern stehen wird. Er war ein großer Mann, weil er den christlichen Glauben kompromißlos lebte. Und wenn ich euch ein Vater sein kann, der nur halb so gut ist, wie er es war, dann werdet ihr wirklich glückliche Kinder sein."

„Ein plötzlicher Tod ist der Kuß Gottes für die Seele!"

Anonym

2

Die Offenbarung

Zwei Jahre bevor mein Vater starb, sprach er von einer Begebenheit, die sich zugetragen hatte, als er betete und in der Bibel las. Es schien ihm fast unangenehm, Einzelheiten darüber zu berichten, aber ich drängte ihn, mir die ganze Geschichte zu erzählen. Sie beinhaltete eine feste Gewißheit, fast einen göttlichen Ratschluß, daß mein Vater und ich etwas sehr Wichtiges zusammen verwirklichen würden. Er beeilte sich dazu zu sagen, daß ich nicht denken solle, er versuche, sich aufzudrängen. Zuerst hatte er sogar gedacht, er würde niemandem etwas von dieser Erfahrung erzählen, weil er fürchtete, seine Beweggründe könnten mißverstanden werden.

Seine Befürchtungen waren grundlos. Ich habe in meinem Leben schon sehr früh die Erfahrung gemacht, daß, wenn Gott zu meinem Vater „sprach", ich gut daran tat, es zu beachten. Dieser Mann und sein Herr hatten eine sehr ungewöhnliche Beziehung. Oft waren sie im Gebet und in tiefer Gemeinschaft miteinander verbunden, was zwischen vier und sechs Stunden lang dauerte und wobei es besonders um seine Gemeinde und um die Menschen ging, die ihm nahestanden. Und wenn Gott seinem treuen Diener seine Pläne offenbarte, dann kam es mit Sicherheit auch so.

Aber welche Aufgabe würden wir zusammen verwirklichen? Keiner von uns kannte die Antwort auf diese Frage, und wir gingen ihr auch nicht weiter nach. Wir hatten uns zwar zusammengetan, um ein Buch zu verfassen, aber diese Arbeit schien Gott nicht gemeint zu haben. Monate vergingen, und die ganze Angelegenheit wurde unter der großen Überschrift „Was ich an Gottes Wegen nicht verstehe" erst einmal ad acta gelegt.

Dann kam der erste Herzanfall meines Vaters, als ich in San Antonio war. Dieses furchtbare Telefongespräch klang in mir nach. „Dein Vater stirbt. Er hat sowohl eine Arrhythmie als auch eine Kongestion, was nach einem Myokardinfarkt normalerweise

zum Tode führt. Wir glauben nicht, daß er die Nacht überstehen wird. Komme, so schnell du kannst!"
Zwei Freunde brachten mich zum Flughafen, wo Shirley bereits wartete. Aber als wir durch die verkehrsreichen Straßen von San Antonio fuhren, sprach der Herr zu mir. Seine Stimme war nicht hörbar, und er redete auch nicht mit Rauch und Feuer. Ich kann nicht einmal sagen, wie es mir klar wurde. Ich weiß nur, daß Gott mich an das erinnerte, was er meinem Vater geoffenbart hatte und mir sagte: „Du wirst ein Buch für Männer und Väter schreiben, und die Grundlage dafür wird das Leben deines Vaters sein. Es wird von seinen Werten, seiner Hingabe an mich und seinem Leben mit mir inspiriert sein. Das ist das gemeinsame Unternehmen, von dem ich vor zwei Jahren gesprochen habe."
Als wir diese lange Zeit von San Antonio bis Kansas City im Flugzeug verbrachten, wußten Shirley und ich, daß wir sofort bei der Abfertigung feststellen würden, wie es meinem Vater ginge. Wenn meine Mutter dort auf uns warten würde, so hieße das, daß er gestorben war. Stand sie aber nicht dort, so war sie noch bei ihm im Krankenhaus. Als wir das Flugzeug verließen, stockte uns der Atem, als wir mit unseren Blicken die Menschenmenge absuchten, aber zu unserer großen Erleichterung war Mutter nicht dabei. Statt dessen begrüßte uns die Frau des Rektors des Colleges, an dem mein Vater Professor war. Und sie lächelte.
„Ihrem Vater geht es sehr viel besser", sagte sie. „Er freut sich sogar schon auf Ihren Besuch im Krankenhaus."
Ich werde immer für dieses kostbare Geschenk dankbar sein, daß ich ihn noch einmal lebend sehen konnte – und Gelegenheit hatte, ihm all jene Worte der Dankbarkeit und Liebe zu sagen, die wir so selten finden, bevor es zu spät ist. Da stand ich nun an seinem Bett auf der Intensivstation. Inmitten piepsender Oszilloskope und Glukoseflaschen hielt ich diese geschickten Hände, die ich liebte, solange ich denken kann. Er war völlig ruhig und gelassen, nichts schien darauf hinzudeuten, daß er gerade dem Tode entronnen war.
Dann erzählte ich ihm, was der Herr mir auf dem Weg zum Flughafen gesagt hatte. Ich erklärte ihm, daß er seinen Beitrag zu diesem Projekt bereits geleistet habe: in sechsundsechzig Jahren

der Integrität, der Hingabe und der Liebe. Ich hatte ihn in meiner Kindheit zu Hause beobachten können, wo es unmöglich ist, sein wahres Wesen zu verstecken. Aber ich habe kein einziges Mal erlebt, daß er sich auf einen Kompromiß mit dem Bösen eingelassen oder den Glauben, aus dem er lebte, aufgegeben hätte. Sein Glaube war für mich wie ein Leitstern, der mir auf meinem Weg leuchtete und mich sicher an den Fallen vorbei geleitete, in die so viele meiner Freunde hineingerieten.

„Danke, Vater", sagte ich tief bewegt.

Er lächelte wissend, und ich schlich leise aus seinem Zimmer.

Auch wenn inzwischen einige Zeit vergangen ist und er nicht mehr lebt, ist mir dieses Gespräch noch sehr deutlich im Gedächtnis, nun, da ich mit der Arbeit an meinem Teil unseres gemeinsamen Projektes beginne. Heute, am 24. Mai, hätte er seinen achtundsechzigsten Geburtstag gefeiert, und es ist angebracht, wenn ich diese Gelegenheit nutze, um die Werte, die er vertrat, zu beschreiben.

Dieses Buch soll allerdings keine Biographie meines Vaters werden. Sein eigentliches Thema kam bereits drei Jahre vor dem Tod meines Vaters auf. Ich hatte den Herrn um die besondere Gnade gebeten weiterzugeben, was er zu der christlichen Familie zu sagen hat.

Ich betete: „Solange ich Vorträge halten und Bücher schreiben und versuchen werde, Männer, Frauen und Kinder zu beeinflussen, möchte ich wissen, was *du* willst, daß ich sagen soll. Warum sollte ich mich auf mein armseliges Wissen und meine eigene Weisheit stützen, wenn ich an den Quellen dessen schöpfen kann, der die Familie geschaffen hat? Bitte schenke du mir deshalb die Gedanken, die ich nach deinem Willen weitergeben soll."

Wieder erlebte ich einen jener Augenblicke inneren Friedens und großer Klarheit, in denen ich wußte, daß der Herr gesprochen hatte. Es wäre noch zu betonen, daß es vergleichsweise weniger häufig vorkommt, daß Gott so eindeutig und klar spricht, zumindest, was mich anbelangt. Viel häufiger erfahre ich seinen Willen durch bestimmte Umstände, die mir durch seine Vorsehung begegnen, Türen, die sich öffnen oder schließen und so weiter. Aber manchmal hat er mir seinen Willen auch direkt in mein Herz gegeben.

So war es auch mit meinem Gebet um Weisheit und Einsicht (auch wenn es jetzt übertrieben und „wichtigtuerisch" erscheint, es zu erwähnen). Aber die Antwort Gottes sah, wenn ich versuche, sie in meine eigenen Worte zu fassen, folgendermaßen aus: „Wenn Amerika die unglaublichen Belastungen und Gefahren überstehen wird, dann, weil Männer und Väter der Familie wieder höchste Priorität einräumen und sich einen Teil ihrer Zeit und ihrer Kraft freihalten, um die Führungsaufgaben in ihrer Familie wahrzunehmen!"

Ich habe diesen Gedanken in den vergangenen fünf Jahren bei jeder Gelegenheit pflichtgemäß weitergegeben. Ich habe ihn im Radio, im Fernsehen, auf Kassetten und im Film zum Ausdruck gebracht. Nun ist die Zeit gekommen, ihn in schriftlicher Form niederzulegen, so daß dieses Konzept in seinen vielen verschiedenen Dimensionen erarbeitet werden kann. Damit sind wir beim heutigen Tage angelangt.

Nachdem ich den Hintergrund für dieses Buch dargelegt habe, möchte ich ganz ehrlich sagen, was es mir persönlich bedeutet. Ich fürchte, es gibt Autoren, die ein neues Manuskript aus demselben Geist heraus schreiben, aus dem Ford ein neues Modell herausbringt. Es ist lediglich ein Element in einer langen Reihe von neuen Produkten, dem keine größere Bedeutung zukommt als dem vorhergehenden oder dem nachfolgenden. Ich denke jedoch, daß das, was ich Männern zu sagen habe, das entscheidendste Thema ist, mit dem ich mich jemals befaßt habe, und als solches vielleicht die Aufgabe darstellt, für die ich geboren bin. Die westliche Welt steht an einem großen Scheideweg ihrer Geschichte. Und ich bin aufgrund der oben erwähnten Erfahrung der Meinung, daß unser Überleben als Volk mit dem Vorhandensein oder Fehlen einer männlichen Führung in Millionen von Familien stehen und fallen wird.

Warum messe ich der Rolle des *Mannes* für das Überleben einer Kultur eine so entscheidende Bedeutung bei? Weil keine moderne Gesellschaft stärker zusammenhalten kann als die einzelnen Familien, aus denen sie sich zusammensetzt, und dies scheint den Frauen eher bewußt zu sein als ihren Ehemännern. Das zeigt die Erfahrung. Wer liest die Bücher zum Thema Familie? Es ist bekannt, daß es zu achtzig Prozent Frauen sind. Wer kommt zu den Seminaren über eine sinnvolle Gestaltung des Familienlebens? Die meisten der Teilnehmer sind Frauen. Wer schreibt sich für Bibelkurse ein, in denen es um die biblischen Grundlagen der Familie geht? Die Zahl der Frauen ist weitaus größer als die der Männer. Wer hört Radiosendungen und Kassetten über Ehe und Elternschaft? Und wieder ist es wahrscheinlich, daß die meisten dieser Personen weiblichen Geschlechts sind.

Ich möchte damit sagen, daß christliche Frauen bereits weitgehend ein großes Interesse daran entwickelt haben, wirklich etwas für ihre Familien zu tun. Und auch nur ungern muß ich sagen, daß Frauen oft mehr über die Rolle wissen, die Gott dem Mann zugedacht hat, als ihre Männer. Eine Art der Briefe, die ich am häufigsten erhalte, kommt von Hunderten von Frauen, die alle die gleiche Frage stellen:

> „Mein Mann übernimmt in unserer Familie nicht die geistliche Führung. Er scheint nicht zu merken, welches meine Bedürfnisse sind und was die Kinder brauchen. Wie kann ich ihm das deutlich machen?"

Deshalb glaube ich mit allem, was in mir ist, daß wir Männer die *Schlüssel* zur Bewahrung der Familie in der Hand haben. Wenn wir Männer dazu bringen können, einmal lange genug innezuhalten und sich der Probleme anzunehmen, dann werden manche von ihnen Änderungen herbeiführen, die zum Überleben nötig sind. Und ich bin sicher, daß ihre Frauen diesem Beispiel folgen werden.

Derek Prince hat die Ansicht vertreten, daß sich die wichtigsten Probleme der westlichen Welt auf eine Erscheinung zurückführen ließen, die er als „männliche Drückebergerei" bezeichnet. Unter einem „Drückeberger" versteht man bekanntlich „einen, der sich drückt". Das ist ein harter Vorwurf, aber es ist etwas Wahres an dieser Einschätzung. Gott hat dem Mann den Auftrag gegeben, in seiner Familie die Führungsaufgaben zu erfüllen: Führung im Sinne liebender Autorität; Führung in der Form der Verwaltung der Finanzen; Führung der ehelichen Beziehung. Den Männern ist gesagt: „... liebet eure Frauen, wie auch Christus die Gemeinde geliebt hat und hat sich selbst für sie dahingegeben" (Epheser 5, 25). Das ist kein unverbindlicher Vor-

schlag für das Verhalten des christlichen Mannes; es ist vielmehr das *Gebot* Gottes für den Ehemann und Vater.
Ziel dieses Buches ist es also, die Männer zu den Waffen zu rufen. Aber darüber hinaus möchte ich Männlichkeit neu definieren. Das jüdisch-christliche Selbstverständnis des Mannes ist durch die Emanzipationsbewegung der Frau, die nicht nur alles traditionell Weibliche in Frage gestellt, sondern auch die Männer verwirrt hat, verwischt worden. Der „Macho" wird von den Medien als Anachronismus gezeichnet. Der Pantoffelheld-Vater, der vor dem Fernsehapparat sitzt, ist und bleibt ein kleinbürgerlicher Narr, der sich kaum an seinen Namen und an seine Adresse erinnern kann. Durch diesen gemeinsamen Angriff auf die „Männlichkeit" ist der Begriff dessen, was ein guter Vater ist und was ein liebevoller Ehemann tut, verkürzt oder völlig inhaltsleer geworden.
Ich glaube, mein Vater lebte ein Art von Männlichkeit vor, die dem entspricht, wie sie nach dem Willen Gottes gemeint ist. Vielleicht können wir durch sein Beispiel ein Modell rekonstruieren, das dem Schöpfer selbst wohlgefällig ist.

3

Was ist ein Mann?

An Weihnachten 1969 kamen die beiden Brüder meines Vaters und seine Schwester zu einem Familientreffen in Kalifornien zusammen. Bei dieser glücklichen Gelegenheit verbrachten sie in den fünf gemeinsamen Tagen den größten Teil der Zeit damit, daß sie sich an ihre Kindheit und an die ersten Lebensjahre zurückerinnerten. Eines der Enkelkinder scheute nicht die Mühe, diese Gespräche auf Kassetten aufzunehmen, und ich hatte das Glück, einen vollständigen Satz davon zu bekommen. Welch reiches Erbe zeigt sich doch, wenn man Einblick in die Familie meiner Großeltern und in die frühen Erfahrungen meines Vaters gewinnt.

Obwohl alle diese Berichte für mich sehr interessant waren, zog sich doch ein roter Faden von etwas sehr Bezeichnendem durch alles, was in dieser Woche zusammengetragen wurde. Dabei ging es vor allem um die große *Achtung*, mit der diese vier Geschwister sich an ihren Vater (meinen Großvater) erinnerten. Er war bereits 1935, ein Jahr bevor ich geboren wurde, gestorben. Sie sprachen jedoch auch 34 Jahre später noch mit unübersehbarem Respekt von ihm. Sie dachten an ihn zurück als an einen Mann von großer charakterlicher Stärke und innerer Kraft.

Ich bat seine Kinder, mir zu erklären, was sie so sehr an ihm bewunderten, erhielt aber nur vage und recht allgemeine Antworten. „Er war ein Hort der Stärke", sagte der eine. „Er besaß eine gewisse Würde", meinte der andere und erläuterte seine Aussage durch entsprechende Gesten. „Wir hatten einfach großen Respekt vor ihm", antwortete der dritte.

Es ist schwer, eine Persönlichkeit in allen ihren Einzelheiten und in ihrer Vielschichtigkeit zu beschreiben, und es gelang ihnen nicht, die rechten Worte dafür zu finden. Erst als wir über einzelne Erinnerungen sprachen, wurde die Persönlichkeit dieses väterlichen Menschen deutlich. Mein Vater lieferte in seiner Beschreibung des Sterbens von Großvater Dobson den besten Beweis dafür. Ich habe diesen Bericht im folgenden abgedruckt. Er zeigt deutlich, was für einen Einfluß ein großer Mann auf seine Familie haben kann, sogar noch drei Jahrzehnte nach seinem Tod.

Die letzten Tage im Leben des R. L. Dobson

Der Anfall, bei dem er sein Leben verlor, kam, als er 69 Jahre alt war, und führte schließlich zur Auflösung der Familie. Viele Jahre lang konnte ich nicht am Tri-State Hospital vorbeigehen, ohne daß mein Blick an einem bestimmten Fenster haftenblieb. Es stach aus den übrigen hervor, denn es gehörte zu jenem Raum, in dem er so schwer gelitten hatte. Auch die Zeit, die inzwischen vergangen ist, hat nichts daran ändern können, daß mir jene tragischen Tage und Nächte mit unveränderter Klarheit im Gedächtnis bleiben.
Wir waren drei Tage und drei Nächte bei ihm, praktisch ohne zu schlafen, sahen, wie er nach Atem rang, hörten, wie das Ende näher kam, ahnten das Herannahen des Todes. Vater lag in tiefem Koma. Sein schwerer Atem war bis ans Ende des Korridors zu hören. Wir gingen in den Hallen dieses alten Krankenhauses auf und ab und hörten den ununterbrochenen Todeskampf, der schwächer und schwächer wurde. Mehrere Male hatte uns die Schwester hereingerufen, und wir hatten „Abschied genommen" – den tiefen Schmerz des Loslassens durchlebt. Sein Herz erholte sich aber immer wieder, und dann begann das endlose Wachen wieder von neuem. Schließlich waren wir in ein benachbartes Zimmer gegangen, eigentlich nicht um zu schlafen, aber in den Stühlen und quer über den Betten liegend hatte uns vor völliger Erschöpfung der Schlaf überwältigt.
Fünf Minuten vor vier Uhr am Morgen kam die Krankenschwester herein und weckte meinen Zwillingsbruder. Robert sprang auf: „Ist er tot?" fragte er.
„Nein, aber wenn Sie Ihren Vater noch einmal sehen wollen, solange er noch lebt, dann sollten Sie jetzt kommen."
Schnell wußten alle, worum es ging, und wir drängten uns in das Krankenzimmer, um ein letztes Mal an seinem Bett zu stehen. Ich erinnere mich, daß ich auf der linken Seite stand: Ich strich ihm das Haar aus der Stirn und legte meine Hand auf seine große, alte, rote Hand, die der meinen so ähnlich war. Ich spürte das Fieber, das dem Tod vorausgeht: 40 ° C. Während ich dort stand, erlebte ich eine Veränderung. Statt ein erwachsener Mann zu sein (ich war damals 24 Jahre alt), wurde ich wieder ein kleiner Junge. Es heißt, daß dies oft bei Menschen geschieht, die den Tod eines Elternteils erleben. Ich fühlte mich zurückversetzt auf den Bahnhof in Shreveport, Louisiana. Es war später Nachmittag, und ich wartete auf ihn. Der alte Personenzug aus Kansas City fuhr ein, und ich sah, wie er um die Kurve kam. Es erfüllte meine Brust mit Stolz. Ich wandte mich an den kleinen Jungen, der neben mir stand, und sagte: „Siehst du diesen Mann, der da am Ende des Zuges steht, der mit der rechten Hand an der Luftdruckbremse und der Trillerpfeife in der linken, mit der er den Zugführern das Signal gibt? Dieser große Mann ist mein Vater!" Er zog die Luftdruckbremse, und ich hörte das Quietschen der Räder, bis sie stillstanden. Ich sah, wie er vom letzten Wagen heruntersprang. Ich raste los und flog in seine Arme. Ich drückte ihn

fest an mich und roch den Qualm der Dampflok in seinen Kleidern. „Ich hab' dich lieb, Papa", sagte ich.
Die Erinnerung kommt zurück. Ich streichelte diese große Hand und sagte: „Auf Wiedersehen, Vater", denn er wurde nun sehr schnell schwächer. „Wir haben nicht vergessen, wie hart du gearbeitet hast, um fünf Söhnen und einer Tochter das Studium zu finanzieren, wie du die alten Zugschaffneruniformen getragen hast, bis sie verschlissen waren, wie du auf alles verzichtet hast, damit wir uns Dinge leisten konnten, die wir nicht unbedingt brauchten."
Dann machte er, wie ein mächtiges Schiff, das den Hafen der Erdenzeit verläßt, um die Fahrt auf der hohen See der Ewigkeit zu beginnen, seinen letzten Atemzug. Die Schwester deutete an, wir sollten das Zimmer verlassen und zog das Laken über sein Gesicht, eine Handbewegung, die mein Herz mit Entsetzen erfüllte, und wir verließen leise weinend das Zimmer. Dann geschah etwas, das ich niemals vergessen werde. Gerade als wir an der Tür angelangt waren, legte ich meinen Arm um meine kleine Mutter und sagte: „Mama, das ist schrecklich."
Sie tupfte sich mit ihrem Taschentuch die Augen trocken und sagte: „Ja, Jimmy, aber deine Mutter möchte, daß du in diesem Augenblick etwas bedenkst: Wir haben hier unten „gute Nacht" gesagt, aber einmal werden wir dort oben „guten Morgen" sagen.
Ich glaube, sie sagte elf Jahre später tatsächlich „guten Morgen", und ich weiß, daß er „hinter der Morgenröte" auf sie wartete.
Sein Tod zeichnete sich durch Ruhe und Würde aus, wie sein ganzes Leben. Das war das Ende des Lebens von R. L. Dobson und auch das Ende des Zusammenhalts der Familie. Das alte Zuhause war nicht mehr das gleiche. Der frühere Geist, der uns als Kindern vertraut war, war für immer dahin!

Wenngleich aus dieser Schilderung nur wenige der charakteristischen Züge von R. L. Dobson hervorgehen, die seinen großen Einfluß auf seine Familie begründeten, so sagt sie doch vieles darüber, was sein Sohn ihm gegenüber empfand. Ich weiß nur noch wenige weitere Einzelheiten. Mein Großvater zeichnete sich durch absolute Integrität und Ehrlichkeit aus. Obwohl er bis kurz vor seinem Tode kein Christ war, richtete er sich nach einem inneren Maßstab, der ungewöhnlich kompromißlos war. Als junger Mann zum Beispiel investierte er beträchtliche Summen in ein gemeinsames Unternehmen, das er zusammen mit einem Partner führte, über den er später herausfand, daß er nicht ehrlich war. Als er von den Betrügereien erfuhr, übergab er die Gesellschaft praktisch dem anderen. Der frühere Partner machte die Firma zu einem der erfolgreichsten Unternehmen im Süden der Vereinigten Staaten und wurde Multimillionär. Aber mein Großvater schaute niemals zurück. Er ging mit einem reinen Gewissen ins Grab.

Selbstverständlich hatte er noch viele andere bewundernswerte Züge, und vieles davon war auch meinem Vater eigen. Diese beiden Männer verkörperten viele Eigenschaften, die ich im Hinblick auf die Erörterung des Themas „Männlichkeit" für entscheidend halte. Mein Vater bereicherte dieses Bild noch um eine weitere Dimension: die *Verwundbarkeit.*
Nachdem wir einen ersten Blick auf das Bild zweier starker Väter geworfen und ihren Einfluß auf ihre Familien beobachtet haben, wollen wir uns nun näheren Einzelheiten zuwenden. Wir werden über die Beziehungen eines Mannes zu seinen Kindern, zu seiner Frau, zu seiner Arbeit und zu seinem Gott sprechen und auf damit zusammenhängende Themen eingehen. Und während wir das tun, möchte ich denjenigen von Ihnen, die eine persönliche Beziehung zu unserem Herrn haben, einen Vorschlag machen. Vielleicht möchten Sie, *bevor* Sie ein neues Kapitel zu lesen beginnen, innehalten und ihn fragen, welche neuen Gedanken er Ihnen durch dieses Buch ins Herz geben möchte. Es ist mir ein Anliegen, daß er zu jeder Familie (und besonders zu jedem Mann) spricht und uns klarmacht, was wir hören müssen.

Teil II

Ein Mann und seine Kinder

4

Ein Mann und seine Kinder

Vor einigen Wochen war ich gerade auf dem Weg zu meinem Auto, das ich auf dem Parkplatz eines Einkaufszentrums abgestellt hatte, als ich einen lauten und entsetzten Aufschrei hörte. „Auuuuh!" tönte es mit schmerzerfüllter männlicher Stimme. Ich entdeckte in etwa 15 Meter Entfernung einen Mann, der sich in großer Verzweiflung befand (und das aus gutem Grund). Seine Finger klemmten in einer Autotür, die offenbar unerwartet zugeschlagen worden war. Dann wurde der übrige Teil der Geschichte deutlich. Auf dem Vordersitz kroch ein schelmischer kleiner Kerl von drei Jahren herum, der allem Anschein nach auf die Idee gekommen war, „Papi auszusperren". Der Vater deutete voller Verzweiflung auf seine Finger und sagte: „Oh! Oh! Oh, mach doch bitte auf, Liebling. Sie sind eingeklemmt... Bitte... Aufmachen... Aufmachen!" Der kleine Liebling verstand endlich und entriegelte die Tür, so daß Papis blaue Finger freikamen. Dann trat der Vater auf dem Weg des Parkplatzes von einem Bein auf das andere, hüpfte zwischen den Autos hin und her und hielt sich seine schmerzende Hand. Das kleine Kerlchen saß ungerührt auf dem Vordersitz des Autos und wartete, daß Papa sich beruhigte.

Ich weiß, daß dieser Zwischenfall für den Mann, der ihn erlebte, sehr schmerzhaft war, aber ich muß gestehen, daß er für mein Empfinden auch eine gewisse Komik beinhaltete. Vermutlich, weil dieses Vorkommnis zeichenhaft darstellte, welch einen hohen Preis die Erziehung von Kindern kostet. Und fürwahr, es *sind* einige Opfer nötig, wenn man heute Jungen und Mädchen erziehen möchte. Eltern geben ihren Kindern das Beste, das sie haben, und diese schlagen ihnen dann die Tür vor der Nase zu und klemmen ihnen „die Finger" ein – besonders in jenen undankbaren Jahren der Pubertät. Wahrscheinlich spottete deshalb einmal jemand: „Verrücktheit ist eine erbliche Krankheit. Man bekommt sie von seinen Kindern."

Wir bekommen aber auch andere Dinge von unseren Kindern, wie zum Beispiel Liebe, Lebenssinn, ein Lebensziel und eine Möglichkeit zu geben. Sie helfen uns, den Sinn für Humor nicht zu verlieren, eine Gabe, die in unserem Zeitalter des Stresses für die Erhaltung eines inneren Gleichgewichtes von wesentlicher Bedeutung ist. Das erinnert mich an den elfjährigen Sohn von Frau Ortlund, den sie in ihrem Buch „Disciples of a Beautiful Woman“ erwähnt. Sie war mit diesem lebhaften Jungen bei einer Routineuntersuchung beim Kinderarzt. Bevor sie ins Sprechzimmer kamen, wurde das Kind von der Helferin gewogen und gemessen, und sie versuchte, eine Anamnese zu erheben.
„Frau Ortlund“, sagte die Sprechstundenhelferin, „wie gut schläft der Junge?“
Nels antwortete selbst: „Ich schlafe sehr gut.“ Die Helferin notierte es. „Wie steht es mit seinem Appetit, Frau Ortlund?“
„Ich esse alles“, sagte Nels. Sie schrieb es auf.
„Frau Ortlund, wie ist seine Verdauung?“
Auch diese Frage beantwortete der Junge selbst.
Solche Erinnerungen sind für Eltern, die nicht zu müde sind, um sie wahrzunehmen, unbezahlbar. Lassen Sie mich noch eine weitere wahre Begebenheit erzählen. Ein Vater berichtete mir kürzlich von einem fünfjährigen Jungen, der genau in dem Augenblick auf der Toilette saß, als ein Erdbeben Los Angeles und Umgebung erschütterte. Der Stoß war so stark, daß der Kleine vom Sitz gefallen war. Da er aber noch nie ein Erdbeben erlebt hatte, dachte er, die Erschütterung sei durch ihn ausgelöst worden. „Was hab' ich denn da gemacht, Mama?“ fragte er mit kindlich großen Augen.
Eine Familie ist für die Menschen, denen ein Leben mit Kindern geschenkt ist, buchstäblich eine „Schatzkammer von Erinnerungen“. Ich kann mich auch an zehntausend Begebenheiten erinnern, die ich mir sorgfältig im Gedächtnis bewahrt habe. Die „Videobänder“ der ersten Lebensjahre unserer Kinder gehören zum Kostbarsten, das ich besitze: Auch jetzt noch sehe ich ein sechsjähriges Mädchen aus der Schule heimkommen. Die Haare sind verstrubbelt, und der eine Kniestrumpf ist bis zum Knöchel hinuntergerutscht. Man sieht der Kleinen an, daß sie, den Kopf unten, am Kletterturm auf dem Spielplatz geschaukelt hat. Sie

möchte ein Glas Milch haben und setzt sich an den Küchentisch; sie merkt nicht, wie süß ich sie in diesem Augenblick finde und wie lieb ich sie habe. Dann rennt sie nach draußen zum Spielen. Ein neues „Band" beginnt abzulaufen. Ich sehe einen vierjährigen Jungen mit einem Heftpflaster auf dem Knie und Brotkrümeln im Gesicht. Er kommt auf meinen Stuhl zu und möchte auf meinen Schoß.

„Tut mir leid", sagte ich. „Nur *ein* kleiner Junge auf der ganzen Welt kann auf meinem Schoß sitzen, wenn er will."

„Wer ist das?" möchte er wissen.

„Oh, den kennst du bestimmt nicht. Er heißt Ryan."

„Aber ich heiße doch Ryan!"

„Ja, aber der kleine Junge, den ich meine, der hat blondes Haar und blaue Augen."

„Da, schau, ich habe doch blonde Haare. Und meine Augen sind blau."

„Ja, aber viele Kinder haben blondes Haar und blaue Augen. Der einzige kleine Junge, der auf meinen Schoß kann, ist mein Sohn ... mein einziger Sohn ..., den ich liebhabe."

„Hey, das bin ich! Ich bin dein Sohn. Ich heiße Ryan! Und ich komme!"

Dieses kleine Spiel haben wir lange gespielt, und es hat immer noch seine Bedeutung. Aber ich höre meine Leser schon förmlich sagen: „Sie sind eben sentimental."

„Wetten, ich bin's!" sage ich darauf. Ich schäme mich nicht zuzugeben, daß *Menschen* mir wichtig sind und daß mir die Menschen in meiner eigenen Familie am meisten bedeuten. Ich habe jedes Alter unserer Kinder sehr genossen, und ich wünschte, sie (wir) könnten immer jung bleiben.

Nicht nur Shirley und ich haben uns an diesen Jahren des Größerwerdens gefreut, auch Danae und Ryan teilten offensichtlich diese Freude. Besonders unsere Tochter war in jeglicher Hinsicht gerne Kind und konnte sich nur zögernd von ihrer Kindheit trennen. Ihre Schallplatten und ihre Stofftiere und ihr Kinderzimmer waren ihr stolzester Besitz, seit sie ein Krabbelkind war. Sie setzte sich auch noch vier Jahre lang nachdem sie wußte, daß er nicht echt war, bei dem Nikolaus auf den Schoß. Ach ja, dann wurde sie dreizehn Jahre alt und lauschte einer neuen Art von Klängen. Vor etwa einem Jahr sah sie ihre Spielsachen und

Schallplatten durch, packte sie ordentlich zusammen und ließ sie vor der Tür zu Ryans Zimmer stehen. Obenauf lag ein Briefchen, das Shirley mir mit Tränen in den Augen brachte. Es hatte folgenden Text:

„Lieber Ryan,

Das gehört jetzt alles Dir. Paß bitte gut darauf auf, wie ich es getan habe.

Alles Liebe
Deine Danae"

Diese kurze Nachricht zeigte an, daß die Tür mit dem Namen „Kindheit" geschlossen worden war. Und nachdem sie einmal zu war, konnte keine Macht auf Erden sie wieder öffnen. Deshalb sollte man die Zeit der frühen Kindheit und der ersten Schuljahre als eine ganz besondere Zeit betrachten, die viel zu schnell vergeht. Dennoch liegt diese so kostbare Phase der Prägung häufig in einer Zeit, in der die Väter für ihre Kinder am wenigsten erreichbar sind. Sie versuchen, beruflich weiterzukommen, rennen, rasen, hasten und hetzen, bringen abends eine zum Bersten vollgestopfte Aktentasche mit Arbeit nach Hause, müssen so schnell wie möglich zum Flughafen, um das letzte Flugzeug nach Chicago noch zu erwischen, arbeiten nebenher, um die große Urlaubsreise finanzieren zu können, und schließlich sinken sie völlig erschöpft ins Bett. Wieder ist ein Tag vergangen, ohne daß zwischen dem Vater und seinem kleinen Jungen oder seinem kleinen Mädchen, dem er so vieles nahebringen könnte, irgend etwas geschehen ist.
Eine Mutter erzählte mir einmal, daß sie hörte, wie ihr Sohn im Vorschulalter sich vor der Haustür mit einem anderen Vierjährigen unterhielt.
„Wo ist dein Papi?" fragte er. „Ich sehe ihn nie."
„Oh, er *lebt* nicht hier", kam die Antwort. „Er ist nur zum *Schlafen* da."
Ohne Schuld auf die Häupter meiner männlichen Leser häufen zu wollen, muß ich sagen, daß allzu viele Väter in ihren Familien nur zum *Schlafen* da sind. Und als Folge davon haben sie völlig auf ihre Verantwortung verzichtet, im Leben ihrer Kinder eine führende Rolle zu spielen und sie zu prägen. Ich habe in meinem vorhergehenden Buch „Das solltest du über mich wissen" eine

Studie zitiert, die das Problem der nicht erreichbaren Väter belegt. Lassen Sie mich daraus zitieren!

„In der Ausgabe vom August 1974 der Zeitschrift „Scientific American" stand ein wichtiger Artikel von Urie Bronfenbrenner unter der Überschrift „Ursachen der Entfremdung". Seine Ansichten verdienen Beachtung.In diesem Artikel ging Dr. Bronfenbrenner auf die zunehmende Statusabwertung der Familie und die für ihre Schwächung verantwortlichen Kräfte ein. Genauer gesagt, er ist besorgt über die Umstände, die dazu führen, die Rolle der Eltern ernsthaft zu untergraben und die Kinder der Leitung und Liebe berauben, die sie zum Überleben brauchen.
Dr. Bronfenbrenner schildert das Problem des „Erfolgszwanges" so: „Die Anforderungen eines Berufs, der – über den Arbeitstag hinaus – Mahlzeiten, Abende und Wochenenden mit Beschlag belegt, die Geschäftsreisen und beruflichen Schachzüge, die man unternehmen muß, um voranzukommen oder am Ball zu bleiben, die immer größere Menge an Zeit, die für Fahrten zur Arbeit, Einladungen, Geselligkeit, für gesellschaftliche und kommunale Verpflichtungen investiert werden muß, diese Dinge schaffen eine Situation, in der ein Kind vielfach mehr Zeit mit einem desinteressierten Babysitter verbringt als mit einem engagierten Elternteil."
Nach Ansicht von Dr. Bronfenbrenner ist dieser Erfolgszwang insbesondere unvereinbar mit den väterlichen Pflichten, wie eine kürzlich durchgeführte Untersuchung aufzeigt, die erstaunliche Erkenntnisse zutage förderte. Ein Team von Wissenschaftlern wollte feststellen, wieviel Zeit die amerikanischen Durchschnittsväter täglich für Spiel und Beschäftigung mit ihren kleinen Kindern abzweigen. Als erstes wurde eine Gruppe von Vätern gefragt, wieviel Zeit sie nach eigenen Schätzungen täglich mit ihren einjährigen Kindern zubringen. Die Antworten lauteten im Schnitt fünfzehn bis zwanzig Minuten. Zur Überprüfung dieser Angaben befestigten die Ermittler ein Mikrophon an die Hemden der Kinder, das den tatsächlichen verbalen Kontakt mit den Eltern aufzeichnete. Das Ergebnis dieser Studie ist erschreckend. Die Zeit, die diese Väter, die alle dem Mittelstand angehörten, mit ihren kleinen Kindern verbrachten, betrug im Schnitt ganze 37 Sekunden am Tag! Ihr direkter Kontakt ging über täglich 2,7 Begegnungen von jeweils 10- bis 15sekündiger Dauer nicht hinaus. Darin, so scheint es, erschöpft sich für Millionen von Vätern heute der Beitrag an Zeit, den sie für ihre Kinder aufbringen."[2]

Lassen Sie uns diese 37 Sekunden der Begegnung zwischen Vätern und ihren kleinen Kindern mit einer anderen Statistik vergleichen. Das Vorschulkind sieht im Durchschnitt wöchentlich 20 bis 30 Stunden fern. (Die Zahlen unterscheiden sich von einer Studie zur andern). Was für ein unglaubliches Bild zeichnen diese beiden Statistiken doch. In den entscheidenden Lebensjahren, wenn Kinder so intensiv auf ihre Erfahrungen reagieren, widmen ihre Väter ihnen 37 Sekunden am Tag, aber 20 Stunden oder mehr pro Woche stehen sie unter dem Einfluß des Fernsehgeräts! Braucht man da noch zu fragen, wovon die Werte unserer Kinder geprägt werden?

Werte werden unseren Kindern nicht beigebracht. Selten können wir Klein-Johannes oder Klein-Maria dazu bringen, auf dem Stuhl stillzusitzen, während wir ihnen einen Vortrag über Gott und andere wichtige Dinge im Leben halten. Sie sind vielmehr mit einem inneren „Motor" ausgerüstet, der keinen Leerlauf kennt. Ihr Getriebe hat nur folgende Gänge: rennen, springen, klettern, krabbeln, rutschen und sich fallen lassen. Jungen und Mädchen sind einfach nicht für ruhige Gespräche über schwerwiegende Themen eingerichtet.

Wie bringen verantwortungsbewußte Eltern ihren Kindern ihre Haltungen und Werte und ihren Glauben nahe? Es geschieht *nebenbei,* durch die sich wiederholenden Bezüge im alltäglichen Leben (Siehe 5. Mose 6, 4-9). Das konnten wir in unserer eigenen Familie beobachten, als Danae zehn und Ryan fünf Jahre alt waren. Wir fuhren an einem Kino vorbei, das nur pornographische Filme zeigte. Ich glaube, der Film hatte den Titel „Fleischliche Lüste" oder einen ähnlich sinnlichen Namen. Danae, die vorne im Wagen saß, deutete auf das Kino und sagte: „Das ist ein schmutziger Film, nicht wahr, Papa?"

Ich nickte bestätigend. „Nennt man so etwas einen Schundfilm?" fragte sie. Wieder bedeutete ich ihr, daß sie recht hatte.

Danae dachte einen Augenblick nach, dann meinte sie: „Schmutzige Filme sind wirklich schlecht, nicht wahr?" Ich sagte: „Ja, Danae, schmutzige Filme sind etwas sehr Böses."

Dieses Gespräch dauerte insgesamt weniger als eine Minute, und es setzte sich lediglich aus drei kurzen Fragen und drei Antworten zusammen. Ryan, der hinten saß, schaltete sich nicht in unsere Diskussion ein. Eigentlich hätte ich gerne gewußt, was er darüber dachte, aber ich kam zu dem Schluß, daß er wahrscheinlich überhaupt nicht zugehört hatte.

Ich irrte mich. Ryan hatte unser Gespräch mit angehört und dachte offensichtlich mehrere Tage lang darüber nach. Aber lustigerweise wußte Ryan nicht, was ein „schmutziger Film" war. Wie sollte ein fünfjähriger Junge auch wissen, was an solchen Orten vor sich geht, da noch nie jemand mit ihm über Pornographie gesprochen hatte. Trotzdem hatte er seine eigene Vorstellung davon. Diese offenbarte sich mir vier Abende später, als wir beide niederknieten, um das Abendgebet zu sprechen.

Ryan, dieses Vorschulkind, kam spontan auf das Gespräch zurück, das wir am Anfang der Woche gehabt hatten. „Lieber Herr", begann er mit großem Ernst, „hilf mir, daß ich mir keine schmutzigen Filme ansehe ..., wo jeder den anderen bespuckt." Das Schmutzigste, das Ryan sich vorstellen konnte, bestand darin, eine vogelfreie „Spuckzielscheibe" zu sein. Ich mußte zugeben: Das wäre wirklich *sehr* schmutzig.

Ich mußte aber auch feststellen, wie *beiläufig* Kinder unsere Werte und Einstellungen übernehmen. Ich hatte ja keine Möglichkeit, dieses kurze Gespräch im Auto vorherzusehen. Ich hatte nicht bewußt den Entschluß gefaßt, meinen Kindern nun etwas über meine Auffassungen über Pornographie beizubringen. Wie kam es, daß sie an jenem Morgen einen weiteren Teil meines Wertesystems kennenlernten? Es geschah einfach dadurch, daß wir zusammen waren ..., daß wir miteinander sprachen. Solche gewöhnlichen, ungeplanten Interaktionen tragen sehr viel dazu bei, daß eine Generation von der anderen lernt. Sie ist eine mächtige Kraft, die auf ein junges Leben wirkt, *wenn* ... ja, wenn die Eltern hin und wieder zu Hause mit ihren Kindern zusammen sind; *wenn* sie die Kraft haben, sich wirklich mit ihnen zu beschäftigen, *wenn* sie etwas haben, das sich lohnt weiterzugeben; *wenn* die Kinder ihnen wirklich wichtig sind.

Ich möchte damit sagen, daß der hektische Lebensstil in unserem Lande besonders von den Kindern einen enorm hohen Preis fordert. Es kommen viele Kinder jeden Tag von der Schule in eine leere Wohnung. Man nennt sie „Schlüsselkinder", weil man ihnen den Haustürschlüssel um den Hals gehängt hat. Nicht nur ihre Väter sind überlastet und gestreßt, sondern nun suchen auch noch ihre Mütter mit aller Kraft ihre Erfüllung in der Arbeitswelt. Wer ist also zu Hause bei den Kindern? Die Antwort lautet im allgemeinen: *niemand*. Ein Lied zeigt sehr deutlich, was die Arbeitsüberlastung eine Familie kostet. Es wurde von Sandy und Harry Chapin getextet und komponiert. Sie gaben ihm den Titel: „Wenn Du heimkommst, Vater". Ich habe die Genehmigung erhalten, den Text hier abzudrucken, besonders für die Väter, die dieses Buch lesen.

Wenn Du heimkommst, Vater

Mein Sohn kommt gerade an, auf die Welt
er nimmt den Weg, den jeder wählt –
Doch das Flugzeug geht, die Rechnungen warten
er lernt das Laufen, eh' ich's erraten
und er spricht, bevor ich es ahnte,
und er wird größer, und da sagt er:

Ich werd' so sein wie Du, Vater
weißt Du, ich werd' so sein wie Du.

Und das Kätzchen liegt im Körbchen, weil es da wohnt.
Da ist mein kleiner Mann und dort droben der Mann im Mond.
Wenn Du heimkommst, Vater
ich weiß nicht wann,
dann setzen wir uns zusammen –
dann reden wir lang.

Mein Sohn ist zehn und hat ein Strahlen im Gesicht
er sagt, danke Vater für den Ball, spielen wir nicht?
Ach bitte zeig' mir doch, wie man's macht!
Ich sage: ich hab' so viel zu tun
Schade, meint er nur und geht,
doch die Augen leuchten weiter und das heißt:

Ich werd' so sein wie Du, Vater
weißt Du, ich werd' so sein wie Du.

Und das Kätzchen liegt im Körbchen, weil es da wohnt.
Da ist mein kleiner Mann und dort droben der Mann im Mond.
Wenn Du heimkommst, Vater
ich weiß nicht wann,
dann setzen wir uns zusammen –
dann reden wir lang.

Mein Sohn kommt vom College nach Haus';
ein richtiger Mann ist er, gut sieht er aus!
Sohn, ich bin stolz auf Dich, bleib' einen Moment.
Ein Kopfschütteln, Lächeln, die Antwort –
Hab's eilig Vater, wollte nur fragen:
bekomme ich die Schlüssel für den Wagen?

Wenn Du heimkommst, Sohn?
Ich weiß nicht wann,
dann setzen wir uns zusammen –
dann reden wir lang.

Längst bin ich Rentner, und mein Sohn?
Neulich sprach ich mit ihm am Telefon.
Wann kommst Du? fragte ich. Hast Du Zeit?
Er meint, heute nicht, bin grad' am Gehen, tut mir leid.

Weißt Du, die neue Stelle ist ein Streß, die Kinder sind krank,
aber für Deinen Anruf, Vater, hab' herzlichen Dank,
hab' herzlichen Dank.
Und als ich den Hörer aufgelegt, wird mir bewußt –
mein Sohn hat ein eigenes Leben, wie ich;
er ist genau wie ich.

Und das Kätzchen liegt im Körbchen, weil es da wohnt.
Da ist mein kleiner Mann und dort droben der Mann im Mond.
Wenn Du heimkommst, Sohn?
Ich weiß nicht wann,
dann setzen wir uns zusammen –
dann reden wir lang.[3]

Kommen diese Worte nur mir seltsam bekannt vor? Haben Sie gemerkt, wo die Jahre geblieben sind, die mit so vielen Versprechungen vorübergingen, die sich für Ihre Kinder nicht erfüllt haben? Haben Sie sich schon einmal dabei ertappt, daß Sie sagten:

„Wir haben ja über den Wagen gesprochen, Kind, den wir demnächst einmal bauen wollen, und ich wollte dir nur sagen, daß ich es nicht vergessen habe. Aber an diesem Wochenende geht es nicht, weil mir diese unerwartete Reise dazwischengekommen ist. Aber wir nehmen es uns für eines der nächsten Wochenenden *ganz fest* vor. Ich weiß noch nicht genau, ob es am kommenden Wochenende geht, aber du mußt mich einfach daran erinnern, und dann fangen wir an zu bauen. Und ich nehme dich auch mit zum Angeln. Ich gehe so schrecklich gerne zum Angeln, und ich kenne einen kleinen Bach, in dem es im Frühjahr vor Forellen geradezu wimmelt. Aber in diesem Monat haben Mutti und ich so viel zu tun. Also, freuen wir uns schon darauf, und ehe du dich's versiehst, ist es soweit."

Dann werden aus den Tagen Wochen und aus den Wochen Monaten und aus den Monaten Jahre und aus den Jahren Jahrzehnte ... und Ihre Kinder werden erwachsen und verlassen das Elternhaus. Dann sitzen wir in der leeren Wohnung und versuchen uns vorzustellen, welche kostbaren Erlebnisse uns hier verlorengingen. Und in unseren Ohren klingt immer wieder der Satz nach: „Ich weiß nicht wann, ... aber ... dann ..."
Ja, ich weiß, ich löse damit natürlich eine ganze Menge Schuldgefühle aus. Aber vielleicht ist es nötig, daß wir uns klarmachen, was wirklich zählt, auch wenn uns das nicht angenehm ist. Darüber hinaus fühle ich mich *verpflichtet,* im Namen von Millionen von Kindern in unserem Lande zu sprechen, die sich so sehr nach ihrem Vater sehnen, der aber nie Zeit für sie hat. Während ich diese Worte schreibe, kommen mir die Namen von zahllosen Jungen und Mädchen in den Sinn, die entsetzlich unter dem Ge-

fühl leiden, nicht geliebt zu werden. Ich möchte Ihnen zwei oder drei dieser Kinder vorstellen, denen ich begegnet bin.
Als erstes muß ich an jene Mutter denken, die mich ansprach, nachdem ich vor einigen Jahren einen Vortrag gehalten hatte. Sie hatte ihrem Mann das Studium und die Ausbildung zum Mediziner finanziert, um hinterher feststellen zu müssen, daß er sich wegen einer jüngeren Frau, die er attraktiver fand, von ihr scheiden ließ. Sie stand mit Tränen in den Augen da, als sie erzählte, wie sich sein Weggehen auf ihre beiden Söhne ausgewirkt hatte.
„Sie sind jeden Tag von neuem traurig, daß ihr Papi nicht da ist", sagte sie. „Sie verstehen nicht, warum er nicht kommt, um sie zu besuchen. Vor allem der Große vermißt seinen Vater so sehr, daß er sich buchstäblich an jeden Mann hängt, mit dem wir etwas zu tun haben. Aber was soll ich meinem Kind sagen? Was kann ich tun, wenn er sich so sehr einen Vater wünscht, mit dem er, zusammen mit seinem Bruder, durch den Wald streifen und Fische fangen und Fußball und Murmeln spielen kann? Es bricht mir das Herz, wenn ich sehe, wie sie darunter leiden."
Ich machte dieser Mutter einige Vorschläge, was sie tun könnte und zeigte ihr, daß ich Verständnis für sie hatte und mich bemühte, ihr zu helfen. Am nächsten Vormittag sprach ich zum letzten Mal in ihrer Gemeinde. Nach dem Gottesdienst stand ich vorne, da sich eine Schlange von Leuten gebildet hatte, die sich von mir verabschieden wollten. Unter ihnen war auch die oben erwähnte Mutter *mit* ihren beiden Söhnen.
Sie lächelten mich an, und ich schüttelte dem größeren Kind die Hand. Dann geschah etwas, an das ich mich erst wieder erinnerte, als ich im Flugzeug saß. Der Junge ließ meine Hand nicht los! Er hielt sie ganz fest, so daß ich andere, die sich um mich drängten, nicht verabschieden konnte. Zu meinem Bedauern stellte ich später fest, daß ich ihn unbewußt mit meiner anderen Hand am Arm gepackt hatte, um mich von ihm zu befreien. Im Flugzeug wurde mir erst die ganze Tragweite dieses Zwischenfalls deutlich. Dieser Kleine *brauchte* mich. Er brauchte einen Mann, der den Platz seines Vaters ausfüllen konnte, der sie verlassen hatte. Und ich hatte darin versagt, wie all die anderen auch. Nun bleibt mir nur die Erinnerung an ein Kind, dessen Augen sagten: „Kannst du mir nicht ein Vater sein?"

Noch ein anderes Kind hat sich auf Dauer einen Platz in meinem Gedächtnis gesichert, auch wenn ich den Namen des kleinen Mädchens nicht kenne. Ich wartete auf dem internationalen Flughafen von Los Angeles auf mein Flugzeug und ging meiner Lieblingsbeschäftigung nach, die darin besteht, Menschen zu beobachten. Auf das Drama allerdings, das sich sogleich abspielen sollte, war ich nicht vorbereitet. In meiner Nähe stand ein alter Mann, der ganz offensichtlich auf jemanden wartete, der mit dem Flugzeug ankommen sollte, das gerade einige Minuten zuvor gelandet war. Mit gespannter Aufmerksamkeit studierte er jedes Gesicht, als die Passagiere aus der Abfertigung kamen. Er erschien mir ungewöhnlich bedrückt, während er wartete.
Dann entdeckte ich das kleine Mädchen, das neben ihm stand. Es muß etwa sieben Jahre alt gewesen sein, und auch das Kind hielt verzweifelt Ausschau und versuchte, ein bestimmtes Gesicht in der Menge zu entdecken. Ich bin selten einem Kind begegnet, das angstvoller aussah als dieses niedliche kleine Mädchen. Es hatte sich an den Arm des alten Mannes geklammert, den ich für seinen Großvater hielt. Als schließlich die letzten Fluggäste einer nach dem anderen vorbeikamen, begann das Kind leise zu weinen. Es war in diesem Augenblick nicht nur enttäuscht; das kleine Herz war zerbrochen. Auch der Großvater schien Mühe zu haben, die Tränen zu unterdrücken. Ja, er war selbst so niedergeschlagen, daß er das Kind nicht trösten konnte, das sein Gesicht im Ärmel seines verschlissenen Mantels vergrub.
„Oh, Gott!" betete ich leise. „Welche besondere Not erfahren diese beiden in dieser Stunde? Hat die Mutter des Kindes es von diesem Tag an vergessen? Hat sein Vater versprochen zu kommen und es sich dann doch anders überlegt?"
Ich verspürte ein großes Drängen, dieses kleine Mädchen fest in meine Arme zu nehmen und es vor dem Schrecken dieser Stunde abzuschirmen. Ich wünschte, es hätte seinen Kummer in der Geborgenheit meiner Umarmung ausweinen können, aber ich fürchtete, meine spontane Einmischung hätte mißverstanden werden können. Also sah ich hilflos zu. Der alte Mann und das Kind blieben weiter stehen, bis die Passagiere von zwei weiteren Maschinen aus der Abfertigung gekommen waren, aber die Angst in ihren Gesichtern war der Verzweiflung gewichen.

Schließlich gingen sie langsam durch den Terminal zum Ausgang. Man hörte von ihnen nur das Schniefen des kleinen Mädchens, das mit seinen Tränen rang.
Wo ist dieses Kind jetzt? Das weiß Gott allein.
Ich hoffe, meine Leser haben noch Geduld mit mir, denn ich muß ihnen ein drittes Kind vorstellen, dessen familiäres Schicksal charakteristisch für so viele Kinder in den westlichen Industrienationen geworden ist. Ich wartete im Krankenhaus, um zu erfahren, wie es um meinen Vater stand, nachdem er seinen ersten Herzinfarkt im September gehabt hatte. Als ich so im Wartezimmer saß, weckte eine Zeitschrift mein Interesse. (Ich muß wohl recht großes Verlangen nach irgendeinem Lesestoff gehabt haben, daß mich diese Zeitschrift ansprach.)

Ich schlug die erste Seite auf, und mein Blick fiel sofort auf einen Artikel, der von einem vierzehnjährigen Mädchen namens Vicki eingesandt worden war. Es hatte seine Geschichte unter der Rubrik „Unsere Leser schreiben" zur Veröffentlichung freigegeben. Ich möchte Vicki selbst zu Wort kommen und erzählen lassen, was sie erlebt hat.

Wie das Leben eben manchmal ist

Als ich zehn Jahre alt war, ließen sich meine Eltern scheiden. Natürlich erzählte mir mein Vater davon, denn ich hatte ihn besonders lieb. (Beachten Sie bitte, daß Vicki nicht sagte, „Er hatte *mich* besonders lieb.")
„Mein Schatz, die letzten Tage waren schlimm für dich, das weiß ich, und ich will es alles nicht noch schwerer machen. Ich muß dir etwas sagen, mein Schatz: Deine Mutter und ich, wir haben uns scheiden lassen."
„Aber, Papa ..."
„Ich weiß, daß du dich dagegen wehrst, aber es muß sein. Deine Mutter und ich, wir verstehen uns einfach nicht mehr wie früher. Meine Sachen sind schon gepackt, und in einer halben Stunde geht mein Flugzeug."
„Aber, Papa, warum mußt du denn weg?"
„Ja, mein Schatz, deine Mutter und ich, wir können nicht mehr zusammenleben."
„Ich weiß, aber warum mußt du unsere Stadt verlassen?"
„Ach, weißt du, da ist jemand in New Jersey, der auf mich wartet."
„Aber sehe ich dich denn jemals wieder, Papa?"
„Natürlich, mein Schatz. Wir werden schon eine Möglichkeit finden."
„Welche? Ich meine, wenn du in New Jersey wohnst, und ich bin hier in Washington?"
„Vielleicht ist deine Mutter einverstanden, wenn du zwei Wochen im Sommer und zwei Wochen im Winter bei mir verbringst."
„Warum nicht mehr?"

„Ich glaube nicht, daß sie ihre Zustimmung zu zwei Wochen im Sommer und zu zwei Wochen im Winter geben wird, erst recht nicht für länger."
„Aber es kann doch nicht schaden, es zu versuchen."
„Ich weiß, mein Schatz, aber das müssen wir später klären. Mein Flugzeug geht in zwanzig Minuten, und ich muß zum Flughafen. Ich hole jetzt mein Gepäck, und ich möchte, daß du in dein Zimmer gehst, damit du nicht zusehen mußt. Und bitte auch keine Abschiedsszene."
„Ja, Papa, ich will aber nicht, daß du gehst!"
„Ich weiß, mein Schatz. Aber ich muß."
„Warum?"
„Das würdest du nicht verstehen."
„Doch, doch."
„Nein, du würdest es nicht verstehen."
„Also dann, auf Wiedersehen."
„Auf Wiedersehen. Geh' jetzt in dein Zimmer. Schnell."
„Ja. So ist das Leben eben manchmal."
„Ja, mein Schatz, so ist das Leben eben manchmal."
Nachdem mein Vater zur Tür hinausgegangen war, habe ich nie wieder etwas von ihm gehört.[4]

Vicki spricht sehr beredt für viele Kinder, die die gleichen vernichtenden Worte zu hören bekamen: „Mein Schatz, deine Mutter und ich, wir lassen uns scheiden." Überall in unserem Land lassen sich Männer und Frauen von dem, was die Medien verkünden und wozu sie drängen, überrumpeln und denken plötzlich nur noch an sich, jagen einer neuen Faszination und neuen Träumen nach, ohne sich um das Wohl ihrer Familie zu kümmern. „Die Kinder sind die Leidtragenden", so sagt man sich mit dem Verstand.

Die Massenmedien scheinen samt und sonders mobil gemacht zu haben, um die Lebenseinstellung „zuerst komme ich" zu verbreiten. Frank Sinatra sagte es musikalisch in seinem Lied „*I* did it *my* way." Sammy Davis jr. sprach dieses Gefühl in „I've gotta be me" aus. Schützenhilfe in dieser Richtung leisteten weitere Buchtitel wie „Open Marriage" („Die offene Ehe") und Hunderte andere gefährliche Bestseller. Ein amerikanischer Fernsehsender versucht, den gleichen Virus unter dem Deckmantel seelischer Gesundheit unter das Volk zu bringen.

In der Theorie scheint alles sehr edel. Da ist von der „Entdekkung der Persönlichkeit" die Rede, und damit verbunden ist der ins Verderben führende Appell an unsere selbstsüchtigen Lüste. Aber sobald diese heimtückische Lebenseinstellung bis in unser Wertesystem eingedrungen ist, beginnt sie uns innerlich zu zer-

setzen. Zunächst bestärkt sie uns in einem harmlosen Flirt mit der Sünde (vielleicht mit einem Mann oder einer Frau aus New Jersey), dem leidenschaftliches Begehren und unerlaubte sexuelle Beziehungen folgen; dann versucht man, die Lügen und den Betrug zu verbergen, schließlich kommen die bösen Worte und die schlaflosen Nächte, die Tränen und der Schmerz, das Selbstwertgefühl wird ausgehöhlt. Letztendlich geht man zum Rechtsanwalt und vor das Scheidungsgericht, es werden die Vermögens- und Unterhaltsansprüche ausgehandelt, und es kommt zu dem zermürbenden Streit um das Sorgerecht. Und mitten aus diesen Wirren wird das Schreien aus drei verletzten Kinderseelen – von zwei Mädchen und einem Jungen hörbar –, die sich davon niemals wieder ganz erholen werden. „Danach, wenn die Begierde empfangen hat, gebiert sie die Sünde; die Sünde aber, wenn sie vollendet ist, gebiert den Tod" (Jakobus 1, 15).
Damit es nun nicht selbstgerecht und „predigerhaft" wird, möchte ich doch auch ganz deutlich meine eigenen Unzulänglichkeiten eingestehen. Obwohl ich niemals eine Affäre hatte, *noch haben werde,* hat es doch mit Sicherheit Zeiten gegeben, zu denen ich mich zu sehr von meiner Arbeit gefangennehmen ließ und es zugelassen habe, daß mir keine Zeit mehr für meine Kinder blieb. Denjenigen meiner Leser, die weiterlesen, werde ich im nächsten Kapitel Einzelheiten darüber erzählen.

5

Ein Mann und seine Prioritäten

Es geschah zum ersten Mal im Jahre 1969, als ich mein Buch „Unsere Kinder sind unmöglich" schrieb. Ich hatte mir unglaublich viel vorgenommen und arbeitete mich fast zu Tode. Ich war Leiter der Jugendarbeit in meiner Gemeinde und hatte damit zu kämpfen, ein enormes Vortragspensum zu erfüllen. Acht oder gar zehn „ehrenamtliche" Tätigkeiten hatten sich zu meiner vollzeitlichen Tätigkeit an der Universität und an der Kinderklinik in Los Angeles hinzu gestellt. Ich arbeitete einmal an siebzehn Tagen hintereinander bis in die tiefe Nacht hinein, ohne abends heimzukommen. Unsere fünfjährige Tochter stand jeden Morgen an der Haustür und schrie, wenn ich aus dem Haus ging, denn sie wußte, daß sie mich wahrscheinlich bis zum nächsten Sonnenaufgang nicht wiedersehen würde.
Obwohl meine Aktivitäten für mein berufliches Fortkommen wichtig waren und mir nebenbei auch finanziell einiges einbrachten, beeindruckte das meinen Vater gar nicht. Er beobachtete meinen hektischen Lebensstil und fühlte sich verpflichtet, mir seine Besorgnis mitzuteilen. Als er einmal im Sommer von Los Angeles nach Hawaii flog, nutzte er diese Gelegenheit zur Entspannung, um mir einen ausführlichen Brief zu schreiben. Dieser sollte mein Leben auf entscheidende Art und Weise beeinflussen. Ich möchte einen Abschnitt aus der Nachricht meines Vaters zitieren, der besonders eindrücklich war:

„Danae (unsere Tochter also) wächst unter den schlimmsten Umständen in einer Welt auf, die in ihrem geistigen und moralischen Zerfall sehr viel weiter fortgeschritten ist als die Welt, in die du hineingeboren wurdest. Ich habe festgestellt, daß die größte Verblendung darin besteht zu meinen, unsere Kinder würden einfach schon deshalb gute Christen, weil ihre Eltern es waren. Ebenso trügerisch ist es zu glauben, daß nur eines von ihnen anders zum christlichen Glauben finden könnte als durch das unermüdliche Ringen ihrer Eltern um sie im Gebet und im Glauben. Solches Gebet aber erfordert Zeit. Zeit, die fehlt, wenn sie zum Altar der beruflichen Karriere gebracht, auf ihn gelegt und dort geopfert wird. Wenn du hier versagst, wird der ausschließlich im Beruf erzielte Erfolg bald verblassen und nichts als einen schalen Nachgeschmack hinterlassen."

Diese Worte, die weder anklagten noch beleidigten, trafen mitten ins Schwarze. Sie beinhalteten einige Punkte, die nach ewigen Wahrheiten klangen. Erstens ist es heute tatsächlich schwerer als früher, echte Werte zu vermitteln, weil christliche Grundsätze in unserer Kultur weitgehend abgelehnt werden. Es gibt in der Tat so viele ganz andere Stimmen, die alles mögliche glühend verfechten, das im Widerspruch zu all jenem steht, wofür der christliche Glaube eintritt. So kommt es, daß eine ganze Generation junger Menschen die moralischen Maßstäbe der Bibel ad acta gelegt hat. Man beachte die Forschungsergebnisse des Sexologen Aaron Hass, die er in einer Veröffentlichung im Jahre 1979 dargelegt hat. Aufgrund einer Untersuchung mit Hilfe von Fragebögen, die von 625 Jungen und Mädchen aus fünf Staaten ausgefüllt worden waren, kam er zu verblüffenden Schlußfolgerungen. Von den Schülern zwischen 15 und 16 Jahren hatten 43 Prozent der Jungen und 31 Prozent der Mädchen Geschlechtsverkehr gehabt. 28 Prozent der Jungen und 7 Prozent der Mädchen gaben an, mindestens zehn verschiedene Partner gehabt zu haben. Darüber hinaus haben von den Siebzehn- bis Achtzehnjährigen über neun Zehntel der Jungen und zwei Drittel der Mädchen nichts gegen oralen Sex einzuwenden, und die Hälfte jeder Gruppe hat ihn bereits praktiziert! Das ist die Welt, in der unsere Kinder aufwachsen!

Der zweite wichtige Punkt im Brief meines Vaters war jener, der das Ende meiner elterlichen Selbstzufriedenheit bedeutete. Er verhalf mir zu der Erkenntnis, daß Väter und Mütter Gott lieben und ehren und trotzdem einer Gottesbeziehung ihrer Kinder systematisch im Weg stehen können. Man kann dreimal in der Woche in die Kirche gehen, im Gemeinderat sein, am jährlichen Festtag der Gemeinde teilnehmen, regelmäßig den Zehnten geben und tun, was man als guter Christ sonst noch so tut und dennoch versagen, wenn es darauf ankommt, der nächsten Generation die eigentliche Bedeutung des christlichen Glaubens weiterzugeben.

Ich habe inzwischen mit Dutzenden von Eltern gesprochen, deren Kinder erwachsen und verheiratet sind.

„Wir dachten, unsere Kinder würden unseren Glauben und unsere Überzeugungen teilen“, sagten sie, „aber irgendwie ist es uns nicht gelungen, ihnen diese Dinge zu vermitteln.“

Die Eltern, die noch jünger und deren Kinder noch prägbar sind, möchte ich dringend bitten, den Worten meines Vaters Glauben zu schenken: „Die größte Verblendung besteht darin zu meinen, unsere Kinder würden einfach schon deshalb gute Christen, weil ihre Eltern es waren, oder auch nur *eines* von ihnen könnte anders zum christlichen Glauben finden als durch das unermüdliche Ringen ihrer Eltern um sie im Gebet und im Glauben."

Wenn Sie daran zweifeln, daß es so ist, möchte ich Ihnen vorschlagen, einmal die Geschichte von Eli in 1. Samuel 2–4 zu lesen. Dort findet sich der Bericht von einem Priester und Mann Gottes, dem es nicht gelungen war, seine Söhne zu erziehen. Er war mit seiner „Arbeit in der Kirche" ganz offensichtlich so sehr beschäftigt, daß er es nicht schaffte, seinem eigenen Haus vorzustehen. Die beiden Jungen wuchsen zu ruchlosen Männern heran, die das Gericht Gottes traf.

Ich war tief davon betroffen, daß Elis Dienst für den Herrn nicht ausreichte, um sein Versagen in der eigenen Familie aufzuwiegen. *Samuel,* der heilige Mann Gottes, der sein ganzes Leben lang eine so unerschütterliche geistliche Kraft besaß, war in der Familie Elis aufgewachsen. Er hatte genau beobachten können, wie Eli seine Kinder verlor. Aber auch Samuel versagte, als er eine Familie hatte! Das war eine höchst beunruhigende Tatsache. Wenn Gott nicht die Hingabe Samuels damit belohnte, daß er die Rettung seiner Kinder garantierte, dann würde er es wahrscheinlich bei *mir* ebensowenig tun, wenn ich zu beschäftigt war, meine „Hausaufgaben" zu machen!

Indem ich vor diesen geistlichen Pflichten und Verantwortlichkeiten stehe, hat mir der Herr eine schwere Last für meine Kinder aufgelegt. Ich trage daran bis heute. Es gibt Zeiten, in denen sie mir so schwer wird, daß ich Gott bitte, sie mir von den Schultern zu nehmen, auch wenn diese Sorge nicht in den normalen Schwierigkeiten oder Befürchtungen begründet ist. Unsere Kinder sind ganz offensichtlich gesund und scheinen sich emotional und intellektuell völlig normal zu entwickeln. Der Ursprung dieser Last, die ich empfinde, liegt darin, daß im Herzen und im Denken und Fühlen eines jeden Kindes auf der Erde „ein Krieg wütet", von dem auch diese beiden kostbaren Menschenkinder nicht verschont bleiben. Satan würde sie betrügen und zerstö-

ren, wenn er Gelegenheit dazu bekäme, und bald werden sie selbst entscheiden müssen, welchen Weg sie gehen werden.
Diese Aufgabe, seine Kinder im christlichen Glauben zu erziehen, kann mit einem Staffellauf von drei Personen verglichen werden. Zuerst legt unser Vater seine Runde zurück und trägt das Staffelholz, das ein Sinnbild für das Evangelium Jesu Christi ist. Zum gegebenen Zeitpunkt übergibt er Ihnen den Stab, und Sie beginnen Ihre Runde zu laufen. Und dann wird schließlich der Augenblick kommen, in dem Sie versuchen müssen, den Stab sicher in die Hand Ihres Kindes zu geben. Aber wie jeder Leichtathletiktrainer es bestätigen wird, *kommt beim Staffellauf alles auf die Übergabe des Stabes an.* Es gibt hier einen entscheidenden Augenblick, in dem alles durch eine Ungeschicklichkeit verloren werden kann. Selten fällt dem Läufer der Stab mitten auf der Strecke aus der Hand, da hält er ihn ganz fest. Wenn es zu einem Fehlschlag kommt, dann ist es bei der Übergabe zwischen den Generationen am ehesten zu befürchten!
Im Einklang mit den christlichen Werten, die mein Leben bestimmen, besteht mein wichtigstes Ziel darin, den Stab – das Evangelium – sicher in die Hand meiner Kinder weiterzugeben. Selbstverständlich möchte ich diesen Stab auch an so viele andere Hände als möglich weiterreichen, und ich widme mich von ganzem Herzen den Aufgaben, die Gott mir im Hinblick auf die Familie zugewiesen hat. *Trotzdem besteht meine allererste Pflicht darin, meinen eigenen Kindern das Evangelium nahezubringen.* Um es mit den Worten meines Vaters zu sagen: alles andere „verblaßt" und wird „schal" angesichts dieses brennenden Wunsches. Wenn mein Sohn und meine Tochter den Glauben nicht fassen und nicht mit diesem Stab in der Hand ihre Runde zurücklegen, ist kaum von Bedeutung, wie schnell sie rennen. Es ist sinnlos, wenn sie die Ziellinie als erste überqueren, es sei denn, sie haben diesen Stab.
Die Dringlichkeit dieser Aufgabe veranlaßte Shirley und mich, schon vor der Geburt unseres ersten Kindes immer wieder zum Gebet niederzuknien. Außerdem habe ich seit Oktober 1971 einen Tag der Woche zu einem Tag des Fastens und Betens für das geistliche Wohlergehen unserer Kinder gemacht. Shirley beteiligte sich mehrere Jahre lang daran, bis sie es aus körperlichen Gründen einschränken mußte und nicht mehr jede Woche

mitmachen konnte. Diese Verpflichtung entspringt dem besonderen Bewußtsein, daß wir angesichts der Last der Verantwortung, die wir als Eltern tragen, Gottes Hilfe nötig haben. Die Bücher bieten nicht genug Erkenntnisse – nirgends auf der Welt gibt es genug Weisheit –, um uns zu garantieren, daß wir als Eltern das Richtige getan haben. Viel zuviel liegt nicht in unserer Hand und ist unserem Einfluß entzogen – es gibt zu viele Strömungen des Bösen, die der christlichen Botschaft entgegenwirken. Deshalb beten wir Woche um Woche und bringen die folgende, wohlbekannte Bitte vor:

„Herr, nun knien wir wieder vor dir. Du weißt, was wir brauchen, noch bevor wir dich darum bitten, aber wir wollen unsere Bitte noch einmal vor dich bringen. Wir bitten dich angesichts der vielen Bitten, die wir dir in den letzten Jahren vorgetragen haben ..., um unsere Gesundheit, für unseren Auftrag und um das Wohlergehen von Menschen, die wir lieben ..., daß du uns *vor allem* dieses gewähren wollest: Schenke uns, daß der Kreis unserer kleinen Familie vollständig ist, wenn wir am Tag des Jüngsten Gerichts vor dir stehen werden. Gleiche du unsere Fehler und unser Versagen als Eltern aus und wirke du den Einflüssen einer Welt des Bösen entgegen, die den Glauben unserer Kinder aushöhlen würden. Und, Herr, wir bitten dich besonders, daß du unsere Kinder leitest, wenn unser Sohn und unsere Tochter am Scheideweg stehen, wo sie sich entscheiden, ob sie den Weg des christlichen Glaubens gehen wollen oder nicht. Wir werden ihnen in diesem Augenblick nicht direkt zur Seite stehen können, und wir bitten dich demütig, daß du dann *bei ihnen bist.* Sende du ihnen einen guten Freund oder einen Menschen, dem sie vertrauen, und der ihnen hilft, die richtige Richtung einzuschlagen. Dir gehörten sie, bevor sie geboren wurden, und nun geben wir sie im Glauben an dich zurück, denn wir wissen, daß du sie noch mehr liebst als wir. Durch diesen Tag des Fastens und Betens bitten wir dich, daß du unser Gebet erhören wollest.“

Gott hat dieses Gebet nicht nur gehört, er hat uns auch auf vielerlei Weise gesegnet, wie wir es zuvor nie gedacht hätten. Erstens war dieses Gebet ein *gemeinsames* Anliegen von Shirley und mir, das uns fester zusammenführte und uns näher zu Gott brachte. Zweitens dient dieses wöchentliche Fasten dazu, uns immer wieder daran zu erinnern, daß wir das Wichtigste auch tatsächlich an die erste Stelle setzen müssen. Es ist sehr schwer, seine höchsten Werte zu vergessen, wenn man einen von sieben Tagen der Woche damit verbringt, sich neu darauf zu besinnen. Schließlich, und das ist sehr wichtig, haben die Kinder diese Disziplin jeden Dienstag beobachten können, und es hat sie beeinflußt. Anfang der siebziger Jahre kam es immer wieder zu Gesprächen wie dem folgenden:

> „Warum ißt du heute nicht mit uns zu Abend, Papa?"
> „Heute ist Dienstag, und da faste ich."
> „Ach ja – was bedeutet 'Fasten' nochmal?"
> „Nun, manche Christen essen eine bestimmte Zeitlang nichts, in der sie besonders beten. Entweder bitten sie Gott um etwas oder sie möchten ihm damit sagen, daß sie ihn liebhaben."
> „Und worum bittest du?"
> „Deine Mutter und ich, wir beten heute für dich und deinen Bruder. Wir bitten Gott, daß er euer Leben leitet; wir möchten, daß er euch hilft, wenn ihr euren Beruf wählt, und daß ihr den richtigen Partner für die Ehe findet, wenn das sein Wille ist. Wir bitten ihn auch, daß er jeden Tag eures Lebens bei euch ist."
> „Da müßt ihr uns aber liebhaben, wenn ihr so für uns fastet und betet."
> „Ja, wir haben euch sehr lieb. Und Gott liebt euch sogar noch mehr."

Ich glaube, es gibt noch eine weitere Erklärung für meine Sorge um das geistliche Wohl unserer beiden Kinder. Es wird erzählt, daß mein Urgroßvater mütterlicherseits in den letzten Jahrzehnten seines Lebens eine ähnliche Last für seine Kinder trug. Er nahm sich jeden Vormittag zwischen 11.00 und 12.00 Uhr Zeit zur Fürbitte für seine Familie. Er bat Gott jedoch nicht nur um Segen für seine Kinder; er weitete seine Bitte auch auf die Generationen aus, die noch nicht geboren waren! So hat mein Urgroßvater auch für *mich* gebetet.

In hohem Alter, gegen Ende seines Lebens, sagte er, Gott habe ihm eine sehr ungewöhnliche Verheißung geschenkt. Er hatte die Zusicherung erhalten, daß über vier Generationen hinweg *alle* Mitglieder unserer Familie, einschließlich derer, die noch geboren werden sollten, Christen sein würden. Er starb dann, und diese Verheißung wurde Teil des geistlichen Erbes, das an diejenigen von uns weitergegeben wurde, die aus der direkten Linie von ihm hervorgegangen sind.

Da ich zur vierten Generation gehöre, diejenige meines Urgroßvaters mitgerechnet, gewinnt diese Verheißung zusätzlich an Bedeutung. Sie hat sich tatsächlich in einer faszinierenden Art und Weise erfüllt. McCluskey und seine Frau waren ein Pfarrerehepaar und gehörten zu den Stammitgliedern in ihrer Gemeinde. Sie hatten zwei Töchter; eine von ihnen war meine

Großmutter, die andere meine Großtante. Beide heirateten Männer, die der gleichen Denomination angehörten wir ihre Eltern. Aus diesen Ehen gingen ein Sohn und vier Töchter hervor, von denen eine meine Mutter werden sollte. Die Töchter heirateten alle Pfarrer ihrer Denomination, und der Sohn ergriff selbst diesen Beruf. Dann kam meine Generation. Mein Cousin H. B. London und ich kamen als erste in der Familie auf das College. Dort teilten wir das Zimmer. Anfang des zweiten Jahres verkündete er, Gott habe ihn als Pfarrer (Sie haben richtig geraten) in die gleiche Gemeinschaft berufen, der auch sein Urgroßvater angehört hatte. Sie dürfen mir glauben, daß ich im Hinblick auf mein Berufsziel *sehr unsicher* wurde!

So bin ich nun das erste, wenn auch nicht das einzige Mitglied der Familie in vier Generationen, das sich nicht in besonderer Weise als Pfarrer „berufen" fühlte. Bedenkt man allerdings, wieviel hundertmal ich bereits vor einer großen Zuhörerschaft gestanden und das Evangelium Jesu Christi verkündet und über seine Anwendung auf das Leben in der Familie gesprochen habe, so frage ich mich: „Was tue ich anderes?"! Gott hat wunderbare Wege, seine Ziele in unserem Leben zu verwirklichen. Es gab Zeiten, da saß ich auf dem Podium in einer großen Gemeinde, und während ich darauf wartete zu sprechen, war es mir, als spürte ich die Gegenwart eines alten Mannes …, und es schien fast, als lächelte er spitzbübisch aus einer hinteren Ecke. Obwohl mein Urgroßvater schon lange tot ist, und ein Jahr vor meiner Geburt starb, ist er mir immer noch die größte Quelle der Inspiration. Es stockt einem der Atem, wenn man feststellt, daß die Gebete dieses einen Mannes, die er vor mehr als fünfzig Jahren gesprochen hat, sich über vier Generationen hinweg ausgewirkt haben und mein Leben bis heute beeinflussen. Hier zeigt sich die Macht des Gebetes, und das erfüllt mich mit Hoffnung und Zuversicht. Niemand soll mir erzählen, Gott sei tot … oder er würde vergessen, was er versprochen hat. George McCluskey und ich, wir wissen, daß er lebt!

Die Männer in meiner Familie haben ein geistliches Erbe weitergegeben, das kostbarer ist als jeder Besitz an Geld und Gut, den sie hätten anhäufen können. Und ich bin entschlossen, dieses Erbe für meine Kinder zu bewahren. Es gibt keine höhere Berufung auf dieser Erde.

Das folgende Gebet sprach mein Vater bei unserer Trauung. Es rührte alle zu Tränen:

„Oh, ewiger Gott, wir bringen unsere Kinder, Jimmy und Shirley, vor dein Angesicht. Sie gehörten dir von Anfang an, und du in deiner Liebe hast sie uns für eine Weile überlassen: damit wir für sie sorgen, sie lieben und gut zu ihnen sind. Unsere Liebe zu ihnen hat alle Mühen gering werden und die Zeit wie im Flug dahineilen lassen. Ganz neue Geschöpfe waren sie, als wir sie am Morgen ihres Lebens aus deiner Hand empfangen haben. Rein und makellos, und doch zwei völlig verschiedene Persönlichkeiten. Heute geben wir sie dir zurück – nicht mehr als zwei Einzelne, sondern – als ein Fleisch. *Nichts, das geringer ist als der Tod, möge den Bund, der hier geschlossen wird, lösen.* Das schenke du, Herr, durch deine wunderbare Gnade.
Wir bitten auch inständig darum, *nicht* daß Gott in ihrem Leben eine Rolle spielen möge, sondern daß er ihnen das Wichtigste sei; nicht daß sie Glauben haben mögen, sondern daß der Glaube beide von ihnen in allem leite; daß sie in einer materialistischen Welt nicht für das Irdische und Zeitliche allein leben, sondern daß es ihnen gelingen wird, ganz an dem festzuhalten, was *geistlich* und was *ewig* ist.
Lasse du ihr gemeinsames Leben sein wie der Lauf der Sonne: sie mögen ihn in Stärke beginnen und weitergehen in großer Kraft, so daß sie immer heller strahlen, bis sie zur Vollendung gelangen. Lasse du das Ende ihres Lebens sein wie das Sinken der Sonne: Lasse sie eintauchen in ein Meer der Herrlichkeit, damit sie mit ungebrochener Leuchtkraft am Firmament einer besseren Welt als dieser weiter strahlen.
Im Namen des Vaters und des Sohnes und des Heiligen Geistes. Amen."

6

Ein Mann und seine Autorität

Unter der Rubrik „Briefe an den Herausgeber“ erschien im Februar 1979 in einer Zeitschrift folgender Beitrag:

„Neulich saß ich in einer Autowerkstatt und wartete darauf, daß unser Auto einen neuen Auspuff bekam. Eine junge Mutter trat ein. Begleitet wurde sie von ihrem etwa fünfjährigen Sohn. Sie ließ sich zwei Plätze neben mir nieder. Drei Minuten später wollte Klein-Markus etwas ‘zu tinken’ und deutete auf den Getränkeautomaten.
‘Nein, Markus’, sagte die Mutter. Aber Markus wußte, und ich wußte es auch, daß die Art und Weise, wie sie dieses ‘Nein’ sagte, eigentlich bedeutete ‘Dränge mich noch ein wenig, und dann gebe ich schon nach.’ Also, machte Markus sich an die Arbeit. Er drohte, auf sie einzuschlagen. Er warf sich zu Boden und schrie. Er behauptete, sie hätte ihn nicht lieb. Und er sagte einige Dinge, die Max oder Mäxchen eigentlich nicht sagen dürfte. Es wurde mir zuviel.
Ich wandte mich an die Mutter und sagte: ‘So greifen Sie doch um Ihres Sohnes willen durch! Er wird es Ihnen später danken. Sie sollten sich das Buch 'Unsere Kinder sind unmöglich‘ von Dr. James Dobson kaufen. Das wird Ihnen und dem kleinen Markus helfen.’“

Der Brief war nicht unterschrieben, und so habe ich keine Möglichkeit, dem Verfasser für seine freundliche Empfehlung zu danken. Ich kann mir jedoch vorstellen, wie es ihm ergangen ist, denn ich habe oft einen Klein-Markus oder ein Mäxchen gesehen, wie sie auf dem Flughafen oder in einem Restaurant „loslegten“. Und Sie werden sich leicht vorstellen können, daß es mir unendlich schwerfällt, nichts zu sagen, wenn ich sehe, wie ein Kind mit 20 Kilo Vater oder Mutter mit 75 Kilo einschüchtert und austrickst. Ich bin selten so offen wie der Verfasser des oben genannten Briefes, obwohl ich auch einmal die Mutter eines fünfjährigen kleinen Drachen namens Thea gefragt habe, ob das nicht eine Kurzform von Theater sei. Die Mutter antwortete nicht.
Wenn die Eltern keine Autorität haben, werden manche Kinder sehr ungezogen und trotzig, besonders in der Öffentlichkeit. Das beste Beispiel ist vielleicht ein zehnjähriger Junge mit dem Namen Robert, der ein Patient meines Freundes Dr. William Slonecker war. Dr. Slonecker sagte, das Personal der pädiatri-

schen Abteilung habe den Tagen, an denen Robert einen Termin hatte, mit Angst und Schrecken entgegengesehen. Es sei buchstäblich nichts in der Klinik vor ihm sicher gewesen, weder die Instrumente noch die Akten noch die Telefone. Seine passive Mutter konnte kaum etwas anderes tun, als vor Entsetzen den Kopf schütteln.

Bei einer Untersuchung stellte Dr. Slonecker fest, daß Robert zu einem Zahnarzt geschickt werden mußte. Aber wer sollte die Ehre haben? Wenn man jemanden wie Robert zu einem bestimmten Zahnarzt gehen hieß, so konnte das das Ende guter Beziehungen mit dem betreffenden Kollegen bedeuten. Dr. Slonecker entschloß sich schließlich, den Jungen zu einem älteren Zahnarzt zu schicken, der den Ruf hatte, es mit Kindern zu verstehen. Die Auseinandersetzung, die darauf folgte, ist inzwischen als klassischer Fall in die Annalen der Geschichte zwischenmenschlicher Konflikte eingegangen.

Kampfbereit fand sich Robert in der Zahnarztpraxis ein.

„Bitte auf dem Stuhl Platz zu nehmen, junger Mann", sagte der Zahnarzt. „Denkste!" erklärte der Junge. „Mein Sohn, ich habe dir gesagt, du möchtest dich auf diesen Stuhl setzen, und ich erwarte von dir, daß du das tust", meinte der Arzt.

Robert starrte seinen Gegner einen Augenblick lang an und verkündete darauf: „Bevor du mich auf diesen Stuhl bringst, ziehe ich mir alle meine Kleider aus."

„Dann ziehe sie aus, mein Junge", sagte der Zahnarzt gelassen. Daraufhin entledigte sich der Junge seines Hemdes, Unterhemdes, seiner Schuhe und seiner Socken und blickte trotzig drein.

„Gut, mein Junge, nun marsch, auf den Stuhl", meinte der Arzt.

„Hast du nicht gehört", weigerte sich Robert, „ich habe gesagt, daß ich *alle* meine Kleider ausziehe, bevor du mich auf diesen Stuhl bringst."

„Dann ziehe sie aus, mein Junge", antwortete der Mann.

Robert machte weiter, befreite sich von seiner Hose und seiner Unterhose, so daß er schließlich nackt vor dem Zahnarzt und seiner Sprechstundenhelferin stand. „Nun setze dich auf den Stuhl", wiederholte der Zahnarzt.

Robert tat, wie ihm gesagt worden war und ließ ruhig die ganze Prozedur über sich ergehen. Nachdem die Löcher gebohrt und gefüllt waren, bekam er die Anweisung aufzustehen. „Jetzt

kannst du mir meine Kleider wiedergeben", sagte der Junge. „Tut mir leid", bekam er zur Antwort. „Richte deiner Mutter aus, daß wir deine Kleider heute hier behalten. Sie kann morgen vorbeikommen und sie abholen."
Können Sie sich vorstellen, was für einen Schrecken Roberts Mutter bekam, als der Zahnarzt die Tür zum Wartezimmer öffnete und ihr Sohn ganz nackt, wie er zur Welt gekommen war, vor ihr stand? Das Wartezimmer war voller Patienten, aber Robert und seine Mutter gingen an ihnen vorbei in den Flur. Sie nahmen den öffentlichen Fahrstuhl nach unten und gingen auf den Parkplatz, ohne sich an dem Grinsen der Leute, die ihnen begegneten, lange aufzuhalten.
Am nächsten Tag kam Roberts Mutter, um seine Kleider abzuholen und wollte den Zahnarzt sprechen. Sie hatte allerdings nicht die Absicht, sich zu beschweren. Vielmehr lag es ihr am Herzen, folgendes zu sagen: „Sie wissen nicht, wie froh ich über das bin, was gestern geschehen ist. Robert hat mich nämlich seit Jahren mit seinen Kleidern erpreßt. Sobald wir irgendwo in der Öffentlichkeit sind, verlangt er Unmögliches von mir. Wenn ich ihm nicht sofort kaufe, was er haben will, so droht er mir an, er werde alle seine Kleider ausziehen. Sie, Herr Doktor, sind der erste Mensch, bei dem er nicht seinen Willen durchsetzen konnte, und es ist unglaublich, was für eine Wirkung das bei Robert gezeitigt hat!"
Es ist keine besondere Einsicht nötig, um festzustellen, wie dringend Robert, Thea und Markus eine Autorität brauchen. Das sieht jeder bereits mit seinem gesunden Menschenverstand. Kinder, denen man es erlaubt, ihre entnervten Eltern zu beherrschen, gehören zu den am tiefsten enttäuschten Geschöpfen auf Gottes Erde, wenn sie schreien, schimpfen und mit den Fäusten auf die Erde schlagen. Trotzdem haben die Vertreter des Humanismus unserer Tage den Schluß gezogen, daß diese Kleinen frei von irgendwelchen Maßregeln der Eltern aufwachsen sollten. Autorität, auch wenn sie aus Liebe geschieht, wird als schädlich für die Kinder betrachtet.
Dieses unglaubliche Konzept hat dazu geführt, daß in Amerika eine mächtige politische Kraft entstanden ist, die im Rahmen der Bürgerrechtsbewegung für Kinder arbeitet. Ihre Ziele werden in einer Erklärung über die Grundrechte der Kinder dargelegt, die

ursprünglich von Dr. Richard Farson[5] zusammengestellt wurde. Sie soll im folgenden zusammenfassend dargestellt werden.

1. Kinder sollten das Recht haben, *alle* Entscheidungen alleine zu fällen. Die Verfechter der Bürgerrechtsbewegung für Kinder sehen darin das entscheidende Recht, auf dem alle anderen beruhen. Insofern treten sie für die Abschaffung elterlicher Autorität ein.
2. Kinder jeden Alters sollten das Recht haben, dort zu leben, wo sie wollen. Wenn zum Beispiel ein dreijähriger Junge beschließen würde, zu seinen Nachbarn zu ziehen, die ihm immer Süßigkeiten kaufen, so sollte es seinen Eltern gesetzlich verboten sein, ihn zurückzuholen. Spaß beiseite!
3. Kinder jeden Alters sollten das Wahlrecht besitzen und in allen Dingen, die ihr Leben betreffen, ein Mitspracherecht haben (ganz gleich, ob es sich um die Regierung, die Kirche, die Schule, den Arzt oder die Familie handelt).
4. Kinder sollten Zugang zu jeder Information haben, die den Erwachsenen auch zur Verfügung steht. Weder Pornographie noch Gewalt sollten von einem Kind ferngehalten werden; es sollte ihm auch Einblick in seine medizinischen und schulischen Akten gewährt werden.
5. Kinder sollten das Recht haben, sich in jeder Hinsicht sexuell zu betätigen, die für ihre Eltern ebenfalls zulässig ist. Wenn ein fünfzehnjähriger Junge auf den Gedanken käme, eine seiner Spielkameradinnen mit nach Hause zu nehmen, um mit ihr die Nacht zu verbringen, könnten seine Eltern nur noch den Weg freimachen und zusehen, wie sie die Tür zum Schlafzimmer schließen. Ein achtjähriges Mädchen könnte sich mit einem erwachsenen Mann vergnügen, ohne daß dies rechtliche Konsequenzen für eine der beiden Generationen hätte, vorausgesetzt, sie handelten „in gegenseitiger Übereinstimmung“.
6. Kinder jeden Alters sollten vollkommen eigenverantwortlich über ihre schulische und berufliche Zukunft entscheiden; dies sollte die Freiheit mit einschließen, die Schule zu verlassen oder den Unterricht nur dann zu besuchen, wenn es ihnen paßt. Die Schulpflicht sollte für alle Klassenstufen abgeschafft werden.
7. Die Umwelt der Kinder sollte ihrer Körpergröße entsprechend gestaltet sein, und man sollte nicht von ihnen verlangen, daß sie sich der Welt der Erwachsenen anpassen. (Es ist unklar, worauf dieser Punkt hinauslaufen soll; ich nehme an, daß es gesetzeswidrig sein soll, Möbel herzustellen, die auf Erwachsene zugeschnitten sind und Trinkwasserhähne so hoch anzubringen, wie es derzeit der Fall ist.)
8. Kinder sollten niemals und unter keinen Umständen geschlagen werden, weder in der Schule noch zu Hause.
9. Kindern sollten die gleichen rechtlichen Verhältnisse garantiert werden, die zur Zeit für Erwachsene gelten. So dürfte zum Beispiel in der Schule nicht die geringste disziplinarische Maßnahme ergriffen werden, bevor die Angelegenheit nicht ordnungsgemäß untersucht, das Kind nicht seinen Anklägern gegenübergestellt, über die Vorwürfe, die gegen es erhoben werden, nicht informiert, und von einer Gruppe von gleichaltrigen Geschworenen nicht für schuldig befunden worden ist.

10. Kindern jeden Alters sollte es gestattet sein, einer Gewerkschaft beizutreten, eine Arbeitsstelle zu suchen; sie sollten gleichen Lohn für gleiche Arbeit erhalten, geschäftsfähig sein, ihr gesamtes Geld selbst verwalten können und finanziell unabhängig sein. Die zitterige Unterschrift eines Siebenjährigen wäre rechtsgültig. Von John Holt und anderen ist sogar der Vorschlag gemacht worden, daß Kindern ein bestimmtes Mindesteinkommen garantiert werden sollte, wobei allerdings nicht klar ist, wer seiner Meinung nach dafür aufzukommen hätte.

Kann es noch Zweifel daran geben, welches Ziel diese Verfechter der radikalen „Bürgerrechtsbewegung" für Kinder verfolgen? Sie wollen die Autorität der Eltern nicht nur *schwächen*; sie wollen sie endgültig *beseitigen*. Ihre erklärten Ziele stellen im wesentlichen eine Verbotsliste für Eltern und Lehrer dar. Nein, mein Herr, Sie können nicht von Ihrem Achtjährigen verlangen, daß er in die Schule geht oder bei Ihnen wohnt oder dem Hund zu fressen gibt oder den Gottesdienst besucht oder seine Medizin nimmt oder mit Achtung von seinen Eltern spricht oder sein Zimmer aufräumt oder das gestohlene Spielzeug zurückgibt oder auf einen Film verzichtet, der für Jugendliche nicht freigegeben ist, oder aufhört mit dem Kind von nebenan „Doktor" zu spielen oder keinen Alkohol mehr trinkt. Oh, nein, Sie werden bestraft, wenn Sie Ihr Kind in dieser Art und Weise in seinen Rechten beschneiden. Sie sind der „Kamerad" Ihres Kindes, nicht sein „Vater".

„Ach, das darf man alles nicht so ernst nehmen", höre ich einige meiner Leser förmlich sagen. „Nur, weil so ein verrückter Psychologe irgendwelche abwegigen Ideen über die „Befreiung" von Kindern verkündet, habe ich noch lange keinen Grund anzunehmen, daß solche Beschränkungen *meiner* Familie auferlegt werden könnten."

Da bin ich nicht so sicher. Den ersten größeren Durchbruch konnte in Schweden errungen werden, als es 1979 gesetzlich verboten wurde, daß Eltern ihre Kinder schlagen oder auf sonst eine Art bestrafen dürfen. Das Gesetz, das vom schwedischen Parlament mit 259 zu 6 Stimmen verabschiedet wurde, verbietet *„jeden* Akt, durch den einem Kind mit dem Ziel der Bestrafung ein Schaden oder ein Schmerz zugefügt wird, auch wenn es sich um eine milde und vorübergehende Maßnahme handelt". Diese Rechtsvorschrift verbietet auch psychologische Strafen wie Schelte, das Kind in sein Zimmer schicken, Fernsehverbot und ähnliche Demütigungen. Ein telefonischer Notrufdienst wird rund um die Uhr angeboten, so daß die Kinder Rechtsverletzungen seitens ihrer Eltern direkt einem Ombudsmann berichten können.

Im Zuge dieser unglaublichen Entwicklung gingen auch amerikanische Psychologen auf die Barrikaden und verlangten ein ähnliches Gesetz. Die Abschaffung von Strafen ist lediglich eine kleine Etappe auf dem Weg dessen, was die *Los Angeles Times* einmal als „den großen Marsch für die Rechte der Kinder" bezeichnet hat. Dementsprechend können wir davon ausgehen, daß in den kommenden Jahren auch die anderen neun Ziele in wachsendem Maße zur Debatte stehen werden. Wiederum in Schweden, wo die Bewegung den fruchtbarsten Boden gefunden hat, hat ein bekannter Professor der Rechtswissenschaft an der Universität von Stockholm vorgeschlagen, die schwedische Verfassung so zu ändern, daß sie Minderjährigen eine Reihe von Rechten garantiert.

Ich muß an dieser Stelle betonen, daß ich keineswegs etwas gegen die Arbeit jener wichtigen Organisationen sagen möchte, die versuchen, bessere Lebensbedingungen für Kinder zu erreichen. Hilflose Jungen und Mädchen haben unter Kindesmißhandlung, sexueller Ausbeutung und seelischen Traumata bitter zu leiden, und es ist gewiß nicht meine Absicht, die Bemühungen derer in Mißkredit zu bringen, die sich dafür einsetzen, daß ihnen in ihrer Not geholfen wird. Es gibt allerdings eine kleine Gruppe unter diesen engagierten Personen, die die oben beschriebenen Gedanken vertritt. Sie wollen eine völlig neue Art zu leben für alle zwingend einführen ... eine neue Ethik der Elternschaft, die für alle Familien gelten soll. Sie wollen offensichtlich die überlieferte Weisheit der jüdisch-christlichen Tradition durch die humanistischen Vorstellungen des zwanzigsten Jahrhunderts ersetzen. Und sie sind darin in den letzten zehn Jahren bemerkenswert erfolgreich gewesen.

Die radikalen Vertreter der Bürgerrechtsbewegung für Kinder haben ihre Aktivitäten inzwischen von der theoretisch-weltanschaulichen Ebene auf die praktisch-rechtliche verlagert. Es ist erst einen Monat her, daß ich Post von einem Rechtsanwalt bekam, der mich um Hilfe bei der Verteidigung eines Vaters bat, der befürchten mußte, daß ihm sein Kind weggenommen würde.

Die Einzelheiten dieses Falles scheinen schier unglaublich. Man bekommt den Eindruck, daß das in seiner Stadt zuständige Jugendamt versucht, ein sechsjähriges Mädchen aus seiner Familie herauszunehmen, weil sein Vater ihm nicht erlaubt, ins Kino zu gehen, Rockmusik zu hören oder sich bestimmte Sendungen im Fernsehen anzusehen. Das betreffende Kind hat die seinem Alter entsprechende emotionale Reife und ist in seiner Klasse beliebt. Sein Lehrer berichtet, daß dieses Mädchen, was seine schulischen Leistungen anbelangt, zu den fünf besten Schülern seiner Jahrgangsstufe zählt. Trotzdem liegt dem Gericht ein Antrag vor, es aus seiner Familie herauszunehmen, weil es dort in untragbarer Art und Weise „unterdrückt" werde.

Es gibt wenige Dinge, die mich in meinem derzeitigen, von großer Ruhe geprägten Lebensabschnitt wirklich ärgern, aber die Geschichte, die Sie gerade gelesen haben, gehört dazu. Wenn es den Humanisten gestattet wird, der Familie als der Urzelle der Gesellschaft, einschließlich Ihrer und meiner, bezüglich ihrer Zusammensetzung und innerer Wechselbeziehungen ihren naiven Idealismus aufzuzwingen, dann befinden wir uns in ernster Gefahr. Zu diesem Zweck höhlen sie das Recht der Eltern aus, ihren Kindern moralische Werte zu vermitteln, eine Verantwortung, die Gott selbst ihnen aufgetragen hat. Ich habe es bereits an anderer Stelle geschrieben, aber ich sehe mich genötigt, diese bedrohte Wahrheit noch einmal zu wiederholen: Autorität ist der Zement, der eine menschliche Gemeinschaft zusammenhält, sei es eine Regierung, eine militärische Einheit, eine Schule, ein Unternehmen ... oder eine Familie. Ohne eine Führung in den menschlichen Beziehungen gewinnt das Chaos bald die Oberhand.

Diese grundsätzlichen Dinge, die zur Autorität gehören, sind für die Familie und für das Fortbestehen unserer Gesellschaft von entscheidender Bedeutung. Ich möchte kurz darauf eingehen:

1. Die letzte Verantwortung für die Autorität in der Familie ist dem Mann übertragen worden.

Obwohl es unpopulär ist, möchte ich die biblische Vorstellung wiederholen, daß Gott die *Männer* für die Leitung der Familie

verantwortlich macht. So verstehe ich wenigstens die Heilige Schrift. In 1. Timotheus 3, 4 heißt es:
„Er muß ein guter Familienvater sein und Kinder haben, die ihn achten und ihm gehorchen“ (Die Gute Nachricht).

Ob es den Frauenrechtlerinnen gefällt oder nicht: Ein christlicher Mann hat die Aufgabe, seine Familie zu leiten, so gut er kann. Dieser Auftrag rechtfertigt selbstverständlich nicht, daß er seine Kinder mit eiserner Faust unterdrückt oder die Bedürfnisse und Wünsche seiner Frau mißachtet. Aber Gott erwartet ganz offensichtlich von dem *Mann,* daß er die letzte Entscheidungsbefugnis in der Familie hat. Dementsprechend trägt er auch eine größere Verantwortung für die Folgen dieser Entscheidungen. Wenn seine Familie zu viele Dinge auf Kredit angeschafft hat, ist er letztendlich für den finanziellen Ruin verantwortlich. Wenn in seiner Familie niemals die Bibel gelesen wird und wenn sie selten in der Kirche zu sehen ist, dann zieht Gott den Mann dafür zur Verantwortung. Wenn die Kinder ungezogen und ungehorsam sind, so liegt die letzte Verantwortung dafür beim Vater ... nicht bei der Mutter. (Ich kann mich nicht daran erinnern, daß es Elis Frau zur Last gelegt worden wäre, daß sie zwei Söhne großgezogen hatte, die Gott nicht fürchteten; der Zorn Gottes traf ihren Mann.)
Was geschieht – wenn man es unter diesem Gesichtspunkt betrachtet – mit einer Familie, wenn die ihr gesetzte Autorität ihre Aufgabe nicht erfüllt? Nun, ähnliche Folgen sind in einer Firma zu beobachten, wenn der Chef nur so tut, als leite er sie. Die ganze Organisation bricht sehr schnell zusammen. Die Parallele zu einer Familie ohne Autorität ist unübersehbar. Meiner Meinung nach braucht unser Land vor allem Väter, die anfangen, ihre Verantwortung in der Familie wahrzunehmen, anstatt alle ihre körperlichen und geistigen Kräfte lediglich dafür einzusetzen, um mehr Geld zu verdienen. Diese Überzeugung trieb mich an, eben dieses Buch zu schreiben, das Sie gerade lesen.

2. Kinder erwarten mit großer Natürlichkeit, daß der Vater Autorität hat.

Als mein Sohn Ryan fünf Jahre alt war, hörte er ein Gespräch mit an, in dem eine Bemerkung über meine Kindheit fiel.

„Papa, warst du denn einmal ein kleiner Junge?“ fragte er. „Ja, Ryan, ich war sogar noch kleiner als du“, antwortete ich. „Warst du denn auch einmal ein *Baby?*“ fragte er weiter. „Ja, jeder ist ein winziges Baby, wenn er geboren wird.“

Ryan blickte ungläubig. Er konnte nicht verstehen, daß dieser Vater mit einer Körpergröße von über 1,80 m einmal ein kleines Kind gewesen sein sollte. Er dachte einen Augenblick lang scharf nach. Dann meinte er: „Warst du ein *Papa*-Baby?“
Es überstieg Ryans Vorstellungskraft, daß ich nicht von Autorität umgeben sein sollte, auch als winziges Neugeborenes. Seine neunjährige Schwester reagierte in ähnlicher Weise, als sie zum ersten Mal Filme sah, die mich im Alter von vier Jahren zeigten. Auf der Leinwand war ein kleiner Kerl mit unschuldiger Miene und einem richtigen Kindergesicht zu sehen, der auf einem Pferd saß. Wir mußten Danae ernsthaft versichern, daß wirklich ich da auf dem Bild war; daraufhin rief sie aus: „Und *dieses* Kind haut mich manchmal?!“

Sowohl Danae als auch Ryan gaben zu verstehen, wie sie mich wahrnahmen: nicht als einen Mann, dem Autorität gegeben war, sondern als einen Mann, der Autorität *besaß*. Das liegt im Wesen der Kindheit. Es ist charakteristisch, daß Jungen und Mädchen Achtung vor ihren Vätern empfinden, deren Größe, Kraft und tiefere Stimme Autorität ausstrahlen. Deshalb hat es auch ein Lehrer leichter als eine nachsichtige Lehrerin mit zarter Stimme, wenn es darum geht, in einer Klasse durchzugreifen. (Eine Lehrerin erzählte mir einmal, das Ringen um Disziplin in ihrer Klasse sei mit dem Versuch zu vergleichen, 32 Tischtennisbälle gleichzeitig unter Wasser zu halten.)

Deshalb brauchen Mütter auch so sehr die Unterstützung des Vaters, wenn es um eine konsequente Erziehung geht. Nicht, daß der Vater jedesmal eingreifen müßte, wenn das Kind ungehorsam ist, aber er sollte doch den Rahmen darstellen, von dem die Autorität der Eltern ausgeht. Außerdem muß es den Kindern klar sein, daß der Vater mit der Mutter einer Meinung ist und eindeutig auf ihrer Seite stehen wird, wenn man ihr nicht gehorcht. Um noch einmal auf 1. Timotheus zurückzukommen: Genau das ist gemeint, wenn es dort heißt: „Er muß ein guter Familienvater sein“.

3. Die Autorität wird mit Sicherheit auf die Probe gestellt.

Tief im Menschen ist ein Eigenwille verwurzelt, der eine Autorität von außen ablehnt. Dieser Geist der Auflehnung zeigt sich im ersten Lebensjahr und beherrscht die Persönlichkeit im zweiten. Die „schreckliche Zeit des Zweijährigen" läßt sich mit der bösartigen Frage: „Mit welchem Recht meinst du oder meint irgend jemand sonst, mir sagen zu können, was ich mit meinem Leben anzufangen habe?" zusammenfassen. Eben diese Frage wird in den Jahren der Pubertät immer wieder mit großer Aggressivität vorgebracht; damit gehen dann solche liebreizenden Kommentare wie: „Ich habe euch ja nicht darum gebeten, mich zu bekommen!" einher. Johnny Carson hat einmal gesagt, daß er, sollte sein Teenager dies einmal zu ihm sagen, darauf antworten würde: „Gut, daß du das nicht getan hast. Ich hätte nämlich *nein* gesagt."

Es kommt mir darauf an zu zeigen, daß Menschen jeden Alters dazu neigen auszuprobieren, wo die Grenzen einer Autorität liegen. Im tiefsten Grunde ist diese Auflehnung ein Ausdruck der geistlichen Rebellion der Menschheit gegen Gott. Wer an dieser widerspenstigen Natur des Menschen zweifelt, braucht nur einmal die unbändige Kraft des Eigenwillens bei einem Krabbelkind zu beobachten. Haben Sie schon einmal ein zorniges kleines Kind gesehen, wie es seinen Atem anhält, bis es bewußtlos wird? Das gibt es. Versuchen Sie einmal, sich das Kind vorzustellen, dessen Mutter mir folgendes mitteilte:

> „Mein Mann und ich erkannten, daß unsere zweijährige Tochter einen starken Eigenwillen hat, als wir ihr eines Abends zum ersten Mal Erbsen zu essen gaben. Julia nahm einen Bissen und weigerte sich dann, die Erbsen hinunterzuschlucken. Sie wollte sie aber auch nicht ausspucken. Wir waren einfach machtlos. Wir versuchten, ihr den Mund zu öffnen, dann drohten wir mit Schlägen. Schließlich baten wir Julia flehentlich, sie möge doch lieb sein, aber sie wollte einfach nicht nachgeben. Es blieb uns keine andere Möglichkeit, als sie ins Bett zu bringen. Zwölf Stunden später erwachte sie froh und munter und ohne daß sie noch Erbsen im Mund gehabt hätte. Wir entdeckten die Reste des Gemüses am Fußende ihres Bettes, wo sie sie ausgespuckt hatte. Ihr Vater und ich waren sehr erleichtert, daß sie die Erbsen nicht die ganze Nacht über im Mund behalten hatte!"

Sollte es denn möglich sein, daß ein zweijähriges Mädchen tatsächlich in der Lage ist, die Erwachsenen in seiner Umgebung außer Gefecht und schachmatt zu setzen? Genau so ist es. Und

wenn die Psychologie des zwanzigsten Jahrhunderts einen wunden Punkt hat, so besteht er in dem Versagen, dieses widerstrebende Element der menschlichen Natur zu erkennen und die Notwendigkeit zu sehen, angemessen auf absichtlichen Ungehorsam zu reagieren.
Worin besteht aber nun ein angemessenes Verhalten in den Augenblicken, in denen ein Kind rebelliert? Ich möchte einem amtlich zugelassenen Wirtschaftsprüfer das Wort erteilen, um diese Frage zu beantworten. Er schrieb mir folgenden Brief, der Bände über die Beziehungen zwischen Eltern und Kindern spricht.

Sehr geehrter Herr Dr. Dobson,
hiermit möchte ich Ihnen für Ihre Arbeit zur Stärkung der Familie danken. Meine Frau und ich haben mit sehr großem Gewinn einige Ihrer Bücher gelesen.
Wenn Sie gestatten, so möchte ich Ihnen von einem Erlebnis berichten, das wir vor einigen Tagen mit unserem sechsjährigen Sohn David hatten. Letzten Freitag abend sagte meine Frau zu ihm, er möge bitte einige Orangenschalen aufheben, die er auf dem Teppich zurückgelassen hatte, was er, wie er ganz genau weiß, nicht darf. Er kam der Aufforderung meiner Frau nicht nach und erhielt dafür einen Klaps auf das Hinterteil. Daraufhin bekam er einen Wutausbruch.

Da ich die ganze Geschichte beobachtet hatte, bekam er von mir Haue. Er mußte die Orangenschalen aufheben und hinbringen, wo sie hingehörten. Dann schickte ich ihn sofort ins Bett, denn er hätte schon längst schlafen müssen. Einige Minuten später, nachdem er sich ein wenig hatte beruhigen können, ging ich in sein Zimmer und erklärte ihm, daß Gott allen Eltern gesagt hat, daß sie ihren Kindern nicht erlauben dürfen, ungehorsam zu sein, wenn sie sie wirklich liebhaben usw., und daß wir ihn wirklich liebhaben und solche Ungezogenheiten deshalb nicht einfach hinnehmen können.
Am nächsten Morgen, als ich bereits zur Arbeit gegangen war, überreichte David seiner Mutter den folgenden Brief, dem einige Münzen beigefügt waren:

> Von David und Deborah
> Für Mama und Papa
>
> Liebe Mama, lieber Papa
> hir sint 50 Pfennig weil
> ich Haue gegriegt hab als
> ich es wirglich brauchte
> und das ist
> auch noch fon
> Deborah ich hab eusch lieb
>
> Fiele Grüse euer Sohn David
> und euere Tochter Deborah

Deborah ist übrigens unsere einjährige Tochter, die wir im Juni endgültig adoptieren möchten.
Wir wünschen Ihnen Gottes Segen und Treue in Ihrem Dienst.

Mit freundlichen Grüßen

Dieser Mann weiß, wie ein Vater richtig auf den Ungehorsam seines Kindes reagiert. Seine Antwort ist weder unwirsch noch beleidigend noch gefährlich noch launisch. Sie läßt vielmehr die feste aber liebende Autorität erkennen, die im Interesse des Kindes nötig ist. Glücklich der Junge und das Mädchen, dessen Vater noch etwas von dieser zu allen Zeiten gültigen Wahrheit weiß.

Zusammenfassung

Die Männer in unserem Land haben in den letzten Jahren eine tiefe Identitätskrise erlebt, die ähnlich der Verwirrung ist, die ihre Frauen erfaßt hat. Diese Krise zeigte sich darin, daß alles traditionell Männliche ständig in Frage gestellt wurde, so wie auch die Frauenbewegung alles traditionell weibliche Verhalten und Benehmen verächtlich abgetan hat. Besonders der Führungsanspruch des Mannes wurde als „Macho-Verhalten" lächerlich gemacht und als reiner Selbstzweck betrachtet. Ziel dieses Kapitels ist es jedoch, die Bedeutung, die einer Autorität in der Familie zukommt, erneut zu bestätigen: erstens im Sinne einer einfühlsamen Führung und Leitung und zweitens für die Erziehung gesunder Kinder. Beide Zielsetzungen scheinen zum Entwurf des Schöpfers für ein glückliches Familienleben zu gehören.

7

Fragen in der Kindererziehung

Wir haben uns bisher ausschließlich mit der Beziehung zwischen einem Mann und seinen Kindern beschäftigt. Bevor wir uns nun weiteren Aspekten im Leben eines Mannes zuwenden, sollten wir uns vielleicht noch einige Fragen und Antworten im Hinblick auf die Erziehung von Jungen und Mädchen widmen. So werde ich auch Gelegenheit haben, die Auffassungen zu erläutern, die ich dargelegt habe, und ich werde zugleich einige zusätzliche Fragen im voraus beantworten können, die noch gestellt werden könnten. Besondere Berücksichtigung soll die „wichtigste Priorität" im Leben eines Mannes – daß er seine Kinder für Christus gewinnt – finden.
Wir werden mit einem Problem beginnen, das christliche Frauen heute besonders bewegt. Es handelt sich hier, nebenbei bemerkt, um eine Frage, die oft gestellt wird, wenn ich zum Thema Vaterschaft spreche.

1. Ich stimme mit Ihnen darin überein, daß der Vater in der Familie die geistliche Führung übernehmen sollte, aber es ist bei uns nun einmal nicht so. Wenn die Kinder am Sonntag in die Kirche gehen sollen, muß ich sie aufwecken und zusehen, daß sie fertig werden. Wenn wir in der Familie zusammen beten, dann nur, weil ich darauf bestehe, und ich bin diejenige, die mit den Kindern vor dem Schlafengehen betet. Wenn ich das nicht täte, würde das geistliche Leben unserer Kinder völlig verkümmern. Trotzdem bekomme ich immer wieder gesagt, ich sollte mich zurückhalten und warten, daß mein Mann die geistliche Führung in unserer Familie übernimmt. Was würden Sie in meiner Situation raten?

Das ist eine äußerst wichtige Frage, die derzeit auch sehr unterschiedlich beantwortet wird. Wie Sie bereits angedeutet haben, geben manche christlichen Seelsorger und Gemeindeleiter Frauen den Rat, passiv zu warten, bis der Ehemann die geistliche Verantwortung übernimmt. Solange er diese Aufgabe nicht annimmt, so sagen sie, sollte die Frau ihm hier nicht im Wege stehen, und sie sollte darauf hoffen, daß Gott genug Druck auf

den Mann ausübt, bis er sich in die Rolle einfügt, die Gott den Männern zugedacht hat. Ich möchte dieser Ansicht entschieden widersprechen, wenn es sich um eine Familie mit kleinen Kindern handelt. Ginge es lediglich um das geistliche Wohl eines Ehepaares, dann könnte eine Frau es sich leisten, einfach zu warten, bis ihr Mann soweit ist. Sobald aber Jungen und Mädchen mit betroffen sind, verändert sich das Bild in entscheidender Weise. Jeder Tag, an dem sie nicht geistlich geschult werden, ist ein Tag, der ein für allemal dahin ist.
Wenn also Ihr Mann nicht die geistliche Führung übernimmt, die Gott ihm zugedacht hat, dann glaube ich, daß Sie einspringen müssen. Sie haben keine Zeit zu verlieren. Sie sollten die Kinder weiterhin am Sonntag mit in die Kirche nehmen. Sie sollten mit ihnen beten und sie lehren, die Bibel zu lesen. Darüber hinaus müssen Sie das persönliche Gebet und Ihre eigene Beziehung zu Gott pflegen. Kurz gesagt, ich meine, daß das geistliche Leben der Kinder (und Erwachsenen) einfach zu wichtig ist, als daß eine Frau es zwei, vier oder sechs Jahre lang vernachlässigen könnte, in der Hoffnung, daß ihr Mann schließlich doch aufwachen würde. Jesus hat klar und deutlich gezeigt, daß Menschen in unserer Familie uns die größten Hindernisse für unseren Glauben in den Weg legen können, aber auch, daß wir das nicht zulassen dürfen. Er sagt: „Ihr sollt nicht meinen, daß ich gekommen bin, Frieden zu bringen auf die Erde. Ich bin nicht gekommen, Frieden zu bringen, sondern das Schwert. Denn ich bin gekommen, den Menschen zu entzweien mit seinem Vater und die Tochter mit ihrer Mutter und die Schwiegertochter mit ihrer Schwiegermutter. Und des Menschen Feinde werden seine eigenen Hausgenossen sein. Wer Vater oder Mutter mehr liebt als mich, der ist meiner nicht wert; und wer Sohn oder Tochter mehr liebt als mich, der ist meiner nicht wert“ (Matth. 10, 34–37).

Ich habe an früherer Stelle in diesem Buch meinen Großvater, R. L. Dobson, erwähnt. Er war ein moralisch guter Mann und hielt den christlichen Glauben für überflüssig. Sein mangelndes Interesse an geistlichen Dingen belastete meine Großmutter stark, denn sie war eine gläubige Frau, die Gott den wichtigsten Platz in ihrem Leben einräumen wollte. Deshalb nahm sie ihre Verantwortung wahr, ihren sechs Kindern den Glauben an Jesus

Christus zu vermitteln. Es gab Zeiten, zu denen mein Großvater sie sehr drängte, ihren Glauben nicht aufzugeben, aber ihn damit in Ruhe zu lassen.
Er vertrat den Standpunkt: „Ich bin meinen Kindern ein guter Vater, ich zahle meine Rechnungen, und ich bin ehrlich mit meinen Mitmenschen. Das genügt." Seine Frau sagte darauf: „Ich weiß, daß du ein guter Mensch bist, aber das genügt *nicht.* Du solltest Gott dein Herz schenken." Das konnte er nicht verstehen.
Meine Großmutter machte keinen Versuch, ihrem Mann ihren Glauben aufzudrängen, und sie begegnete ihm immer mit Achtung. Aber sie setzte still ihr Beten und Fasten für den Mann, den sie liebte, fort. Über vierzig Jahre lang brachte sie die gleiche Bitte auf den Knien vor Gott.
Dann erlitt mein Großvater mit neunundsechzig Jahren einen Schlaganfall, und zum ersten Mal in seinem Leben war er schwerkrank. Eines Tages kam seine junge Tochter zum Saubermachen und Aufräumen in sein Zimmer. Als sie an sein Bett kam, entdeckte sie Tränen in seinen Augen. Niemand hatte ihn jemals zuvor weinen gesehen. „Vati, was ist mit dir?" fragte sie. Er antwortete: „Liebes, gehe an die Treppe und rufe deine Mutter."
Meine Großmutter eilte an das Bett ihres Mannes und hörte aus seinem Munde die Worte: „Ich weiß, daß ich sterben muß, und ich habe keine Angst vor dem Tod, aber es ist so dunkel. Es gibt keinen Ausweg. Ich habe mein Leben gelebt, und ich habe das eine verpaßt, auf das es wirklich ankommt. Willst du für mich beten?"
„Ob ich für dich beten will?" rief meine Großmutter aus. Sie hatte ihr ganzes Leben lang als erwachsene Frau auf diese Bitte gewartet. Sie fiel auf die Knie, und die Bitten von vierzig Jahren schienen in diesem Gebet an der Bettkante überzufließen. R. L. Dobson übergab Gott an jenem Tag in wunderbarer Weise sein Herz.
In den darauffolgenden beiden Wochen wünschte er sich den Besuch einiger Gemeindemitglieder, die er beleidigt hatte, und er bat sie um Vergebung. Er schloß seine persönlichen Dinge ab und starb dann mit einem Zeugnis auf den Lippen. Bevor er in ein Koma sank, aus dem er nie wieder erwachen sollte, sagte

mein Großvater: „... Jetzt gibt es einen Weg durch die Dunkelheit." Die beständigen Gebete meiner kleinen Großmutter waren erhört worden.
Um nochmals auf die ursprüngliche Frage zurückzukommen: Ich möchte die Frauen davor warnen, ihren Männern gegenüber „selbstgerecht" und kritiksüchtig zu werden. Lassen Sie alles aus Liebe geschehen. Es mag allerdings einige einsame Jahre geben, in denen die Last geistlicher Leitung der Kinder allein getragen werden muß. Wenn das der Fall ist, so hat der Herr versprochen, in diesen schweren Tagen bei Ihnen zu sein.

2. In der Bibel wird den Eltern der Auftrag gegeben, die „Kinder im Gehorsam zu halten". Aber damit erhebt sich zugleich eine schwierige Frage: In welche Richtung sollte dieser Gehorsam gehen? Wenn die ersten sieben Jahre die „wichtigste Zeit" religiöser Erziehung darstellen, was sollte man dem Kind in dieser Zeit beibringen? Welche Erfahrungen sollten dazu gehören? Welche Werte sollten betont werden?

Ich bin davon überzeugt, daß ein Kind eine sorgfältig entwickelte und systematische Unterweisung im Glauben erhalten sollte. Und dennoch überlassen wir in dieser Angelegenheit vieles dem Zufall. Vielleicht könnten wir eine höhere „Trefferquote" erzielen, wenn wir das genaue Ziel besser kennen würden.
Im folgenden stelle ich eine „Liste mit geistlichen Erziehungszielen" zusammen, die man anstreben kann. Bei einer ganzen Reihe von Punkten wird eine Reife vorausgesetzt, die Kinder nicht haben, und wir sollten unsere unreifen Kinder nicht wie erwachsene Christen behandeln. Aber wir können sie in diesem prägbaren Alter behutsam an diese Dinge – an diese Ziele – heranführen.
Im wesentlichen sollte man die folgenden fünf Gedanken aus der Heiligen Schrift bewußt weiterzugeben versuchen, denn sie sind die Grundlage für den Glauben und für zukünftiges religiöses Wissen. Ich möchte alle christlichen Eltern dazu ermutigen, einmal zu überlegen, wie es um das Verständnis ihres Kindes auf den folgenden fünf Gebieten steht:

I. Gedanke: „Und du sollst Gott, deinen Herrn, lieben von ganzem Herzen" (Markus 12, 30).

1. Erfährt Ihr Kind die Liebe Gottes durch die Liebe, die Zärtlichkeit und die Barmherzigkeit seiner Eltern? (Äußerst wichtig)
2. Lernt Ihr Kind über den Herrn zu sprechen und ihn in seine Gedanken und Pläne miteinzubeziehen?
3. Lernt Ihr Kind, sich hilfesuchend an Jesus zu wenden, wenn es sich fürchtet, Angst hat oder wenn es sich alleine fühlt?
4. Lernt Ihr Kind, die Bibel zu lesen?
5. Lernt Ihr Kind beten?
6. Lernt Ihr Kind die Bedeutung von Glauben und Vertrauen kennen?
7. Lernt Ihr Kind, daß es Freude macht, als Christ zu leben?
8. Lernt Ihr Kind, wie wunderbar es ist, daß Jesus für uns geboren wurde und gestorben ist?

II. Gedanke: „Du sollst deinen Nächsten lieben wie dich selbst" (Markus 12, 31).

1. Lernt Ihr Kind, andere Menschen zu verstehen und mit ihnen zu fühlen?
2. Lernt Ihr Kind, nicht egoistisch und fordernd zu sein?
3. Lernt Ihr Kind das Teilen?
4. Lernt Ihr Kind, nicht über andere zu klatschen und auf Kritik an anderen zu verzichten?
5. Lernt Ihr Kind, sich selbst anzunehmen?

III. Gedanke: „Lehre mich tun nach deinem Wohlgefallen, denn du bist mein Gott" (Psalm 143, 10).

1. Lernt Ihr Kind, als Vorbereitung für den späteren Gehorsam gegenüber Gott, seinen Eltern zu gehorchen? (Äußerst wichtig)
2. Lernt Ihr Kind, sich in der Kirche – dem Haus Gottes – entsprechend zu benehmen?
3. Lernt Ihr Kind eine gesunde Wertschätzung der beiden Seiten der göttlichen Natur: der Liebe und der Gerechtigkeit?
4. Lernt Ihr Kind, daß es viele Formen wohlwollender Autorität außerhalb von ihm selbst gibt, denen es sich unterordnen muß?

5. Lernt Ihr Kind, was Sünde ist und daß sie unausweichlich Konsequenzen nach sich zieht?

IV. Gedanke: „Fürchte Gott und halte seine Gebote; denn das gilt für alle Menschen“ (Prediger 12, 13).

1. Lernt Ihr Kind die Liebe zur Wahrheit und Ehrlichkeit?
2. Lernt Ihr Kind, wie vergleichsweise wenig bedeutsam materielle Dinge sind?
3. Lernt Ihr Kind, welche Bedeutung der christlichen Familie zukommt und wie wichtig die gottgewollte Treue zu ihr ist?
4. Lernt Ihr Kind, seinem Gewissen zu folgen?

V. Gedanke: „Der Geist Gottes läßt als Frucht eine Fülle von Gutem wachsen, nämlich ... Selbstbeherrschung“ (Gal. 5, 22–23 – Die Gute Nachricht).

1. Lernt Ihr Kind, einen Teil des Geldes, das ihm zur Verfügung steht, Gott zu geben?
2. Lernt Ihr Kind, sich selbst zu beherrschen?
3. Lernt Ihr Kind, zu arbeiten und Verantwortung zu tragen?
4. Lernt Ihr Kind den großen Unterschied kennen, der zwischen Selbstwertgefühl und egoistischem Stolz besteht?
5. Lernt Ihr Kind, sich in Ehrfurcht vor dem Gott des Universums zu beugen?

Zusammenfassend läßt sich sagen, daß die ersten sieben Lebensjahre Ihr Kind darauf vorbereiten sollten, daß es, wenn es selbständig wird, sagen kann: „Hier bin ich, Herr, sende mich!“

3. Wir haben große Schwierigkeiten mit dem gemeinsamen Beten in unserer Familie. Unsere kleinen Kinder scheinen sich dabei sehr zu langweilen und innerlich unbeteiligt zu sein. Sie gähnen, rutschen herum und kichern, während wir die Bibel lesen. Andererseits halten wir es aber für wichtig, daß sie beten und im Wort Gottes lesen lernen. Können Sie uns einen Ausweg aus diesem Dilemma zeigen?

Es gibt ein Schlüsselwort, das das Gebet in der Familie kennzeichnen sollte: *Kürze.* Man kann von Kindern nicht erwarten, daß sie langatmigen geistlichen Betrachtungen von Erwachsenen folgen und Freude daran finden. Vier oder fünf Minuten, in denen man sich einem oder zwei Versen aus der Bibel widmet und ein anschließendes, kurzes Gebet – damit stößt man im Vorschulalter gewöhnlich an die Grenzen der Konzentrationsfähigkeit. Kleine Kinder zu zwingen, ewige Wahrheiten durch eine lange Schriftauslegung und endloses Beten zu erkennen, kann sich gefährlich auswirken.

4. Meine Frau und ich sind gerade Christen geworden, und wir erkennen nun, daß wir unsere Kinder mit falschen Maßstäben erzogen haben. Sie sind schon groß, aber wir machen uns Sorgen aufgrund der Vergangenheit, und wir bereuen unser Versagen als Eltern zutiefst. Können wir nun, zu diesem späten Zeitpunkt, noch irgend etwas tun?

Ich möchte zuerst die schreckliche Schuld ansprechen, die Sie offensichtlich mit sich herumtragen. Es gibt kaum einen Vater oder eine Mutter auf der Welt, die keine Reue empfinden und bei denen keine schmerzliche Erinnerung wach wird, wenn sie an ihr Versagen als Eltern denken. Kinder sind unendlich komplex, und wir können ebensowenig vollkommene Eltern sein, wie wir vollkommene Menschen sind. Der Druck der Lebensumstände ist oft unglaublich groß, und wir werden müde und gereizt; wir stehen unter körperlichen Einflüssen und werden von unseren Gefühlen beeinflußt, und manchmal hindern uns diese Dinge daran, das Rechte zu sagen und das Vorbild zu sein, das wir sein sollten. Wir gehen mit unseren Kindern nicht immer so um, wie wir es rein verstandesmäßig für richtig halten würden, und es kommt oft vor, daß wir ein oder zwei Jahre später rückblickend feststellen, wie falsch wir doch ein bestimmtes Problem angegangen sind.

Jeder von uns macht solche Fehler! *Niemand erfüllt diese Aufgabe ohne Fehl und Tadel!* Deshalb sollte jeder von uns allein vor den Schöpfer von Eltern und Kindern hintreten und ihm sagen:

„Herr, du kennst meine Unzulänglichkeiten. Du kennst meine Schwächen nicht nur als Vater/Mutter, sondern in allen Bereichen des Lebens. Ich habe mein möglichstes getan, aber es war nicht gut genug. Nimm du nun mein schwaches Mühen und mache es zum Segen für meine Familie, so wie du einst die Fische und die Brote angenommen hast, um die Fünftausend zu speisen. Gleiche du meine Fehler aus, stille du die Not, die ich nicht gestillt habe. Lege du deine Arme um meine Kinder und ziehe sie näher zu dir. Und sei du bei ihnen, wenn sie sich zwischen Gut und Böse entscheiden müssen. Mir bleibt nur, mein möglichstes zu tun, und das habe ich getan. Deshalb vertraue ich meine Kinder, mich selbst und meine Aufgabe als Vater/Mutter dir an. Was nun daraus wird, liegt in deiner Hand."

Ich weiß, daß Gott dieses Gebet erhören wird, auch bei Eltern, die ihre Aufgabe bereits erfüllt haben. Der Herr möchte nicht, daß Sie unter einer Schuld leiden, die Dinge betrifft, die Sie nicht mehr beeinflussen können. Was vergangen ist, ist vergangen. Lassen Sie es hinter sich und holen Sie es nie wieder hervor. Übergeben Sie alles Gott und überlassen Sie es ihm. Sie werden mit Sicherheit die Erfahrung machen, daß Sie nicht mehr allein sind!

5. Meine Frau und ich, wir sind im gegenwärtigen Abschnitt unseres Lebens sehr beschäftigt. Durch meinen Beruf bin ich mehrere Tage in der Woche unterwegs, und meine Frau ist eine erfolgreiche Maklerin geworden. Wir müssen zugeben, daß wir nicht viel Zeit für unsere drei Kinder haben, aber wir schenken ihnen unsere ungeteilte Aufmerksamkeit, wenn wir zusammen sind. Wir wünschten, wir hätten mehr Zeit für die Familie, aber wir trösten uns damit, daß wir wissen, daß es in Wirklichkeit nicht darauf ankommt, wieviel Zeit Eltern und Kinder miteinander verbringen, sondern wie intensiv dieses Zusammensein ist. Sehen Sie das auch so?

Erlauben Sie mir, Ihre Frage auf einem Umweg zu beantworten, der zunächst nichts mit der Sache zu tun zu haben scheint. Da ich einen Teil meines Lebensunterhalts damit verdiene, daß ich mich mit der Sprache beschäftige, entdecke ich oft, wie ich Volksweisheiten und Klischeevorstellungen auf ihre Gültigkeit hin überprüfe, die wir in unserer Kultur einfach übernommen haben. Als ich z. B. einmal mit einem Freund über die gesetzlichen Regelungen zur Pornographie sprach, sagte er den wohlbekannten Satz: „Man kann Moral natürlich nicht per Gesetz verordnen." Ich nickte zustimmend, fragte mich später aber: „Warum eigentlich nicht?"
Es ist unmoralisch, einen Mord zu begehen, jemanden zu vergewaltigen, jemanden zu verleumden, Steuern zu hinterziehen

und zu stehlen. Trotzdem ist es uns gelungen, gegen all dies Gesetze zu erlassen. Beruht nicht die gesamte Strafgesetzgebung darauf, daß böses Tun, zu dem der Mensch von Natur aus fähig ist, verhindert werden soll? Es käme doch wohl zu einer Katastrophe, wenn der Gesetzgeber wirklich an den Satz glaubte: „Moral kann man natürlich nicht per Gesetz verordnen."

Wenn wir auf die Frage von Quantität gegenüber Qualität in der Eltern-Kind-Beziehung zurückkommen, begegnen wir erneut einem weitverbreiteten Klischee, das sich als genauso brüchig erweist. Ohne den Vater, der die obengenannte Frage gestellt hat, in Mißkredit bringen zu wollen, muß ich sagen, daß dieser Satz oft von überlasteten und ganz dem Berufsstreß verschriebenen Eltern geäußert wird, die sich angesichts der wenigen Zeit, die sie mit ihren Kindern verbringen, schuldig fühlen. Ihre Jungen und Mädchen werden tagsüber in einer Kinderkrippe und abends von einem Babysitter versorgt, wobei wenig Zeit für die Pflege traditioneller Beziehungen zwischen Eltern und Kindern bleibt. Um das Unwohlsein angesichts der Vernachlässigung der Kinder zu überwinden, klammern sich diese Eltern an eine Phrase, die alles in ein günstiges Licht rückt und den Anschein erweckt, es sei alles in Ordnung, indem sie sich sagen: „Es kommt in Wirklichkeit nicht darauf an, *wieviel* Zeit Eltern und Kinder miteinander verbringen, sondern wie *intensiv* dieses Zusammensein ist."

In den meisten weitverbreiteten Vorstellungen ist ein Körnchen Wahrheit, und diese hier ist keine Ausnahme. Jeder wird einsehen, daß es keinen Wert hat, wenn wir Tag für Tag mit unseren Kindern zusammen sind, ihnen aber aggressiv, herrschsüchtig, unwillig und launisch begegnen. Aber über diesen Punkt hinaus beginnt die Frage von Quantität gegenüber Qualität auf Grund zu laufen. Oder, um es ganz einfach zu sagen: *Eine solche Dichotomie würden wir in keinem anderen Bereich unseres Lebens gelten lassen; warum nehmen wir sie dann bei unseren Kindern hin?* Ich möchte das gerne illustrieren.

Stellen wir uns einmal vor, Sie hätten den ganzen Tag nichts gegessen und seien sehr hungrig. Sie gehen also in das feinste Restaurant am Platze und fragen den Ober nach dem besten Steak, das er anzubieten hat. Er teilt Ihnen mit, das Filet mignon sei die Spezialität des Hauses, und Sie bestellen es vom Holzkohlengrill. Zwanzig Minuten später erscheint der Ober mit den kulinarischen Genüssen und setzt sie Ihnen vor. Auf einer großen Platte angerichtet, entdecken Sie in der Mitte ein einsames Stückchen Fleisch, nur etwa 3 Quadratzentimeter groß, neben dem noch ein winziges Häppchen Kartoffel garniert ist.

Sie beklagen sich beim Ober: „Nennen Sie das vielleicht ein Steak-Menü?"

Darauf antwortet er: „Mein Herr, wie kommen Sie dazu, an unserem Hause Kritik zu üben, bevor Sie dieses Fleisch probiert haben? Ich habe Ihnen soeben 3 Quadratzentimeter vom allerfeinsten Steak gebracht. Es ist absolut perfekt gegrillt, genau richtig gesalzen und ganz heiß serviert. Ich zweifle sehr daran, daß Sie irgendwo in der ganzen Stadt ein besseres Stück Fleisch finden würden. Ich gebe zu, daß es nicht sehr viel ist, was die Menge anbelangt, aber Sie wissen ja, mein Herr, daß es nicht auf die Quantität ankommt; bei einem Steak-Menü zählt die Qualität."

„Unsinn!" würden Sie sagen, und das finde ich auch. Die Tücke dieses kurzen Satzes liegt darin, daß er zwei wichtige Ziele in Gegensatz zueinander stellt und uns nahelegt, das eine gegen das andere auszuspielen. Wenn Quantität und Qualität eine wichtige Rolle für ein gelungenes Familienleben spielen, warum geben wir unseren Kindern dann nicht *beides?* Es genügt nicht, unsere hungrigen Kinder gelegentlich mit einem „Bissen Steak" abzuspeisen, auch wenn es feinstes, abgehangenes Filet mignon ist.

Ich bin darüber besorgt, daß die gängige Vorstellung, Qualität sei wichtiger als Quantität, vielleicht nur eine Rationalisierung dafür ist, daß wir unseren Kindern *weder* viel Zeit *noch* viel Zuwendung schenken!

6. Ich möchte Ihnen eine sehr persönliche Frage stellen. In Ihren Büchern sprechen Sie praktische Probleme des Alltags an. Sie bieten darin Lösungen und Vorschläge für den Umgang mit den Enttäuschungen und Schwierigkeiten an, denen man im Ehe- und Familienleben immer wieder begegnet. Aber da muß ich an Ihre eigene Familie denken. Läuft in Ihrer Familie immer alles reibungslos? Haben Sie jemals das Gefühl, als Vater zu versagen?

Und wenn ja, wie gehen Sie mit solchen Selbstzweifeln und Selbstanschuldigungen um?

Diese Frage ist mir schon oft gestellt worden, auch wenn die Antwort darauf niemanden verwundern dürfte. Meine Frau und ich, wir erleben die gleichen Enttäuschungen, und wir stehen unter dem gleichen Druck wie andere auch. Wir verhalten uns nicht immer vorbildlich und unsere Kinder auch nicht. Und manchmal kann es in unserem Haushalt recht hektisch zugehen.

Vielleicht kann ich meine Antwort am besten erläutern, indem ich von jenem Tag berichte, den wir nun nur noch als den „schwarzen Sonntag" bezeichnen. Aus irgendeinem unerfindlichen Grund kann der Sonntag für uns der schlimmste Tag sein, besonders in den Morgenstunden. Ich habe festgestellt, daß auch andere Eltern in der Routine des „die Kinder für die Kirche fertigmachen" in eine gewisse Anspannung geraten. Aber der „schwarze Sonntag" war besonders chaotisch. Wir begannen diesen Tag damit, daß wir zu spät aufstanden, und das bedeutete, daß sich jeder beeilen mußte, damit wir noch rechtzeitig zur Kirche kamen. So gerieten wir innerlich unter Druck, besonders Shirley und ich. Dann war noch die Sache mit der verschütteten Milch beim Frühstück und der schwarzen Schuhcreme auf dem Boden. Und natürlich wurde Ryan zuerst angezogen, so daß er die Möglichkeit hatte, durch die Tür zum Garten zu schleichen und sich dort von Kopf bis Fuß schmutzig zu machen. Wir mußten ihn daraufhin völlig neu anziehen. Anstatt diese Zwischenfälle einen nach dem anderen zu überwinden, begannen wir uns gegenseitig zu kritisieren und einander Vorwürfe zu machen. Mindestens eine Tracht Prügel wurde, so erinnere ich mich, verabreicht und weitere drei oder vier wurden in Aussicht gestellt. Ja, es war ein Tag, an den man sich erinnern (oder den man vergessen) sollte. Schließlich stolperten vier abgehetzte Menschenkinder in die Kirche, die zweifelsohne reif dafür waren, einen großen Segen zu empfangen. Es gibt keinen Pfarrer auf der Welt, der uns an diesem Morgen noch hätte bewegen können.

Ich fühlte mich den ganzen Tag über schuldig und für den heftigen Ton verantwortlich, der an diesem Sonntag in unserer Familie herrschte. Sicher waren unsere Kinder mitschuldig, aber sie reagierten einfach nur auf unser großes Durcheinander. Shirley und ich hatten verschlafen, und da lag die Wurzel des Konflikts.

Nach der Abendliturgie rief ich die Familie rund um den Küchentisch zusammen. Ich begann damit zu beschreiben, was für einen Tag wir hinter uns hatten, und ich bat jeden um Vergebung für den Teil, den ich dazu beigetragen hatte, daß es soweit gekommen war. Außerdem sagte ich, daß ich meinte, jeder in der Familie sollte Gelegenheit haben auszusprechen, was er innerlich empfand.

Ryan kam als erster an die Reihe, und seine Mutter bekam eine Salve ab. „Du warst heute ein richtiger 'Miesepeter', Mama!" brach es aus ihm hervor. „Ich habe dir den ganzen Tag lang überhaupt nichts recht machen können."

Nun erklärte Shirley, warum sie mit ihrem Sohn unzufrieden war, ohne ihr Verhalten zu rechtfertigen.

Dann konnte Danae ihrem Ärger und ihrer Enttäuschung Luft machen. Schließlich hatten auch Shirley und ich Gelegenheit, über die inneren Spannungen zu sprechen, die die Ursache für unsere überzogenen Reaktionen waren.

Es war ein wichtiger Augenblick, in dem wir uns gegenseitig mitteilten, wie es in uns aussah, in dem wir ehrlich waren und in dem wir noch näher zusammenfanden. Dann beteten wir als Familie miteinander und baten den Herrn, uns zu helfen, in Liebe und Eintracht zusammenzuleben und zu arbeiten.

Es geht mir darum zu zeigen, daß es in *jeder* Familie Momente gibt, in denen einfach alle Regeln übertreten werden – in denen sogar die christlichen Grundsätze verletzt werden, nach denen man bisher gelebt hat. Erschöpfung allein kann schon all jene hohen Ideale zunichte machen, die den Eltern in Seminaren, Büchern und Predigten empfohlen worden sind. Von entscheidender Bedeutung ist hier nun die Frage: Was tun Mütter und Väter in dieser Situation, um erneut freundschaftliche Beziehungen in der Familie wachsen zu lassen? Ein offenes Gespräch, in dem keiner sich bedroht zu fühlen braucht, bietet sich hier als eine Lösung an.

Auf die Ausgangsfrage zurückkommend möchte ich feststellen, daß ein Psychologe seine Familie ebensowenig vor psychologischen Schwierigkeiten schützen kann, wie ein Arzt verhindern kann, daß seine Frau und seine Kinder krank werden. Wir leben in einer unvollkommenen Welt, in der jeder seine Kämpfe zu bestehen hat. Trotzdem bieten uns die biblischen Prinzipien den günstigsten Zugang zu einem glücklichen Familienleben – hier kann uns auch aus dunklen Stunden ein Vorteil erwachsen. (Irgendwann erzähle ich dann vom „schwarzen Montag".)

7. Sie haben gesagt, daß in Ihrer Familie in den letzten achtzehn Monaten einige Todesfälle vorkamen. Auch wir haben in den vergangenen Jahren in unserer Familie schmerzliche Verluste erlebt. Meine Frau starb, als unsere Kinder fünf, acht und neun Jahr alt waren. Ich fand es sehr schwierig, ihnen damals zu erklären, was der Tod bedeutet. Können Sie einige Richtlinien dafür nennen, wie Eltern ihren Kindern helfen können, die harte Wirklichkeit des Todes zu verarbeiten – besonders, wenn der engste Familienkreis davon betroffen ist?

Es ist einige Jahre her, daß ich bei einer Beerdigung war. Dort nahm ich eine kleine Schrift mit, die von dem Vorsteher dieses Friedhofes, John M. McKinley, verfaßt worden war. Dieser konnte auf fünfzehn Jahre Erfahrung zurückblicken, bevor er den Text zu diesem wertvollen Faltblatt schrieb, das den Titel trägt: „Wenn es Ihr Kind trifft". Mit der freundlichen Erlaubnis des Autors zitiere ich hier den Inhalt, um Ihre Frage zu beantworten.

„Ich kannte die Eltern von Tommy, weil sie in unserer Nachbarschaft wohnten und zur gleichen Gemeinde gehörten. Aber Tommy kannte ich besonders gut, weil er einer der lebhaftesten und fröhlichsten Fünfjährigen war, denen ich habe begegnen dürfen. Deshalb war ich tief erschüttert, als seine Mutter zu mir kam, weil ihr Mann gestorben war.

Wie ein Arzt lernen muß, nicht zu sehr mit seinen Patienten mitzuleiden, so muß ein Friedhofsvorsteher sich davor hüten, am Schmerz der Menschen zuviel Anteil zu nehmen. Im Laufe eines Jahres komme ich normalerweise mit mehreren Tausend Menschen in direkten Kontakt, die erschüttert sind von dem schmerzlichen Verlust eines lieben Menschen, und wenn ich mich nicht davor schützen würde, zu sehr mit ihnen zu fühlen, könnte ich meine Arbeit nicht tun. Vor dem Leid der Kinder aber kann ich mich nicht verschließen.

„Ich weiß nicht, was ich ohne Tommy getan hätte", erzählte mir seine Mutter, als ich sie an jenem Vormittag besuchte, an dem sie mich angerufen hatte. „Er war ein richtiger kleiner Mann – er hat nicht geweint, und er tut, was er kann, um den Platz seines Vaters auszufüllen." Und das stimmte. Tommy stand aufrecht, so wie er sich vorstellte, daß ein Mann es machen würde, er weinte nicht.

Ich wußte, daß dies falsch war und daß ich es der Mutter hätte sagen müssen – daß Tommy eben kein Mann war, daß er weinen mußte und wahrscheinlich viel mehr Trost brauchte als sie. Aber ich bin kein Psychologe, und ich sagte nichts.
In den beiden letzten Jahren habe ich Tommy beobachtet. Das frohe Leuchten in seinem Gesicht ist nicht wieder zurückgekehrt. Es ist auch mir als Laien klar, daß er ein seelisch krankes Kind ist. Ich bin sicher, daß es damit begann, daß seine Mutter es ihm unbewußt schwer – unmöglich – machte, seinen Kummer auszudrücken, und ihm eine Aufgabe gab, die er nicht erfüllen konnte: „den Platz seines Vaters auszufüllen".
Ich bin wenigen Kindern begegnet, bei denen der Fall so klar lag, wie bei Tommy. Aber ich habe so vieles gesehen, das mich innerlich zusammenzukken ließ, und ich bin so oft gefragt worden: „Was soll ich denn Miriam sagen?" (oder Sven oder Daniel), daß ich mich schließlich entschlossen habe, etwas zu unternehmen. Ich wandte mich an Fachleute, an jene Menschen, die wissen, was ein Kind in solchen schweren Augenblicken braucht. Ich bat sie, einige Richtlinien zu nennen, die die Eltern verstehen und an die sie sich halten können. Ich sprach mit verschiedenen Psychologen und Psychiatern und Pädiatern.
Wenn ich es in meine eigene Sprache als Laie übersetze, so habe ich im Kern folgendes von ihnen gelernt:
– Wenn ein Kind, wie jedes andere menschliche Wesen, einen tief schmerzenden Verlust erleidet, dann sollte man ihm nicht nur erlauben zu weinen, man sollte es vielmehr dazu ermutigen, solange Tränen zu vergießen, bis das Bedürfnis danach vorbei ist. Man sollte das Kind trösten, während es weint, aber die Worte „weine nicht" sollten unter keinen Umständen fallen.
– Das Bedürfnis zu weinen, kann mehrere Tage hintereinander auftreten oder mit immer längeren Abständen einige Monate lang anhalten; wenn das Kind weinen muß, sollte man nicht versuchen, die Tränen zu verurteilen. Man sollte ihm vielmehr klarmachen, daß es gut ist, wenn man weint und nicht „kindisch" ist oder „dumm" oder irgend etwas, dessen man sich schämen müßte.
– Zu bestimmten Zeiten wird das Kind mit seinem Kummer allein sein müssen, man sollte es zulassen und akzeptieren. Sonst aber ist Körperkontakt und Trost fast ebenso heilsam wie die Tränen.
– Man sollte dem Kind die Wahrheit sagen: daß der Tod etwas Endgültiges ist. „Die Mami ist in Ferien" oder „Der Papi ist verreist" – solche Sätze verwirren das Kind und zögern die unausweichliche Stunde der Wahrheit nur noch mehr hinaus. Kinder – vor allem, wenn sie noch recht klein sind – haben ein sehr wenig ausgeprägtes Zeitgefühl. Wenn die „Mami in Ferien" ist, warten sie darauf, daß sie heute nachmittag oder morgen wieder zurückkommt. Und wenn es dann morgen ist und noch einmal morgen, und sie kommt nicht wieder, wiederholt sich nicht nur der endlose Schmerz, sondern das Kind verliert auch das Vertrauen zu dem noch lebenden Elternteil, und das zu einer Zeit, zu der Vertrauen und Vertrautheit besonders wichtig sind. Es ist schwer, wenn man sagen muß, daß der geliebte Elternteil „nie mehr" zurückkommt, besonders wenn einem klar ist, daß die Tränen dann noch heftiger fließen werden, aber es ist langfristig die beste Antwort.
– Es ist nicht notwendig, einem kleinen Kind zu erklären, was der Tod ist. Es kann sogar schädlich sein, wenn man es versucht. Für ein Fünfjähriges

bedeutet „Tod“, daß jemand nicht wiederkommt, und alle Erklärungen würden es nur verwirren. Wenn es einen toten Vogel oder ein totes Tier gesehen hat, kann es hilfreich sein, einen Vergleich anzustellen; wichtig aber ist, daß das Kind lernt, damit zu leben, daß jemand nicht mehr da ist. Man kann ihm helfen, sich damit abzufinden, daß der Vater oder die Mutter, der Bruder oder die Schwester weg sind und nie mehr wiederkommen werden. Das Kind wird Fragen stellen und beobachten und sich Schritt für Schritt ein eigenes Bild davon machen, was „Tod“ ist und bedeutet.

– Ein Kind sollte nicht über Gebühr von der körperlichen Erscheinungsform und Tatsache des Todes abgeschirmt werden. Wenn der Vater gestorben ist, sollte man dem Kind erlauben, seinen toten Körper zu sehen, damit es mit eigenen Augen die Veränderungen, die Ruhe, den Unterschied zwischen der lebendigen Kraft, die den „Papi“ auszeichnete und dieser unbeweglichen Maske, die doch gar nicht mehr der „Papi“ ist, feststellen kann. Es wird dem Kind eine Hilfe sein, wenn es das mit eigenen Augen sehen kann.

– Man sollte jedoch das Kind vor trauernden Menschenmassen schützen, z.B. vor einer Menge klagender Menschen beim Begräbnis. Es ist sinnvoller, vor der Trauerfeier mit dem Kind hineinzugehen und Abschied zu nehmen.

– Wenn das Kind noch sehr klein ist – sagen wir, zwei bis fünf oder sechs Jahre –, so sollte man sich möglichst davor hüten, den Tod mit Begriffen zu erklären, die für Erwachsene sinnvoll sind, Kinder aber sehr verwirren können. Es mag einem Vater, der religiös ist und um seine Frau trauert z.B. ganz natürlich erscheinen, wenn er sagt: „Die Mutti ist jetzt im Himmel“, das fünfjährige Kind wird sich vielleicht daraufhin mit der Frage quälen, warum die Mutti es denn verlassen hat. Bei dieser Antwort ist der „Himmel“ lediglich ein weit entfernter Ort, und das Kind wird nicht verstehen, warum seine Mutter dort bleibt, anstatt nach Hause zu kommen und für es da zu sein.

– Wenn es weint, wird das Kind mit großer Wahrscheinlichkeit dem toten Elternteil oder dem toten Bruder bzw. der toten Schwester gegenüber Ablehnung, ja eventuell sogar Zorn empfinden. Dieses Gefühl erwächst aus der Überzeugung des Kindes, daß es verlassen worden sei. Wenn dieses Gefühl tatsächlich auftritt, sollte man dem Kind erlauben, es frei zum Ausdruck zu bringen, genauso wie die Tränen.

– Häufiger noch leidet ein Kind an Schuldgefühlen, wenn es zu einem Todesfall kommt, die es oft noch stärker innerlich aus dem Gleichgewicht bringen. Wenn es böse auf seine Schwester war und die Schwester stirbt, wird es vermutlich denken, es sei daran schuld, sein Zorn habe den Tod herbeigeführt. Oder wenn die Mutter stirbt und man ihm nicht einfach und ehrlich sagt, was geschehen ist, wird das Kind leicht meinen, sein ungezogenes Verhalten sei der Grund dafür, daß sie nicht mehr da ist. Schuldgefühle bei kleinen Kindern, die durch einen Tod verstärkt werden, können zu neurotischen Verhaltensmustern führen, die das ganze Leben hindurch bestehen bleiben.

Wenn man ein Kind weinen läßt, bis die Tränen aufhören, wenn es genug getröstet wird, wenn man ihm einfach die Wahrheit sagt, wenn man ihm die Möglichkeit gibt, sich selbst vom Unterschied zwischen Leben und Tod zu überzeugen, wenn seine Ablehnung oder seine Schuldgefühle in der glei-

chen Offenheit zugelassen und verarbeitet werden wie die Tränen, wird es diesen Tod zwar immer noch als großen Verlust empfinden, aber es wird damit fertig werden können.
Es gilt auch noch, eine positive Seite zu berücksichtigen. Wenn der Tod als ein natürlicher Teil menschlicher Erfahrung behandelt wird, so ist es sehr viel leichter, einen geliebten Menschen in der Erinnerung weiterleben zu lassen. Hat man die erste Trauerphase überwunden, ist es ganz natürlich, sich an zurückliegende Ereignisse zu erinnern, darüber zu sprechen und sich so wieder die Persönlichkeit und die Gewohnheiten lebendig vor Augen zu führen, die den geliebten Menschen so einzigartig machten. Kinder tun das sehr gern, denn durch ihre große Phantasie können sie sich vorstellen, daß die betreffende Person tatsächlich wieder lebt. Dieses Sich-Zurückerinnern läßt ihre Trauer nicht wieder wach werden oder zunehmen. In dem Maße, in dem sie dazu fähig sind, verschwindet auch die Ursache ihres Kummers."

Die Ratschläge, die Herr McKinley gibt, sind an sich ausgezeichnet. Sie schließen jedoch nicht in irgendeiner Weise einen Hinweis auf die christliche Botschaft mit ein, die *allein* eine befriedigende Antwort auf die Frage nach dem Tod zu geben vermag. Ich kann Herrn McKinley im Hinblick auf seine Bedenken, etwas über den Himmel zu sagen, also nicht zustimmen. Wir können sehr wohl sagen: „Die Mutti ist jetzt nicht mehr hier, aber wir können Gott danken, daß wir in der anderen Welt wieder zusammensein werden!" Wie tröstlich ist es doch für ein trauerndes Kind, wenn es wissen darf, daß eines Tages die Familie wieder zusammensein und daß es dann keinen Abschied mehr geben wird. Ich würde christlichen Eltern empfehlen, ihren Kindern das Wissen um das Geschenk des ewigen Lebens nahezubringen, lange bevor sie sich mit dieser Frage auseinandersetzen müssen.

8. Eine Anmerkung von seiten des Autors: Es ist eines der größten Geschenke meines Lebens, daß ich persönliche Briefe von Menschen erhalte, die meine Bücher gelesen oder meine Sendungen im Radio gehört haben. Wir erhalten täglich bis zu dreihundert Briefe, aus denen ich eine Fülle von Anregungen erhalte und die mir eine Quelle der Ermutigung sind. (Ich lese sie, während ich jeden Morgen in die Pedale meines Heimtrainers trete.) Bei diesen Briefen freue ich mich besonders über diejenigen, die von Kindern und Teenagern kommen. Wegen ihrer großen Aussagekraft habe ich im folgenden drei Kinderbriefe abgedruckt. Die letzten beiden sind nur zwei Beispiele dafür, wie Kinder ihre Enttäu-

schung darüber zum Ausdruck bringen, daß ihre Eltern so wenig Zeit für sie haben.

Sehr geehrter Herr Dobson,
in Ihrem letzten Rundbrief haben Sie mich gebeten, Ihr Projekt im Fernsehen zu unterstützen. Ich schreibe Ihnen nun, um Ihnen zu sagen, warum ich das nicht tun werde. Erstens haben wir überhaupt kein Fernsehgerät. Zweitens geben wir alles Geld, das wir spenden, Missionaren. Drittens bin ich erst elf Jahre alt, und ich habe kein Geld.
Nun möchte ich auf den ersten Grund zurückkommen, weil es der wichtigste ist. In Psalm 101, 3 heißt es: „Ich nehme mir keine böse Sache vor …"
Meine Eltern haben nie ein Fernsehgerät gekauft. Aber nach dem, was ich gelesen und von anderen gehört habe, weiß ich, daß im Fernsehen Leute gezeigt werden, die nicht genug bekleidet sind und solche, die stehlen, töten, lügen, betrügen und fluchen. Meine Eltern haben mich gelehrt, und die Bibel sagt, daß diese Dinge böse sind.
Vielleicht leuchtet Ihnen das nicht ein, aber ich finde, es stimmt. Ich habe nicht das Gefühl, daß mir dabei irgend etwas entgeht, denn wir reisen sehr viel, und wir lesen eine Menge Bücher.

Hochachtungsvoll
Tanja

Liebe Tanja,
was Du in Deinem Brief schreibst, finde ich sehr einleuchtend! Deine Eltern haben vollkommen recht, wenn sie sagen, daß das Fernsehen in unserer Gesellschaft schädliche Auswirkungen hat, und ich habe große Achtung vor ihnen, daß sie den Mut haben, auf ein eigenes Gerät zu verzichten.
Aber vor *Dir* habe ich noch größere Hochachtung. Obwohl Du erst elf Jahre alt bist, weißt Du, was Du glaubst, und Du möchtest als Christ leben. Ich wünschte nur, viele Erwachsene hätten einen solchen Glauben, wie er aus Deinem Brief spricht.
Gott hat ein Ziel für Dein Leben, Tanja. Es wird eine Freude sein zu sehen, wie er Dir Schritt für Schritt seinen Plan zeigt. Er hat Dich sehr lieb, und ich Dich auch.

James Dobson

Lieber Herr Dr. Dobson,
es kommt mir vor, als würde ich Sie kennen, seit ich lebe, nachdem ich Ihr Buch „Erwachsen werden – Bescheid wissen" (Dynamis Verlag) gelesen habe. Sie haben darin meine Fragen beantwortet.
Ich möchte Ihnen etwas von dem erzählen, was ich erlebt habe. Als ich erst sieben Jahre alt war, mußten wir aus unserer Stadt wegziehen, weil mein Vater das Gefühl hatte, daß Gott ihn zum Pfarrer berufen hatte.
Ich hatte immer ein enges Verhältnis zu meinen Eltern gehabt. Dann zogen wir um, und alles wurde anders. Meine Mutter arbeitete länger als vorher. Manchmal sah ich sie eine ganze Woche lang nicht. Sie kam schlecht gelaunt heim, und dann ging jeder mit schlechter Laune ins Bett. Mein Vater ging

ins Seminar, und so hatte er denselben Tagesablauf wie meine Schwester (fünf Jahre) und ich. Aber er studierte bis tief in die Nacht. Ich danke Gott, daß er in diesen wichtigen Jahren seine Hand über das Leben meiner Schwester und mir gehalten hat.
Als ich neun Jahre alt war, erhielt mein Vater einen Ruf als Pfarrer in einer Gemeinde. Heute, drei Jahre später, gibt es immer noch vieles, worüber ich nicht mit meinen Eltern reden kann. Mit meinem Vater im Himmel ist das ganz anders.
Während des ersten Jahres in unserer neuen Stadt hatte ich große Schmerzen in den Beinen. Dann konnte ich nicht mehr laufen. Ich habe rheumatoide Arthritis. Zwei Monate später konnte ich allein dank der Behandlung und der Gebete wieder laufen.
Nun komme ich im September in die siebte Klasse. Ich habe immer noch Arthritis, aber ich lerne, mich „in Geduld zu fassen." Bitte beten Sie für mich, Herr Dr. Dobson, denn ich komme in die Pubertät und habe mit meiner Arthritis zu kämpfen. Ich kann immer noch nicht richtig gehen.

In Christus,
Ihre Charlotte

Liebe Charlotte,
ich habe mich über Deinen Brief ganz besonders gefreut. Jedes Jahr bekomme ich Briefe von Eltern und Lehrern, die meine Bücher gelesen haben, aber es geschieht seltener, daß junge Menschen wie Du sich die Zeit nehmen zu schreiben. Was Du über mein Buch sagst, hat mir sehr gut gefallen, und ich freue mich, daß es für Dich hilfreich war.
Du bist offenbar ein *sehr* mutiges Mädchen, und ich bewundere es, wie Du mit schwierigen Erfahrungen fertig geworden bist. Halte Dich fest an die Gebote Gottes, Charlotte, ganz gleich, was die anderen tun. Er wird Dich in der wichtigen Zeit, die vor Dir liegt, führen und leiten.
Nochmals herzlichen Dank, daß Du mir geschrieben und mir an Deinem Leben Anteil geschenkt hast. Ich weiß, daß Gott Dich segnen wird, während Du in seiner Liebe wächst.

Mit herzlichen Grüßen
James Dobson

Lieber Herr Dr. Dobson,
meine Mama arbeitet, und mein Papa arbeitet, und ich möchte wissen, was wir Kinder tun können.

Tobias

Ich werde es den Eltern in unserem Land überlassen, die Frage zu beantworten, die Tobias gestellt hat. Sie sind schließlich die einzigen, die überhaupt eine befriedigende Antwort darauf geben können.

Teil III

Ein Mann und seine Frau

8

Ein Mann und seine Frau

Wir wenden uns nun der Beziehung zwischen Mann und Frau zu, und dabei muß ich an einen Telefonanruf denken, den ich kürzlich von einem Mann erhielt, der mein Buch „Das eigenwillige Kind“ (Editions Trobisch) gelesen hatte. Er hatte nicht die Antwort auf seine Fragen darin gefunden. Außerdem kannte er, wie er sagte, auch mein früheres Buch „Das solltest du über mich wissen“[6], und mit diesem war er ebenfalls nicht zufrieden.
„Ich möchte“, fuhr er fort, „daß Sie einmal ein Buch schreiben, in dem Sie diese beiden Themen miteinander verbinden. Es könnte den Titel haben ‘Wie lebe ich mit einer eigenwilligen Frau?’“
Ich sagte ihm, daß ich mich wohlweislich davor hüten würde, ein solches Thema anzugehen, und dennoch bin ich gerade dabei, mich auf eine ähnlich verfängliche Diskussion einzulassen. Ich möchte die Eigenschaften der Frauen erörtern, über die sich die Männer am häufigsten beklagen und umgekehrt. Ich habe sogar die Absicht, in diesem Kapitel deutlicher zu schreiben, als ich je geschrieben habe. Das wird genügen, um mir Feinde beiderlei Geschlechts zu schaffen, aber es ist Zeit für ein offenes Wort an Männer und Frauen.
Vielleicht wissen Sie, daß die Scheidungsrate zur Zeit sehr hoch liegt und daß sie ständig wächst. Das ist tragisch. Noch betroffener macht es mich, daß die Scheidungsrate bei den *Christen* nur wenig niedriger liegt als bei der Gesamtbevölkerung. Wie ist das nur möglich? Jesus sagte denen, die ihm nachfolgten, daß sie lieben, geben, ethische Maßstäbe anerkennen, Selbstbeherrschung üben, ehrlich sein und allen Menschen mit Achtung begegnen sollten. Er hat die Scheidung ausdrücklich verboten, es sei denn in besonders schlimmen Fällen der Untreue. Mit diesen Anweisungen legte er einen festen Grundstein für eine stabile Beziehung zwischen Mann und Frau. Wie kann es dann sein, daß diejenigen, die behaupten, die Lehre Jesu Christi angenom-

men zu haben und sich in ihrem Leben von christlichen Grundsätzen leiten zu lassen, kaum erfolgreicher sind, wenn es darum geht, ein harmonisches Familienleben zu pflegen, als diejenigen, die sich zu keinem Glauben bekennen? In diesen Worten steckt ein enormer Widerspruch. Howard Hendrix hat es einmal so gesagt: „Wenn euer Christsein nicht in der Familie gelebt werden kann, kann es überhaupt nicht gelebt werden. Dann behaltet es für euch!“

In Wirklichkeit ist es so, daß die *gleichen* Umstände, die für die Zerstörung der Ehe von Menschen verantwortlich sind, die keinen Glauben haben, auch in den Familien von Gläubigen tödliche Auswirkungen haben können. Ich meine damit nicht den Alkoholismus oder die Untreue oder den inneren Zwang zum Glücksspiel. Der Dolchstoß für eine Ehe erfolgt in den meisten Fällen viel subtiler und hinterhältiger. Lassen Sie mich erklären.

Nehmen wir an, ich habe morgen nachmittag um 16.00 Uhr einen Termin für ein Seelsorgegespräch mit jemandem, den ich noch nicht kenne. Was wird das für eine Person sein, und was wird sie wohl auf dem Herzen haben? Erstens wird wahrscheinlich die Ehefrau kommen und nicht ihr Mann. Ein Mann wird selten eine Eheberatung aufsuchen, und wenn er es tut, hat er dafür andere Beweggründe als seine Frau. Sie kommt, weil sie es in ihrer Ehe nicht mehr aushält. Er kommt, weil er es mit seiner *Frau* nicht mehr aushält.

Frau Maier wird vielleicht zwischen achtundzwanzig und zweiundvierzig Jahre alt sein, und ihr Problem wird mir *äußerst* bekannt vorkommen. Obwohl die Einzelheiten anders sind, wird ihre Enttäuschung, die sie an diesem Nachmittag zum Ausdruck bringt, einem altbekannten Muster gleichen. Das ganze wird sich ungefähr so anhören.

„Michael und ich liebten uns sehr, als wir heirateten. In den ersten zwei, drei Jahren hatten wir schon zu kämpfen, vor allem mit finanziellen Schwierigkeiten. Aber ich wußte, daß er mich liebte, und er wußte, daß ich ihn liebte. Doch dann trat langsam eine Veränderung ein. Ich weiß nicht, wie ich das beschreiben soll. Er wurde vor fünf Jahren befördert. Dies bedeutete, daß er eine längere Arbeitszeit hatte. Wir brauchten das Geld, und so fanden wir uns damit ab, daß er mehr Zeit dafür investieren mußte. Es ging aber immer so weiter. Nun kommt er jeden Abend spät nach Hause. Er ist so müde, daß ich wirklich hören kann, wie er seine Füße nachschleppt, wenn er sich der Veranda nähert. Ich freue mich den ganzen Tag auf den Abend, denn ich habe ihm so vieles zu sagen, aber er hat keine Lust zu re-

den. Also bereite ich sein Abendessen vor, und er ißt alleine. (Ich habe normalerweise schon vorher mit den Kindern zu Abend gegessen.) Danach erledigt er einige Telefonanrufe und arbeitet an seinem Schreibtisch. Ich habe es offen gestanden gern, wenn er telefoniert, dann höre ich wenigstens seine Stimme. Dann sieht er noch fern und geht ins Bett. Nur dienstags geht er abends zum Basketballspielen, und manchmal hat er abends noch eine Sitzung im Büro. Jeden Samstagmorgen spielt er mit drei seiner Freunde Golf. Am Sonntag sind wir die meiste Zeit des Tages mit dem Gottesdienst und Gemeindeaktivitäten beschäftigt. Sie können mir glauben, es gibt Zeiten, in denen wir ein oder zwei Monate lang kein einziges, wirklich tiefes Gespräch miteinander haben. Wissen Sie, was ich meine? Ich komme mir dann in diesem Haus so vereinsamt und allein gelassen vor, und die Probleme mit den drei kleinen Kindern wachsen mir schier über den Kopf. Es gibt in unserer Nachbarschaft auch keine anderen Frauen, mit denen ich sprechen könnte, denn die meisten von ihnen arbeiten wieder. Aber es gibt noch etwas anderes, das ich an Michael nur schwer ertragen kann. Er geht selten einmal mit mir zum Essen aus, und letzten Monat hat er unseren Hochzeitstag vergessen. Ich glaube ganz ehrlich, daß er einfach auf keinen romantischen Gedanken mehr kommt. Er kann nicht einmal eine Rose von einer Nelke unterscheiden, und auf seinen Weihnachtskarten steht einfach „Michael". Zwischen uns herrscht keine Vertrautheit oder Wärme, und doch will er abends mit mir schlafen. Da liegen wir im Bett und haben wochenlang kein vernünftiges Wort miteinander geredet. Er hat erst gar nicht versucht, sich um mich zu bemühen oder mir Verständnis entgegenzubringen oder zärtlich zu sein, und erwartet von mir, daß ich plötzlich leidenschaftlich werde und daß alles harmonisch ist. Also, ich kann das einfach nicht. Ich erfülle eben meine Pflicht als Ehefrau, aber es bedeutet mir nichts. Und wenn ich dies hinter mich gebracht habe und Michael schläft, dann liege ich da und bin wütend auf ihn. Ich komme mir vor wie eine billige Prostituierte. Können Sie sich das vorstellen? Ich fühle mich von meinem Mann sexuell ausgebeutet! Das macht mich traurig.
Und tatsächlich habe ich in letzter Zeit schrecklich unter Depressionen gelitten. Mein Selbstwertgefühl ist zur Zeit gleich Null. Ich habe das Gefühl, daß es keinen Menschen mehr gibt, der mich liebt... Ich versage als Mutter, und ich bin eine schlechte Ehefrau. Manchmal denke ich, daß Gott mich vielleicht auch nicht liebt. Vielleicht sollte ich Ihnen jetzt lieber erzählen, was neulich zwischen Michael und mir vorgefallen ist. Wir hatten oft Streit. Ich meine *richtige* Kämpfe. Das ist wahrscheinlich die einzige Möglichkeit, wie ich seine Aufmerksamkeit gewinnen kann. Letzte Woche hatten wir vor den Kindern einen schrecklichen Krach. Es war entsetzlich. Es flossen Tränen, wir schrien uns an, einer beleidigte den anderen, es war so schlimm wie noch nie. Ich verbrachte zwei Nächte im Haus meiner Mutter. Der einzige Ausweg scheint mir noch eine Scheidung zu sein, damit ich endlich meine Ruhe habe. Michael liebt mich sowieso nicht, es würde keinen Unterschied machen. Deswegen bin ich heute auch zu Ihnen gekommen. Ich möchte wissen, ob ich das Richtige tue, wenn ich diese Ehe als gescheitert betrachte."

Frau Maier redet so, als sei sie die einzige Frau der Welt, der jemals Schwierigkeiten in dieser Form begegnet sind. Aber sie ist nicht allein. Ich vermute, daß bei 90 Prozent der Scheidungen,

die jedes Jahr ausgesprochen werden, zumindest einige der Elemente, die sie genannt hat, eine Rolle spielen: ein schrecklich beschäftigter Ehemann, der in seine Arbeit verliebt ist. Er neigt dazu, irgendwie unsensibel, unromantisch und wenig gesprächig zu sein. Seine Frau hingegen ist einsam, verletzlich, romantisch, und sie hat tiefe Zweifel an ihrem Wert als Mensch. Sie werden zu einem blind eingespielten Team: Er arbeitet bis zur Erschöpfung, und sie nörgelt.
In der Hoffnung, den Männern bewußt zu machen, wie allgemein verbreitet die Klagen ihrer Frauen sind, möchte ich diesen Punkt noch weiter illustrieren: Diesmal wird es allerdings um wirkliche Menschen gehen und nicht um einen fiktiven Prototyp. Im folgenden soll ein Brief wiedergegeben werden, den ich tatsächlich erhalten habe (mit leichten Veränderungen zur Wahrung der Anonymität der Verfasserin) und der für Tausende anderer repräsentativ ist.

Sehr geehrter Herr Dr. Dobson,
ich habe Ihr Buch „Das solltest du über mich wissen" gelesen. Es traf, was meine Lebensumstände anbelangt, genau ins Schwarze. Das gilt besonders für den Abschnitt über ein schwaches Selbstwertgefühl. In der heutigen Zeit, in der so viele Frauen im Beruf stehen, ist es manchmal schwierig, sich nicht minderwertig zu fühlen, wenn man nicht arbeiten geht. Ich meine, manche Leute blicken auf eine Mutter wie mich, die ihre ganze Zeit den Kindern und der Familie widmet, herab. Aber ich weiß, daß Christus das anders sieht, und das zählt.
Leider konnte ich meinen Mann nicht dazu bringen, Ihr Buch zu lesen, und damit komme ich zu meinem Problem. Es ist wirklich schwer, mich mit meinem Mann ernsthaft zu unterhalten, wenn er durch das Fernsehgerät, die Kinder oder seine Arbeit abgelenkt ist. Beim Essen könnten wir uns eigentlich unterhalten, aber er muß die Nachrichten im Radio hören. Zum Abendessen ist er nicht zu Hause, er arbeitet in der Schicht von 15.00 bis 23.00 Uhr. Ich wünschte, er würde sich einmal Ihre Sendung „Brennpunkt Familie" anhören.
Er erlaubt mir zur Zeit nicht, in den Bibelkreis zu gehen (ich war ein Jahr lang regelmäßig dort), weil er sagt, die Kinder würden sich dort bei den anderen anstecken. Das ist natürlich nicht der wahre Grund. Ich habe einen Sohn von 2 1/2 Jahren und ein Baby von 3 Monaten, und ich habe das Bedürfnis, einmal unter Erwachsenen zu sein. Nun, ich werde wohl weiter dafür beten. Machen Sie mit Ihren Sendungen weiter. Es wäre auch schön, wenn Sie eine weitere Sendung über die Beziehung zwischen Mann und Frau anbieten könnten, vor allem über Kommunikation. Ich danke Ihnen, daß Sie sich für mein Anliegen Zeit genommen haben.
Mit freundlichen Grüßen

Eine andere Frau ließ mir folgende Notiz zukommen, nachdem sie einer meiner Vorträge gehört hatte. Mit knappen Worten ist hier das gesagt, was andere immer wieder in ausführlicherer Form sagen.

„*Bitte* sagen Sie etwas zu dieser Situation: Der Familienvater kommt nach Hause, liest die Zeitung, ißt zu Abend, telefoniert, geht unter die Dusche und legt sich schlafen. So geht es *jeden Tag*. Nie ist es anders. Sonntags gehen wir in die Kirche. Nach dem Essen halten wir einen Mittagsschlaf, und dann geht es am Montagmorgen wieder an die Arbeit. Unsere Tochter ist neun Jahre alt, und es findet keine Kommunikation mehr zwischen uns statt. So geht das Leben in diesem monotonen Einerlei dahin."

Ich höre meine männlichen Leser nun förmlich sagen: „Wenn die Frauen ein ruhigeres Leben wollen, ihnen materielle Dinge weniger bedeuten, und wenn ihnen eine romantischere Beziehung zu ihren Männern so wichtig ist, warum sagen sie es ihnen nicht einfach?" Das tun sie. Aber Männern fällt es, aus irgendeinem Grund, sehr schwer, diese Botschaft zu „hören".

Dies erinnert mich an einen Abend, an dem mein Vater während eines Gottesdienstes in einem Zelt predigte, der mehr von Katzen und Hunden besucht wurde, als von Menschen. Während er predigte, beschloß eine dicke streunende Katze, vorne auf der Plattform ein Schläfchen zu machen. Es kam, wie es kommen mußte: Mein Vater machte einen Schritt zurück und trat der Katze auf den Schwanz. Sie kratzte und zerrte, um ihren Schwanz aus der Klemme unter der 1,90 m großen Last zu befreien. Aber mein Vater konnte sich in das Predigen vertiefen, und so nahm er von diesem Vorfall keine Notiz. Da stand er mit seinem Fuß auf dem Schwanz eines panisch geängstigten Tieres, das Löcher in den Teppich riß und um Gnade schrie, und er bewegte sich einfach nicht. Mein Vater sagte später, er habe gedacht, das Quietschen komme von den Bremsen eines Autos, das um eine nahegelegene Straßenecke fuhr. Als mein Vater vom Schwanz der Katze herunterging, immer noch nicht ahnend, welchen Aufruhr er ausgelöst hatte, hob das Tier ab wie eine Rakete.

Diese Geschichte ist ein Bild, mit dem sich viele Ehen des zwanzigsten Jahrhunderts beschreiben ließen. Die Frau schreit auf, sie ringt die Hände in der Luft und windet sich vor Schmerzen, aber ihr Mann ist für ihre Not blind. Er ist voll beschäftigt mit seinen eigenen Gedanken, und er merkt gar nicht, daß er nur einen Schritt nach links oder rechts zu machen bräuchte, um der Krise ein Ende zu bereiten. Ich kann mich nicht genug darüber wundern, wie taub ein Mann unter diesen Umständen doch werden kann.

Ich kenne einen Gynäkologen, der nicht nur taub, sondern auch blind ist. Er rief einen meiner Freunde an, der ebenfalls Arzt in einer Praxis für Gynäkologie und Geburtshilfe ist. Diesen bat er um einen Gefallen.

„Meine Frau hat irgendwelche Beschwerden im abdominalen Bereich, und heute nachmittag ist es besonders schlimm“, sagte er. „Ich möchte nicht meine eigene Frau behandeln, und ich wollte dich bitten, ob du sie nicht einmal untersuchen könntest.“

Mein Freund bestellte die Frau des Kollegen zu einem Termin für eine Untersuchung in seine Praxis. Dabei stellte er fest, daß sie im fünften Monat schwanger war! Ihr Gynäkologen-Ehemann war so sehr damit beschäftigt, seine Patientinnen zu versorgen, daß er die Schwangerschaft seiner Frau nicht einmal bemerkt hatte. Ich muß zugeben, daß ich mich gefragt habe, wie um alles in der Welt es dieser Frau gelungen ist, jemals seine Aufmerksamkeit lange genug auf sich zu ziehen, um ein Kind zu empfangen!

Viele Country-Songs, die vor einigen Jahren sehr beliebt waren, verliehen diesen Enttäuschungen in der Mann-Frau-Beziehung Ausdruck und zielten genau darauf ab, männlichen Chauvinisten einen Schlag in die Magengegend zu versetzen.

Es gibt noch einen anderen Aspekt der Mann-Frau-Beziehung, den es für einen Mann zu erörtern gilt, der seine Frau verstehen möchte. Ich möchte hiermit dem Autor, Dr. Dennis Guernsey, danken, daß er meine Aufmerksamkeit auf Forschungen gelenkt hat, die zeigen, daß sich für Mann und Frau in der Ehe unterschiedliche Muster „persönlicher Befriedigung“ ergeben. Die Befriedigung, die eine Frau in ihrer Ehe und zu Hause findet (was für jemanden, der ein Zuhause schaffen möchte, besonders wichtig ist), ist niemals so groß, wie in der Zeit kurz nach der Eheschließung. Aber leider wird das nicht so bleiben. Es ist charakteristisch, daß ihre Zufriedenheit von der Geburt des ersten Kindes an abnimmt und dann in den Jahren, in denen sie sich der Erziehung der Kinder widmet, weiter zurückgeht. Sie erreicht einen Tiefpunkt, wenn das Syndrom des verlassenen Nestes auftritt – zu der Zeit nämlich, da die Kinder aus dem Haus gehen. Ihre Befriedigung nimmt danach wieder beträchtlich zu und bleibt während des Rentenalters stabil.

Die Befriedigung, die der Mann in seiner Arbeit findet, entwikkelt sich ganz anders. Hier liegt der Tiefpunkt in den ersten Ehejahren, wenn er eine schlecht bezahlte Stelle hat, die ihm wenig Prestige einbringt. Aber wenn er sich dann hocharbeitet, kann er aus seiner Arbeit immer größere Befriedigung schöpfen (und er verdient mehr). Diese wachsende Zufriedenheit im Beruf kann zwanzig Jahre oder länger anhalten, wobei er immer mehr Kraft und Zeit für diese Arbeit aufwenden muß.

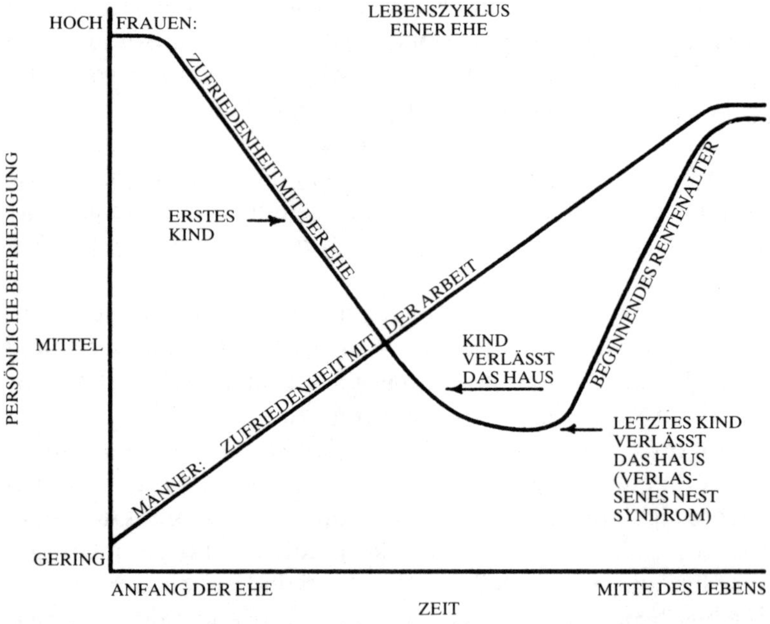

Die Graphik stellt diese unterschiedliche Befriedigung dar, die von Männern und Frauen in ihrem jeweiligen Arbeitsbereich empfunden wird. Offenbar liegt die kritischste Phase bei Ende Dreißig und um die Vierzig, wenn die Frau in ihrem Aufgabenbereich am wenigsten zufrieden ist und der Mann in seinem die größte Befriedigung findet. Eine solche Situation ist dazu angetan, Schwierigkeiten hervorzurufen, besonders wenn der Mann

keine Verantwortung dafür empfindet, seiner Frau zu helfen, damit ihre Bedürfnisse und Wünsche nicht unbefriedigt bleiben. (Bitte bedenken Sie, daß solche Untersuchungen lediglich *Trends* und statistische Wahrscheinlichkeiten widerspiegeln. Der einzelne Mensch kann ganz anders darauf reagieren.)
Wie werden Frauen mit den schwierigen Umständen, die ich beschrieben habe, fertig, wenn sie keine starke und liebende Unterstützung von seiten ihres Mannes erfahren? Wir alle wissen, daß sich unser Verhalten nicht im luftleeren Raum vollzieht; es wird angetrieben von mächtigen emotionalen Strömungen, die sich in den tiefen Schichten der Persönlichkeit bewegen. Ich habe nun acht Richtungen festgestellt, in die die Reaktion der niedergeschlagenen und enttäuschten Frau gehen kann. Sie schließen einander nicht aus; mit anderen Worten: Es können mehrere der genannten Möglichkeiten gleichzeitig eintreten oder eine kann die Vorstufe für andere sein. Bei diesen acht Reaktionsmustern handelt es sich um folgende:

1. Eine Frau kann sich von zu Hause und den Kindern losreißen und ihre psychische Kraft in eine Arbeit außerhalb des Hauses investieren. Das Phänomen „zurück in den Beruf", dem wir bei den Frauen in der westlichen Welt begegnen, ist zum Teil auf diesen Versuch der Problembewältigung zurückzuführen (abgesehen von dem Druck, der von ständig steigenden Preisen ausgeht).
2. Sie kann auf Männer und auf die Gesellschaft sehr aggressiv werden, deren Einstellung ihr gegenüber sie als beleidigend und geringschätzig empfindet. Diese Quelle der Feindschaft speist ebenfalls die Frauenbewegung und gibt ihr einen aggressiven Charakter.
3. Sie kann in einer Stimmung großer Depression und Verzweiflung zu Hause bleiben. Depression ist „nach innen gerichtete Aggression", und sie ist gewöhnlich mit einem schwachen Selbstbewußtsein verbunden. Diese Frau wird oft zu einer klassischen Nörglerin.
4. Sie kann versuchen, ihre Bedürfnisse zu befriedigen, indem sie sich auf eine Affäre mit einem anderen Mann einläßt. Dieser unheilvolle Weg führt gewöhnlich in

eine Sackgasse, und am Ende ist sie niedergeschlagener und einsamer als zuvor. Wir werden in Kapitel 11 noch genauer darüber diskutieren, was das bedeutet.
5. Sie kann zu Alkohol, Tabletten oder Drogen greifen, um wenigstens zeitweise Erleichterung zu finden. Viele Frauen geben dieser vermeintlichen Alternative nach, was anhand der beständig zunehmenden Zahl alkoholabhängiger Frauen deutlich wird.
6. Sie kann Selbstmord begehen (oder einen Selbstmordversuch unternehmen, der als Hilferuf zu verstehen ist).
7. Sie kann sich weigern, die Mutterrolle zu übernehmen, indem sie entweder kinderlos bleibt oder die Kinder zu Hause vernachlässigt. Sie kann auch davonlaufen und diese Aufgabe nun dem Vater überlassen.
8. In der Hoffnung, mit jemand anders, der verständnisvoller und liebevoller ist, einen neuen Anfang machen zu können, kann die depressive Frau natürlich auch eine Scheidung anstreben. Heute kommt dieser letzten Alternative mehr denn je eine besonders große Bedeutung zu, denn sie ist *die* gängige Methode, um auf die Enttäuschung in einer Ehe zu reagieren.

Keine dieser Reaktionsweisen ist dazu geeignet, das Problem einer Lösung näher zu führen. Tatsächlich bringt jede dieser acht Möglichkeiten negative Folgen mit sich. Nicht einmal bei einem Selbstmordversuch ist es sicher, daß der Ehemann auf seine Frau aufmerksam wird. Ich hatte ein Gespräch mit einer Frau, die etwa zwei Wochen zuvor aus dem Krankenhaus entlassen worden war. Nachdem sie jeden nur denkbaren Versuch gemacht hatte, um mit ihrem Mann wieder ins Gespräch zu kommen, geriet sie immer tiefer in Depression und Verzweiflung. Schließlich nahm sie zu einer allerletzten Möglichkeit Zuflucht. Vor den Augen ihres Mannes holte sie alle verfügbaren, rezeptpflichtigen Medikamente aus der Hausapotheke und machte sich daran, eine Mischung von Tabletten zu schlucken. Ihr Mann sah ihr zu und konnte es nicht glauben. Dann ging sie ins Schlafzimmer und legte sich hin, um auf den Tod zu warten. Aber sie wollte natürlich nicht sterben. Es war nur der verzweifelte Versuch, dem Mann, dessen Liebe sie brauchte, auf dramatische Art und Weise klarzumachen, in welcher Lage sie sich befand. Unglücklicherweise reagierte er nicht darauf. Als sie merkte, daß er nicht die Absicht hatte, sie zu retten, riß sie sich mit aller Kraft zusammen und fuhr selbst zu einem nahegelegenen Krankenhaus. Nachdem man ihr den Magen ausgepumpt hatte, telefonierte das Pflegepersonal mit ihrem Mann, der zu ihr ins Krankenhaus kam. Er hielt ihr zwei Stunden lang die Hand, ohne sie auch nur einmal zu fragen, warum sie nicht mehr weiter leben wollte! Erst als er zwei Wochen später mit ihr auf dem Weg zu mir war, sagte er zum ersten Mal etwas zu dem, was geschehen war. Nachdem er um das Auto gegangen war, um ihr die Tür zu öffnen, sagte er: „Weißt du, daß du mich vor zwei Wochen fast zu Tode erschreckt hast?!"

Es mag dem Leser unglaublich erscheinen, daß dieser Mann seine Frau liebte, und doch ist es wahr. Der Grund dafür, daß er völlig blind für ihre Bedürfnisse war, lag darin, daß er damit rechnen mußte, demnächst Konkurs zu machen. Es fiel ihm schwer, seiner Frau noch etwas zu „geben" – oder auch nur ihre Hilferufe zu hören. Er hatte gerade selbst mit einer Krise zu kämpfen, was oft in Ehen der Fall ist, die dabei sind zu zerbrechen.

Wie sieht aber nun eine Lösung der Probleme des ehelichen Konfliktes aus, wenn alle natürlichen Versuche, damit umzugehen, in eine Sackgasse führen? Damit kommen wir auf jenes Versprechen zurück, das ich am Anfang dieses Kapitels gemacht habe, daß ich nämlich ein *deutliches Wort* an Männer und Frauen richten werde. Ich habe noch nie das Prinzip der Diplomatie verletzt, wenn es um familiäre Schwierigkeiten ging, aber in diesem Fall möchte ich um Ihr Verständnis bitten. Die gegenwärtige Krise, in der sich die Ehe befindet, verlangt eine große Offenheit, die dem Ausmaß der Gefahr entspricht. Man kann, so heißt es, einen Drachen nicht mit einer Pistole töten. Deshalb will ich zuerst ein paar Salven auf die Männer abgeben und mich dann den Damen zuwenden.

An die Männer christlicher Frauen, die das Wohl der Familie an erste Stelle setzen.

Es ist *höchste* Zeit, daß Sie erkennen, daß Ihre Frauen heute von allen Seiten angegriffen werden! Alles, was sie von frühester Kindheit an gelernt haben, wird geringgeschätzt und verachtet. Es vergeht kaum ein Tag, an dem das jüdisch-christliche Erbe nicht offen verspottet und ausgehöhlt wird:

- Die Auffassung, daß Mutterschaft eine Aufgabe ist, für die es sich lohnt, als Frau seine Zeit zu investieren, ist beständig unter Beschuß.
- Der Gedanke, daß Frauen sich der Führung ihres Mannes unterordnen sollten, wie es in Epheser 5, 21–33 heißt, gilt in seiner Uneinsichtigkeit als mittelalterlich und veraltet.
- Von der Vorstellung, Mann und Frau sollten ein Fleisch werden und ihre Identität jeweils im anderen finden – anstatt als getrennte und miteinander konkurrierende Einzelpersonen ihre Erfüllung zu suchen –, heißt es, sie sei eine unerträgliche Beleidigung der Frau.
- Die Einstellung, daß die Scheidung keine annehmbare Alternative sei, ist praktisch allgemein aufgegeben worden. (Hast du schon von Klaus und Elke gehört?)
- Die Beschreibung einer idealen Frau und Mutter, wie sie in Sprüche 31, 10–31 steht, kann sich die moderne Frau nicht mehr für sich vorstellen.
- Der Rolle der Frau als diejenige, die ihren Mann begleitet, die das Brot backt, die die Wunden verbindet, die Liebe gibt, die die Seele des Hauses ist und die das Kind trägt, fehlt es nicht an Widerwillen erregenden Konnotationen.

Alle diese tief verwurzelten Werte, die viele Frauen verzweifelt aufrechtzuerhalten versuchen, sind laufend den Angriffen des Widersachers ausgesetzt. Die Medien der westlichen Welt – das Radio, das Fernsehen und die Presse – sind dabei, auch die letzten Reste christlicher Tradition schonungslos zu zerstören. Und die Frauen, die an diesem geistigen Erbe festhalten, werden von der Macht dieser Medien fast erschlagen! Man redet ihnen ein, sie seien dumm, altmodisch und unausgefüllt, und in vielen Fällen wird ihr Selbstwertgefühl für immer untergraben. Diese Frauen kämpfen gegen eine gesellschaftliche Entwicklung, die alles mit sich reißt, und sie werden darin von so gut wie niemandem unterstützt.

Ich möchte es noch direkter sagen. Es ist an der Zeit, daß der Mann, der den Willen seiner Frau hochschätzt, die mit ihrem Leben andere Maßstäbe verkündet – indem sie zu Hause bleibt, obwohl die Nachbarinnen berufstätig sind und obwohl sie dann den ganzen Tag keine andere Gesellschaft hat als Kleinkinder und eigensinnige Jugendliche –, ihr endlich unter die Arme greift. Ich meine damit nicht nur, daß er abwaschen oder putzen sollte. Es geht mir darum, daß er sie seelisch unterstützt ..., daß er mit ihr spricht ..., daß er ihr zeigt, daß er sie achtet und ehrt ..., daß er ihr Ich stärkt ..., daß er dafür sorgt, daß sie sich an einem Tag in der Woche wirklich erholt ..., daß er sie zum Essen ausführt ..., daß er ihr sagt, daß er sie liebt. Ohne diese Art der Schützenhilfe ist sie den Feinden der Familie – den Feinden Ihrer Familie – wehrlos ausgeliefert!
Ehrlicherweise muß ich dazu sagen, daß viele Ehemänner und Väter mit ihren Gedanken ganz woanders sind. Ihre Frauen besuchen fleißig Seminare, lesen eine ganze Reihe von Büchern zum Thema Familie und beschäftigen sich immer wieder mit der Bibel, aber sie können sie nicht einmal dazu bringen, mit ihnen über das zu reden, was sie dazugelernt haben. Sie sind von dem Gift ihrer Arbeit, die zur Stärkung ihres Selbstbewußtseins so wichtig ist, infiziert.
Wie könnte ich diese Situation besser illustrieren als mit dem Brief, den ich auf Seite 81 zitiert habe. Er kam von einer verzweifelten Frau, deren Mann selten zu Hause ist, und wenn er da ist, hat er nichts zu sagen. Er hört lieber die Nachrichten, da werden ihm wenigstens keine Fragen gestellt und keine Antworten von ihm erwartet. Er ist ein „Kürbis-Liebhaber" erster Klasse. Kennen Sie die Geschichte?

„Peter, Peter, Kürbis liebt er,
Hat 'ne Frau, die macht Gezeter,
Er steckt sie in den Kürbis 'rein,
Jetzt hat er Ruhe, ei wie fein ..."

Ja, jetzt hat der gute Peter seine kleine Frau genau da, wo er sie haben wollte. Nun ist sie mit zwei kleinen Kindern von unter drei Jahren zu Hause eingesperrt und voll damit beschäftigt, Windeln zu wechseln, Kindernasen zu putzen und das Essen zu kochen, damit er in aller Ruhe dem Nachrichtensprecher zuhö-

ren kann. Das ist doch auch eine Form der Existenz für eine Frau, die zutiefst das Bedürfnis hat, geliebt und anerkannt zu werden!! Ihr Peter beabsichtigt nicht, auf diese Bedürfnisse einzugehen und verbietet ihr sogar, anderswo deren Befriedigung zu suchen. Er erlaubt ihr nicht einmal, einen Bibelkreis zu besuchen, denn er fürchtet – wer hätte das gedacht –, daß seine Kinder mit Krankheitserregern in Berührung kommen könnten. Die Krankheit, die jedes Leben in seiner Frau erstickt – die Krankheit mit den Namen *Einsamkeit* –, kümmert ihn wenig. Den Frauen aller „Kürbis-Peter" der Welt möchte ich sagen: „Gehen Sie trotzdem in den Bibelkreis!" Die Anerkennung der Führung durch den Mann geht meiner Meinung nicht so weit, daß sie auch für ein Verhalten gilt, das für den Mann, die Frau und die Ehe schädlich ist. Ebensowenig sollte eine Frau Kindesmißhandlung, Belästigung von Kindern oder Schläge von ihrem Mann hinnehmen.
Es kann dem christlichen Mann nicht einfacher oder deutlicher gesagt werden: Der Herr hat Ihnen gesagt: „Ihr Männer, liebt eure Frauen, wie auch Christus die Gemeinde geliebt hat und hat sich selbst für sie dahingegeben." Sie braucht Sie jetzt. Werden Sie sich regelmäßig Zeit für sie nehmen?

An die Frauen, deren Männer so beschäftigt sind, und die nicht genügend auf sie eingehen.

Alles hat seine zwei Seiten, und es ist nun an der Zeit, daß wir zu der anderen kommen. In diesem Kapitel herrscht die Sichtweise der Frau vor, nicht weil diese Perspektive gültiger oder entscheidender wäre, sondern weil sie von der Mehrheit der Männer so wenig verstanden wird. Ich habe ein ganzes Buch mit dem Titel „Das solltest du über mich wissen" geschrieben, um den Männern einiges von dem mitzuteilen, was Frauen frustriert. Trotzdem haben auch die Männer ihre eigenen berechtigten Klagen. Also meine Damen, ich komme jetzt zu Ihnen.
Meine härtesten Worte gelten jener Frau, die einen guten Mann hat, den wir einmal Thomas nennen wollen. Er liebt Karin und die Kinder. Wirklich! Er würde buchstäblich sein Leben für sie geben, wenn es von ihm verlangt würde. Er trinkt und raucht nicht. Er würde unter keinen nur denkbaren Umständen eine andere Frau berühren. Er steht jeden Morgen auf und arbeitet

den Tag über an seiner Arbeitsstelle; vielleicht hält er es fünfundvierzig Jahre bei einer langweiligen, uninteressanten Tätigkeit aus. Er bringt seinen Lohn nach Hause und tut alles, damit das Geld für diesen Monat wirklich reicht. Er besitzt eine moralische Integrität, wie sie für unsere unehrliche Zeit bemerkenswert ist. Er zahlt seine Steuern gewissenhaft, und er hat aus dem Büro seines Chefs niemals auch nur eine Büroklammer entwendet. Er schlägt seine Kinder nicht, tritt nicht nach dem Hund und flirtet nicht mit der Witwe von nebenan. Man kann sich auf ihn verlassen, und ich bin sicher, daß Gott ihm in der anderen Welt einen besonderen Platz bereitet hat.

Aber der treue Tommy hat einen großen Fehler. Er ist zu einer Zeit aufgewachsen, in der den kleinen Jungen beigebracht wurde, daß sie ihre Gedanken und Gefühle nicht offen zeigen durften. „Kinder darf man sehen, aber nicht hören" hieß es bei seinen Eltern. Er kann sich nicht daran erinnern, daß er jemals umarmt oder gelobt worden wäre – und daß ein Junge nicht weint, das weiß doch jeder. Diese Lektionen hat Thomas gut gelernt. Er wurde hart wie Kruppstahl und still wie die Nacht, und er hat den Kontakt zu seinen Gefühlen verloren. Jetzt *kann* er nicht mehr spontan und emotional sein, so sehr er es auch versucht. Er besitzt diese Fähigkeit einfach nicht. Und der größte Teil seiner Gedanken bleibt unausgesprochen und seiner Umwelt verborgen.

Es wäre nun zu hoffen, daß Karin ihren Mann annimmt, wie er ist, denn sie wußte all dies, als sie heirateten. Sie fand es übrigens in der Zeit, als sie sich ineinander verliebten, besonders anziehend, daß er so ruhig und zurückhaltend war. Er wirkt immer so stark, so beherrscht, im Gegensatz zu ihrer impulsiven Art. Aber jetzt hat Karin genug davon, daß ihr Mann so unromantisch ist. Sie ist zutiefst wütend auf ihn, weil er nicht mit ihr spricht, und sie wirft ihm ständig sein angebliches „Versagen" als Ehemann vor. Er kann ihr einfach *nichts* recht machen, und durch dieses Nörgeln geht es ihnen Jahr für Jahr schlechter.

Machen wir noch deutlicher, in welcher Lage sich die beiden befinden. Thomas und die kritische Karin sind keineswegs ein Paar mit einer ungewöhnlichen Kombination gegensätzlicher Persönlichkeiten. Ich bin Hunderten von Männern und Frauen begegnet, die mit dem gleichen Konflikt zu kämpfen haben. Viele

Männer – nicht nur die, denen man frühzeitig beigebracht hat, keine Gefühle zu zeigen – haben Schwierigkeiten, die emotionalen Erwartungen ihrer Frau zu erfüllen. Sie *können* nicht so sein, wie ihre Frauen sie haben wollen. Aber anstatt den *ganzen* Mann zu sehen, anstatt zu bedenken, wieviele gute Seiten er hat, die diesen „Fehler" aufwiegen, konzentriert sich die Frau auf das, was fehlt, und macht es zum beherrschenden Element ihrer Beziehung. Sie hat einen guten Mann ..., aber er ist nicht gut genug!

Nur ein Mann, der mit einer solchen Frau verheiratet ist, kann wirklich verstehen, wie furchtbar das Leben sein kann. König Salomo hatte zumindest eine unzufriedene Frau in seinem Harem, denn er schrieb: „Besser in der Wüste wohnen als bei einem zänkischen und zornigen Weibe" (Sprüche 21, 19). Später sagte er über ihren Mißmut, er sei „mit einem triefenden Dach, wenn's sehr regnet" zu vergleichen (Sprüche 27, 15). Er hat recht! Eine aufgebrachte Frau schimpft, schreit und klagt. Ihre Unzufriedenheit besteht ununterbrochen fort; sie vergiftet die Atmosphäre an jedem freien Tag, im Urlaub und in den Monaten danach bis zum nächsten. Sie kann es, um sich zu rächen, auch ablehnen zu kochen, zu putzen oder sich um die Kinder zu kümmern. Ihren Mann erwartet dann tagtäglich nach Feierabend das erhebende Gefühl, das sich seiner bemächtigt, wenn er zu Hause eine chaotische Wohnung und eine mißgestimmte, verbitterte Frau vorfindet. Und das Traurige an der Geschichte ist, daß es ihm oft *unmöglich* ist, zu werden, wie sie ihn gerne hätte. Er hat vielleicht fünf- oder sechsmal versucht, sich in seinem Wesen grundsätzlich zu ändern, aber ohne Erfolg. Ein Leopard kann seine Flecken nicht verändern, und ein unromantischer, wortkarger Mann kann einfach nicht einfühlsam und gesprächig werden. Die Ehe ist an ihrem toten Punkt angelangt.

Die niedergeschlagene Frau wird von dem Gedanken an die Möglichkeit einer Scheidung umgetrieben. Tag und Nacht denkt sie über diese Alternative nach. Sie wägt die vielen Nachteile gegenüber einem Vorteil ab: die *Flucht.* Sie macht sich Sorgen darüber, welche Auswirkungen die Scheidung auf die Kinder haben könnte, und sie fragt sich, wie sie den Lebensunterhalt sichern kann, und wünschte, sie müßte es nicht ihren Eltern mitteilen. Immer wieder kreisen ihre Gedanken um das Pro und Contra.

Sie findet den Gedanken an eine Auflösung der Ehe anziehend und abstoßend zugleich.
Diese Phase des Abwägens erinnert mich an einen klassischen Dokumentarfilm aus den Tagen, als die Bilder laufen lernten. Der Kameramann hielt ein dramatisches Ereignis fest, das sich auf dem Eiffelturm abspielte. Dort, fast ganz oben auf dem Turm, stand ein naiver „Erfinder", der sich vogelähnliche Flügel gebaut hatte. Er befestigte sie an seinen Armen, um damit zufliegen, aber er war nicht hundertprozentig davon überzeugt, daß das Experiment tatsächlich gelingen würde. Man sieht in dem Film, wie er an der Brüstung steht und nach unten blickt und dann vor- und zurückgeht. Er stand am Geländer und versuchte, all seinen Mut zusammenzunehmen, um zu springen. Danach ging er wieder zurück auf die Plattform. Selbst mit der primitiven Kamera dieser Zeit war es gelungen, den inneren Kampf dieses „Möchte-gern-Fliegers" festzuhalten. „Soll ich oder soll ich nicht? Wenn die Sache mit den Flügeln funktioniert, wird es wunderbar. Wenn sie versagen, stürze ich mich in den Tod." Was für ein tödliches Spiel!
Der Mann stieg schließlich auf die Brüstung, löste sich von einer Stütze des Turmes und schwankte einen schicksalhaften Augenblick lang vor und zurück, wobei einem der Atem stockte. Dann sprang er. Die letzte Szene, die mit der Kamera aufgenommen worden war, wies geradewegs nach unten. Der Mann versuchte auf seinem Weg in die Tiefe nicht einmal, seine Flügel zu bewegen.
In vieler Hinsicht gleicht die unzufriedene Ehefrau diesem Mann bei seinem Sprung. Sie weiß, daß die Scheidung ein gefährlicher Schritt mit ungewissem Ausgang ist. Aber vielleicht wird sie ja in der großen Freiheit eines Vogels davonschweben? Nein, sie bleibt wohl besser auf der sicheren Plattform stehen. Andererseits: Das könnte der langersehnte Fluchtweg sein. Schließlich tun es doch viele. Verwirrt beugt sie sich vor, um dann doch wieder zurückzuweichen ... und oft springt sie trotzdem.
Aber was geschieht dann mit ihr? Ich habe die Beobachtung gemacht, daß ihre „Flügel" nicht halten, was sie versprechen. Nach dem schmerzhaften Hin und Her vor dem Gericht und dem Streit um das Sorgerecht und der Regelung der Besitz- und

Unterhaltsansprüche, wird das Leben wieder zu einem monotonen Einerlei. Und was für eine Einerlei. Sie muß sich Arbeit suchen, um ihre Familie unterhalten zu können, aber hinsichtlich ihrer Qualifikation und Berufserfahrung hat sie wenig Trümpfe in der Hand. Sie kann als Serviererin arbeiten, als Empfangsdame oder als Verkäuferin. Aber wenn sie einen Babysitter bezahlen muß, bleibt kein Geld für Überflüssiges. Die Möglichkeit, neu Kraft zu schöpfen, ist noch geringer. Sie kommt übermüdet nach Hause und stellt fest, wie ihre Kinder, die sie nur noch aufregen, ständig zu kurz kommen. Es ist ein hartes Leben. Dann sieht sie, wie ihr geschiedener Mann viel besser mit allem zurechtkommt. Er verdient wesentlich mehr Geld als sie, und da abends nicht die Kinder auf ihn warten, hat er auch mehr Freiheit.

Das ist keine erfundene Geschichte, um irgend jemanden von der Scheidung abzuhalten. Eine solche Entwicklung ist vielmehr typisch. Ich habe festgestellt, daß viele Frauen, die aus den hier genannten Gründen die Scheidung wollen (im Gegensatz zu einer Situation, in der Untreue vorliegt), ihre Entscheidung bedauern werden. Der frühere Mann, dessen positive Eigenschaften schließlich in den Blick kommen, wird wieder anziehend. Aber diese Frauen sind abgesprungen ... und nun bekommen sie die natürlichen Folgen dieses Schrittes zu spüren.

Die Scheidung ist *keine* Lösung für die Probleme gestreßter Männer und einsamer Frauen. Nur weil draußen in der Welt inzwischen eine liberalere Einstellung bezüglich der Auflösbarkeit der Ehe besteht, hat sich an den biblischen Maßstäben in dieser Hinsicht nichts geändert. Möchten Sie *genau* wissen, wie Gott über die Scheidung denkt? Er hat seine Ansicht in Maleachi 2, 13–17 mit unübersehbarer Deutlichkeit klargemacht, vor allem im Hinblick auf Männer, die gern einmal eine Abwechslung auf sexuellem Gebiet hätten!

„Weiter tut ihr auch das: Ihr bedeckt den Altar des Herrn mit Tränen und Weinen und Seufzen; aber er mag das Opfer nicht mehr ansehen noch etwas Angenehmes von euren Händen empfangen. Ihr aber sprecht: 'Warum das?' Weil der Herr Zeuge war zwischen dir und dem Weib deiner Jugend, dem du treulos geworden bist, obwohl sie doch deine Gefährtin und die Frau ist, mit der du einen Bund geschlossen hast. Nicht einer hat das getan, in dem noch ein Rest von Geist war. Denn er sucht Nachkommen, die Gott geheiligt sind. Darum so seht euch vor in eurem Geist, und werde keiner treulos dem Weib seiner Jugend. Wer ihr aber aber gram ist und sie verstößt, spricht der Herr, der Gott Israels, der bedeckt mit Frevel sein Kleid, spricht der Herr Zebaoth. Darum so steht euch vor in eurem Geist und brecht nicht die Treue! Ihr macht den Herrn unwillig durch euer Reden! Ihr aber sprecht: 'Womit machen wir ihn unwillig?' Dadurch daß ihr sprecht: 'Wer Böses tut, der gefällt dem Herrn, und an solchen hat er Freude' oder: 'Wo ist der Gott, der da straft?'"

Wenn der Ausweg also nicht in der Scheidung liegt, was kann der emotional ausgehungerten Frau gesagt werden? Es wird zuerst hilfreich sein, wenn sie erkennt, wo der *eigentliche* Grund für ihre Enttäuschung zu suchen ist. Räumen wir ein, daß ihr Mann ihre Bedürfnisse nicht befriedigt. Ich bezweifle jedoch, daß Männer jemals so reagiert haben, wie ihre Frauen es gerne gehabt hätten. Kam der Bauer, früher, als er abends vom Feld zurückkehrte, zu seiner Frau und fragte sie: „Na, wie war es heute mit den Kindern?" Nein, er war für das Wesen seiner Frau genauso blind wie Thomas für das von Karin. Warum aber überstand die Frau des Bauern das alles, während Karin fast verzweifelte? Der Unterschied zwischen ihnen kann darin gesehen werden, daß die *sozialen Beziehungen zwischen den Frauen nicht mehr vorhanden sind!* Vor hundert Jahren bereiteten die Frauen zusammen das Essen zu. Sie kochten zusammen ein, sie wuschen am Brunnen zusammen die Wäsche, sie beteten zusammen, sie gingen zusammen durch die Wechseljahre, und sie wurden zusammen alt. Und wenn ein Baby geboren wurde, waren Tanten, Großmütter und Nachbarinnen da, die der jungen Mutter zeigten, wie man ein Kind wickelt, ernährt und erzieht. Dieser Kontakt unter den Frauen bedeutete einen großen emotionalen Rückhalt. Eine Frau war niemals wirklich allein.

Aber heute sieht es ganz anders aus. Die Großfamilie ist verschwunden, und die Frau hat diese Quelle, aus der sie Sicherheit und Geborgenheit schöpfen konnte, verloren. Ihre Mutter lebt in Hamburg und ihre Schwester in Bayern. Darüber hinaus ziehen die Familien in unserem Land immer häufiger um, so daß in der Nachbarschaft keine dauerhaften Freundschaften entstehen können. Es spielt noch ein anderer Faktor eine Rolle, den man sich selten eingesteht: In unserer Gesellschaft herrscht unter Frauen ein Konkurrenzdenken und ein gegenseitiges Mißtrauen hinsichtlich dessen, was man sich leisten kann. So manche Frau käme erst gar nicht auf den Gedanken, einige Freundinnen zu sich einzuladen, bevor nicht das Haus renoviert ist, neue Möbel angeschafft wurden oder wenigstens neue Gardinen an den Fenstern sind. Es ist, wie jemand einmal gesagt hat: „Wir arbeiten so hart, um ein schönes Zuhause zu haben, aber es ist niemand da!" Die Folge davon ist Absonderung, oder vielleicht sollte ich sagen Abkapselung, und diese hat eine nahe Verwandte: die Einsamkeit. Wenn einer Frau die Möglichkeit genommen wird, außerhalb der Familie emotional Rückhalt zu finden, wird die Mann-Frau-Beziehung enorm belastet. Dann wird ihr Mann ihr wichtigstes Gegenüber, mit dem sie sprechen, bei dem sie sich abreagieren, bei dem sie Verständnis und Liebe finden kann. Aber er muß noch an andere Dinge denken. Er steht in seinem Berufsleben unter einem inneren, wie auch unter einem äußeren Druck. Sein Selbstwertgefühl ist davon abhängig, was er in seinem Beruf leistet, und der Status der ganzen Familie wird dadurch geprägt, wie erfolgreich er auf diesem Gebiet ist. Wenn er abends nach Hause kommt, hat er kaum noch die Kraft, sich intensiv um seine einsame Frau zu kümmern ..., auch wenn er sie versteht. Ich möchte es der Frau, deren Mann gestreßt ist und mit dem das Gespräch so schwierig ist, ganz klar sagen: *Sie können von diesem Mann nicht erwarten, daß er alle Ihre Bedürfnisse befriedigt.* Sie werden sonst ständig enttäuscht sein, daß er Ihre Erwartungen so wenig erfüllt. Statt dessen sollten Sie sich einen Kreis von Freundinnen suchen, mit denen Sie sich unterhalten können, mit denen Sie lachen, mit denen Sie sich Träume ausmalen und bei denen Sie sich entspannen können. Es gibt Tausende von Frauen in Ihrer Umgebung, die die gleichen Bedürfnisse und Erfahrungen haben wie Sie. Sie werden froh sein, Sie kennenzulernen, sobald Sie beginnen, nach ihnen Ausschau zu halten. Melden Sie sich zu einem Volkshochschulkurs an, gehen Sie in eine Gruppe, in der man gemeinsam ein Hobby pflegen kann, engagieren Sie sich in Ihrer Gemeinde, besuchen Sie einen Bibelkreis, schließen Sie sich einem Radwanderclub an – es gibt so viele Möglichkeiten. Widerstehen Sie aber auf alle Fälle der Versuchung, in den eigenen vier Wänden sitzen zu bleiben, Ihr Selbstmitleid zu pflegen und auf Ihren Mann zu warten, daß er endlich nach Hause kommt und wie ein Traumprinz alle Ihre Sehnsüchte erfüllt.

Wir müssen uns auch mit der Frage beschäftigen, wie Sie Ihren Mann „sehen“. Eine leichte Korrektur Ihrer Wahrnehmung kann ihn plötzlich wesentlich positiver erscheinen lassen. Die begabte Autorin Joyce Landorf (die zu meinem Freundeskreis gehört) hat diese Perspektive so gut beschrieben, wie meines Wissens niemand sonst. In den ersten Jahren ihrer Ehe entdeckte sie, daß sie sich aus einigen der Gründe, die ich oben genannt habe, über ihren Mann ärgerte. Richard beleidigte sie, ohne daß er es merkte, durch sein Verhalten und durch die Art, wie er war. So fragte er zum Beispiel jeden Abend, bevor sie ins Bett gingen: „Joyce, hast du die Hintertür zugemacht?“ Sie bestätigte es jedesmal, worauf ihr Mann zur Tür ging, um sich davon zu überzeugen, daß sie wirklich abgeschlossen war. Joyce hatte nur zwei Möglichkeiten, sein Verhalten zu interpretieren. Entweder er dachte, sie würde lugen, oder er hielt sie einfach für zu dumm, um noch zu wissen, ob sie es tatsächlich getan habe oder nicht. Jeder dieser beiden Gedanken machte sie wütend. Dieses Schauspiel war nur eines von vielen, das bei den beiden ein Auslöser für Konflikte war.

Dann, eines Abends, als Richard wieder einmal zur Tür ging, um nachzuschauen, ob sie wirklich abgeschlossen war, sprach der Herr zu Joyce.

„Sieh ihn dir einmal genau an, Joyce“, sagte er. „Was meinst du damit, Herr?“ antwortete sie. „Ich habe deinen Mann zum Türhüter bestimmt. Er ist ein Mensch, der auf das Kleinste achtet. Deshalb ist er ein so guter Bankier. Wenn er eine Liste mit Zahlen vor sich hat, so kann er sofort einen Fehler finden, den andere übersehen haben. Ich habe ihm diese Fähigkeit gegeben, damit er als Bankier Verantwortung tragen kann. Ja, Joyce, ich habe Richard zum ‘Türhüter’ bestellt, und ich möchte, daß du ihn in dieser Eigenschaft bejahst.“

Was für eine wunderbare Einsicht. Oft ist das, was eine Frau an ihrem Mann am schwersten annehmen kann, eine Nebenerscheinung gerade jener Eigenschaft, die sie am meisten an ihm schätzt. Vielleicht ist es auf eben diese Bescheidenheit und Genügsamkeit, die sie so haßt, zurückzuführen, daß er jene berufliche Stellung erreicht hat, die sie so bewundert. Oder vielleicht ist seine Besorgnis um das, was seine Mutter braucht, nur eine weitere Dimension seiner Hingabe an seine eigene Familie.

Oder es ist wie im Falle von Thomas und Karin? Seine große Gelassenheit in Krisensituationen, die Karin an ihm so anziehend fand, hängt direkt mit seiner mangelnden Spontanität und dem vermißten Überschwang von Gefühlen in den ruhigeren Zeiten zusammen. Es geht darum: *Gott hat Ihrem Mann das Temperament gegeben, das er besitzt, und Sie müssen die Eigenschaften an ihm akzeptieren, die er nicht ändern kann. Das gleiche muß er ja auch bei Ihnen tun.* „... Denn ich habe gelernt, mir genügen zu lassen, wie's mir auch geht. Ich kann niedrig sein und kann hoch sein; mir ist alles und jedes vertraut; beides, satt sein und hungern, beides, Überfluß haben und Mangel leiden. Ich vermag alles durch den, der mich mächtig macht“ (Phil. 4, 11–13).

Schlußfolgerung

Nichts ist so abstoßend wie ein Mann oder eine Frau, der bzw. die dem Partner verbittert das Leben schwermacht und ihn erniedrigt. Aber nichts ist so schön wie eine liebende Beziehung, die dem wunderbaren Plan Gottes entspricht. Wir werden dieses Kapitel mit einem beeindruckenden Beispiel dieser von ihm inspirierten Liebe abschließen. Es ist von dem Chirurgen festgehalten worden, der es erlebt hat. Vielleicht werden Sie von seinen Worten ebenso tief bewegt sein, wie ich es war.

„Ich stehe am Bett einer jungen Frau. Sie hat eine Gesichtsoperation hinter sich. Ihr Mund ist durch eine Lähmung entstellt: es wirkt komisch. Ein einziger Zweig des Gesichtsnervs, der zu den Muskeln ihres Mundes führt, ist durchtrennt. Das entstellte Gesicht wird bleiben. Ich habe alles versucht, um möglichst wenig Gewebe herausnehmen zu müssen, das kann ich Ihnen versichern. Trotzdem war es notwendig, den kleinen Nerv durchzuschneiden, um den Tumor zu entfernen.
Der junge Ehemann ist im Zimmer. Er steht an der anderen Seite an ihrem Bett, und sie scheinen im Licht der Lampe, das sie aus der Dunkelheit dieses Abends heraushebt, ganz tief miteinander vereint, in einer anderen Welt als der meinen, für sich. Wer sind sie, frage ich mich, er und sie mit dem schiefen Mund, der mein Werk ist. Wer sind sie, die sich tief in die Augen schauen, die so sehnsuchtsvoll nacheinander tasten, sich berühren? Die junge Frau fragt: „Wird das mit meinem Mund immer so bleiben?“
„Ja“, sage ich, „es wird sich nicht zurückbilden, denn der Nerv ist durchtrennt.“
Sie nickt und ist still. Aber der junge Mann lächelt. „Ich mag es“, sagt er, „es sieht irgendwie süß aus.“ Plötzlich *weiß* ich, wer er ist. Ich verstehe, und ich senke meinen Blick. In der Begegnung mit einem Gott weicht alle Kühnheit. Ohne sich um meine Gegenwart zu kümmern, beugt er sich zu ihr hin-

unter, um ihren verzerrten Mund zu küssen, und ich bin so nahe, daß ich sehen kann, wie er seinen eigenen Mund verzieht, um sich der Stellung ihrer Lippen anzupassen. Er zeigt ihr, daß es mit dem Küssen doch wunderbar klappt. Ich erinnere mich, daß die Götter bei den alten Griechen in der Gestalt von Sterblichen erschienen, und ich halte den Atem an und bestaune das Wunder."[7]

9

Ein Mann und sein Alltag

Neulich erhielt ich einen typischen Brief von einer Frau, in dem sie ein Ereignis aus ihrem ersten Ehejahr berichtete. Sie und ihr Mann merkten, daß sie eine Maus in der Wohnung hatten, die das Leben mit ihnen teilen wollte – eine Vorstellung, die die junge Frau unerträglich fand. Ihr Mann stellte eine Falle auf, um den kleinen Nager mit dem Mausepelz zu fangen, was ihm auch bald gelang. Die Art Käfig, die er gebaut hatte, ermöglichte es ihnen jedoch, des lebenden Tieres habhaft zu werden, woraus sich die Frage ergab: „Was soll nun mit der Beute geschehen?" Weder der Mann noch die Frau hatten den Mut, das Tier kaltblütig zu morden, aber sie wollten es auch nicht einfach freilassen. Schließlich einigten sie sich auf eine Lösung. Sie würden die Maus ertränken.

Der Mann füllte einen Eimer mit Wasser und stellte den Käfig mit der Maus hinein. Das Ehepaar verließ die Wohnung, um nicht Zeuge dieses Todeskampfes sein zu müssen. Aber als der Mann und die Frau zurückkamen, stellten sie fest, daß das Wasser den Käfig nicht ganz bedeckte. Die Maus hatte die gleiche Entdeckung gemacht, und es war ihr gelungen, ihre Nasenspitze über der Wasseroberfläche zu halten, indem sie sich mit einer Pfote abstützte.

Ich habe nie erfahren, wie die Exekution schließlich aussah. Die Schreiberin hatte mir diese Geschichte nicht erzählt, um mir von der mißlichen Lage ihrer Maus zu berichten, sondern um ihre *eigenen* Schwierigkeiten zu illustrieren. Sie sagte, das Nagetier, das sich unter Aufbietung aller Kräfte über Wasser gehalten habe, sei zum Symbol des ersten Jahres ihrer Ehe geworden. Sie überstand es, aber nur, weil sie sich nach oben streckte, um die Nase über der Wasseroberfläche zu halten.

Dieses Bild gilt für Millionen von Männern und Frauen, nur unter größten Mühen und Anstrengungen gelingt es ihnen zu verhindern, daß sie in dem Meer einer unendlichen Flut von Dingen untergehen, für die sie Verantwortung tragen. Ich möchte den übrigen Teil dieses Kapitels den Menschen widmen, die mit der Last des „Alltags“ zu kämpfen haben. Zunächst möchte ich definieren, was ich darunter verstehe.

Der Alltag einer Hausfrau besteht darin, daß sie jeden Tag Geschirr spült; daß sie Waschbecken putzt, Toiletten reinigt und den Boden sauber macht; daß sie flinken Krabbelkindern nachläuft und Streit zwischen den Kindern im Kindergartenalter schlichtet. (Eine Mutter sagte einmal, sie habe drei Energiebündel großgezogen, und das hätte sie all ihre Kraft gekostet.) Alltag, das bedeutet, daß Sie jeden Tag die Kinder zur Schule bringen und wieder abholen; daß Sie im Supermarkt einkaufen gehen und daß Sie Kuchen für das Schulfest backen. Und schließlich heißt Alltag auch, Eltern eines undankbaren Teenagers zu sein, was – und das kann ich Ihnen versichern – nichts für zarte Gemüter ist. (Es ist schwer, wenn man einen Jugendlichen sich selbst finden lassen muß – besonders wenn man weiß, daß er es nicht einmal versucht!) Es steht fest, daß das Leben für eine Hausfrau zu manchen Zeiten recht anstrengend sein kann.

Der Alltag sieht für einen Mann, der seinem Beruf nachgeht, auch nicht viel einfacher aus. Es gehört dazu, daß man an fünf Tagen in der Woche die müden Glieder morgens aus dem Bett reißt; daß der Urlaub verdient sein will und daß man sich einen Urlaubsort aussucht, der für Familien mit Kindern geeignet ist. Alltag bedeutet, daß man das Geld gut verwaltet, auch wenn man sich viel lieber dies oder jenes leisten würde; daß man mit seinem Sohn am Samstag eine Radtour macht, obwohl man sich eigentlich gerne das Fußballspiel im Fernsehen anschauen möchte; daß man an seinem freien Tag, nachdem man in der Woche zuvor vierzig Stunden gearbeitet hat, die Garage aufräumt. Alltag, das heißt, daß man mit einer Grippe fertig werden, sich um die Einstellung des Motors kümmern, für die Pflege des Rasens sorgen und die Lohnsteuererklärung ausfüllen muß. Es gehört zum Alltag, daß man sonntags mit der Familie in die Kirche geht, obwohl man genau weiß, was der Pfarrer wieder predigen wird; es bedeutet auch, daß man einen Teil seines Einkommens für die Arbeit im Reich Gottes zur Verfügung stellt, obwohl man sich ohnehin schon fragt, wie es reichen soll.

Alltag, das ist für den normalen, gewöhnlichen Ehemann und Vater all das, was ich aufgezählt habe und mehr ... viel mehr.
Nun wäre auch noch daran zu denken, was Alltag für all die Menschen bedeutet, die an einer besonderen Last tragen. Damit meine ich z.B. die alleinerziehenden Mütter und Väter, die unsere Bewunderung verdienen. Sie müssen die Aufgaben, die normalerweise von Mann *und* Frau erfüllt werden sollen, ohne die Unterstützung und Liebe eines Partners erfüllen. Für diese Väter und Mütter spielt sich das Leben nicht in ruhigen Bahnen ab, es läuft vielmehr an sieben Tagen in der Woche auf Hochtouren. Hin und wieder begegne ich einem Mann oder einer Frau, deren Schicksal mir fast unerträglich scheint. Ich werde niemals das Telefongespräch vergessen, das ich letztes Jahr mit einer jungen Mutter hatte. Es fand während einer Live-Sendung im Radio statt, in der ich versuchte, die Fragen jener Hörer zu beantworten, die um meinen Rat baten. Die Sendung wurde aufgezeichnet, so daß ich die Möglichkeit hatte, weiter über dieses bewegende Gespräch nachzudenken. In meiner Erinnerung höre ich immer noch die weiche, weibliche Stimme einer sehr jungen Frau von vielleicht dreiundzwanzig Jahren.
Sie war Mutter von zwei kleinen Kindern. Das jüngste war ein dreizehn Monate alter Junge mit einer Muskelhypotonie. Er konnte weder sprechen noch laufen und reagierte auch sonst nicht wie andere Kinder in seinem Alter. Der ältere Bruder, der damals gerade drei Jahre alt war, wollte offensichtlich nicht, daß dem Baby zuviel Aufmerksamkeit gewidmet wurde, und er forderte die Autorität seiner Mutter ständig bis an ihre Grenzen heraus. Während unseres Gesprächs erfuhr ich jedoch von zusätzlichen Schwierigkeiten. Der Mann der jungen Frau hatte diese Belastung nicht ertragen können und hatte sie einen Monat zuvor verlassen. So lasteten auf ihr nicht nur die Schuldgefühle und die schwere Prüfung, ein krankes Baby und ein rebellisches Kleinkind zu haben, sie mußte zusätzlich damit fertig werden, daß ihr Mann sie verlassen hatte. Mir fuhr es wie mit einem Schwert durch das Herz.
Nachdem dieses Gespräch über den Sender gegangen war, erhielten wir Dutzende von Zuschriften von Hörern, die darum baten, den Namen und die Adresse dieser jungen Mutter zu erfahren. Sie wollten für sie beten und ihr finanzielle Unterstüt-

zung anbieten. Aber ich konnte ihnen nicht weiterhelfen. Ich kannte sie nur von ihrer Stimme – einer Stimme, aus der Traurigkeit und Schmerz und Angst und Mut und Glaube sprachen. Diese junge Frau bewältigt offensichtlich einen schweren Alltag, Tag für Tag, ... allein.
Es kommt mir darauf an zu sagen, daß der Alltag für jeden von uns schließlich zu einer Last wird, der diesen Weg geht. Manchmal fragen wir uns: „Was mache ich eigentlich hier? Ist das alles im Leben? Muß ich mich in den Jahren, die mir noch bleiben, mit der Last dieser ständigen Verantwortung dahinschleppen?"
Bis vor dreißig Jahren gab es auf quälende Fragen dieser Art nur eine gesellschaftlich annehmbare Antwort: „Du mußt weitermachen! Du mußt dafür sorgen, daß die Münder zu Hause etwas zu essen haben, daß jeder etwas zum Anziehen hat, daß dein Chef mit dir zufrieden ist und daß deine Familie ein Dach über dem Kopf hat. Also reiß' dich zusammen und mach' dich wieder an die Arbeit." Es mag keine sehr angenehme Schlußfolgerung gewesen sein, aber sie sorgte für *Stabilität* in den Familien und in der Gesellschaft.
Heute wird uns eine neue Antwort angeboten. Sie lautet: „Ich nehme das einfach nicht mehr hin. Ich bin doch nicht der Sklave meiner Familie. Warum sollte ich eigentlich nicht alles hinwerfen und ein neues Leben anfangen? Die Kinder werden es schon irgendwie verkraften. Die Beziehung zu ihnen ist sowieso nicht die beste. Vielleicht finde ich auch eine neue Liebe, jemanden, dem ich wirklich etwas bedeute. Jetzt ist Schluß. Ich werde das Leben genießen, man lebt schließlich nur einmal!"
Damit meine ich, daß jeder, der heute seinen Alltag auf sich nimmt, ständig andere *Stimmen* hört, die ihn einladen, sich doch davon zu befreien. Man braucht nur einmal eine Zeitschrift aufzuschlagen oder das Fernsehgerät einzuschalten, und man wird mit großer Wahrscheinlichkeit diesen Kräften begegnen, die der Selbstzucht und der Verantwortungsbereitschaft entgegenwirken. Wir wollen vier dieser Stimmen einmal näher untersuchen, die besonders geeignet sind, Menschen zur Flucht aus ihrem Alltag zu veranlassen.
Die erste Stimme ist die des *Vergnügens*. Für jemanden, der einige Jahre lang fünfzig Stunden in der Woche gearbeitet hat, kann die Möglichkeit des Vergnügens eine besondere Anzie-

hungskraft gewinnen. Ich hatte ein Gespräch mit einem Mann, der seine Frau verlassen und seine Sekretärin geheiratet hatte. Ich fragte ihn, wie er zu dieser schicksalsschweren Entscheidung gekommen sei, und er antwortete sofort. „Ich bin Vater von vier Kindern", sagte er, „zehn Jahre lang war ich voll mit meinen Aufgaben als Ehemann und Vater beschäftigt, und ich mußte mit dem ständigen Lärm, dem Streit und den finanziellen Schwierigkeiten zu Hause zurechtkommen. Ich hatte selten einmal eine freie Minute für mich, und das Leben war eine einzige Pflichtübung. Dann kam Elisabeth, und ich ging mit ihr, denn, offen gesagt, fand ich die Aussicht auf Spaß und Spiel verlokkend."

Die zweite Stimme, die Frauen mehr anspricht als Männer, könnte man als die *Faszination eines romantischen Abenteuers* bezeichnen. Frauen, besonders diejenigen, die einen beruflich stark eingespannten Mann haben, sehnen sich nach aufregender Romantik. Sie wünschen sich so sehr eine Abwechslung von „dem bißchen Haushalt". Ein amerikanischer Schlager erzählt die Geschichte einer solchen Hausfrau. Einsam, in ihrer zerschlissenen Kittelschürze, blättert sie in einem alten Notizbuch. Sie findet eine zerdrückte, getrocknete Blume, die ihr vor langen Jahren einmal bei einem Schulball geschenkt worden war. An jenem Abend sah sie so bezaubernd aus, daß die jungen Männer alle von ihrer Schönheit begeistert waren. Dann verwandelt sich ihre Kittelschürze für einen Augenblick in ein Abendkleid, und sie dreht sich vor dem Spiegel in Ekstase. Sie ist wieder schön, beneidens- und begehrenswert. Aber es ist alles nur ein kurzer Traum, der bald wieder entschwindet. Nun ist sie voller Sehnsucht und möchte wenigstens noch ein winziges Stück dieser Romantik erleben. Sie ist nicht die einzige. Dieses Sehnen nach einer Begegnung, in der sich das Aschenputtel in eine Prinzessin verwandelt, ist unter Ehefrauen und Müttern weitverbreitet. Deshalb läßt die *Faszination eines romantischen Abenteuers* so viele Frauen aus ihrem Alltag aussteigen.

Die dritte Stimme, die Erwachsene dazu verleitet, alle Verantwortung des Alltags hinter sich zu lassen, ist der *Wunsch nach sexuellen Beziehungen außerhalb der Ehe*. Dr. Robert Whitehurst wurde einmal gefragt: „Haben die meisten Männer irgendwann einmal den Wunsch nach außerehelichen sexuellen Beziehungen?" Seine Antwort, die in der Zeitschrift *Sexual Behavior* (Sexuelles Verhalten) veröffentlicht wurde, enthielt unter anderem folgende Hinweise: „… *Alle* Männer *denken* einmal an diese Möglichkeit …" „… Obgleich diese Tendenz, sexuelle Beziehungen außerhalb der Ehe zu suchen, gegen Ende Vierzig und später zurückgeht, verschwindet sie bei einem normalen Mann niemals völlig."

Diese aussagekräftigen Feststellungen lassen wenig Raum für Ausnahmen. Die Versuchung zur Untreue besitzt einen unglaublichen Einfluß auf das Verhalten des Menschen. Selbst christliche Männer, die Gott und ihren Frauen treu sind, haben mit solchen sexuellen Versuchungen zu kämpfen. Trotzdem schrieb der Apostel Petrus in unmißverständlicher Weise über Menschen, die diesem Druck nachgeben: „Sie haben Augen voll Ehebruch, nimmer satt der Sünde, locken an sich leichtfertige Menschen, haben ein Herz getrieben von Habsucht, verfluchte Leute! *Sie verlassen den richtigen Weg* und gehen in die Irre und folgen dem Weg Bileams, des Sohnes Beors, der den Lohn der Ungerechtigkeit liebte …" (2. Petrus 2, 14–15, Hervorhebung vom Autor).

Damit kommen wir zur vierten Stimme, die noch mächtiger ist als diejenigen, die wir bisher untersucht haben. Ich möchte sie als den *Wunsch nach Selbstbestätigung* bezeichnen. Sowohl Männer als auch Frauen scheinen diesem großen Bedürfnis, vom anderen Geschlecht bewundert und beachtet zu werden, mit besonderer Leichtigkeit zu erliegen. So kommt es nicht selten vor, daß Menschen in eine außereheliche Beziehung hineingeraten, weil sie einen Beweis haben möchten, daß sie auf Frauen (oder Männer) noch anziehend wirken. Es ist deshalb so aufregend, weil man weiß „da ist jemand, der findet mich attraktiv oder intelligent oder hübsch oder gutaussehend. Dieser Mensch freut sich, wenn er meine Stimme hört … bestätigt mich in meinem Denken … findet mich aufregend." Diese Gefühle kommen aus der Mitte der Persönlichkeit – dem Ich –, und sie können einen vernünftigen Mann und eine normale Frau dazu verleiten, sich plötzlich dumm und verrückt zu benehmen.

Das erinnert mich an das siebte Kapitel im Buch der Sprüche, in dem König Salomo junge Männer davor warnt, den Verlockungen der Frau eines anderen nachzugeben. Dies sind die Worte des weisesten Königs von Israel:

„Denn am Fenster meines Hauses guckte ich durchs Gitter und sah einen unter den Unverständigen und erblickte unter den jungen Leuten einen törichten Jüngling. Der ging über die Gasse zu ihrer Ecke und schritt daher auf dem Weg zu ihrem Hause in der Dämmerung, am Abend des Tages, als es Nacht wurde und dunkel war. Und siehe, da begegnete ihm eine Frau im Hurengewand, listig, wild und unbändig, daß ihre Füße nicht in ihrem Hause bleiben können. Jetzt ist sie draußen, jetzt auf der Gasse und lauert an allen Ecken. Und sie erwischt ihn und küßt ihn, wird dreist und spricht: Ich hatte Dankopfer zu bringen, heute habe ich meine Gelübde erfüllt. Darum bin ich ausgegangen, dir entgegen, um nach dir zu suchen, und habe dich gefunden. Ich habe mein Bett schön geschmückt mit bunten Decken aus Ägypten. Ich habe mein Lager mit Myrrhe besprengt, mit Aloe und Zimt. Komm, laß uns kosen bis an den Morgen und laß uns die Liebe genießen. Denn der Mann ist nicht daheim, er ist auf eine weite Reise gegangen. Er hat den Geldbeutel mit sich genommen; er wird erst zum Vollmond wieder heimkommen! Sie *überredet ihn mit vielen Worten und gewinnt ihn mit ihrem glatten Munde.* Er folgt ihr alsbald nach, wie ein Stier zur Schlachtbank geführt wird, und wie ein Hirsch, der ins Netz rennt, bis ihm der Pfeil die Leber spaltet; wie ein Vogel zur Schlinge eilt und weiß nicht, daß es das Leben gilt.
So höret nun auf mich, meine Söhne, und merket auf die Rede meines Mundes. Laß dein Herz nicht abweichen auf ihren Weg und irre nicht ab auf ihre Bahn. Denn zahlreich sind die Erschlagenen, die sie gefällt hat, und viele sind, die sie getötet hat. Ihr Haus ist der Weg ins Totenreich, da man hinunterfährt in des Todes Kammern" (Sprüche 7, 6–27, Hervorhebung vom Autor).

Beachten Sie bitte, daß Salomo nicht sagte, der junge Mann habe der sexuellen Verführung durch diese Frau nicht widerstehen können. Sie gewann ihn vielmehr „mit ihrem glatten Mund", d.h. mit ihrer Schmeichelei. Sie vermittelte ihm den Eindruck, sie bewundere ihn, und das versetzte ihm den tödlichen Schlag. Ich wünschte nur, Salomo hätte ebenfalls darauf hingewiesen, daß es Millionen von *Frauen* gibt, die in die gleiche Falle gegangen sind, weil Männer aus ihrer Eitelkeit Kapital schlagen konnten. Männer wie Frauen sind gleichermaßen empfänglich für Dinge, die ihnen Selbstbestätigung bieten und die ihnen schmeicheln.

Eine graphische Darstellung soll diesen Weg der Verantwortung und die Stimmen darstellen, die aus der Welt der Torheit zu uns dringen.

VERGNÜGEN ROMANTIK

TREUE IM ALLTAG

SEX SELBSTBESTÄTIGUNG

Ich fand es interessant, Menschen zu beobachten, die sich entschlossen haben, von dem geraden Weg abzuweichen und sich nicht mehr um die Verantwortung in ihrem Alltag zu kümmern, um einer fremden Stimme zu folgen. Selten ist es so, daß sie von heute auf morgen alles hinwerfen, um eine Beziehung mit einem neuen Partner oder einen völlig anderen Lebensstil zu beginnen. Statt dessen machen sie erst viele kleine Versuche, bei denen nicht allzuviel auf dem Spiel steht, um dann wieder zu der geraden Linie zurückzukehren und alles noch einmal zu überdenken. (Siehe graphische Darstellung.)

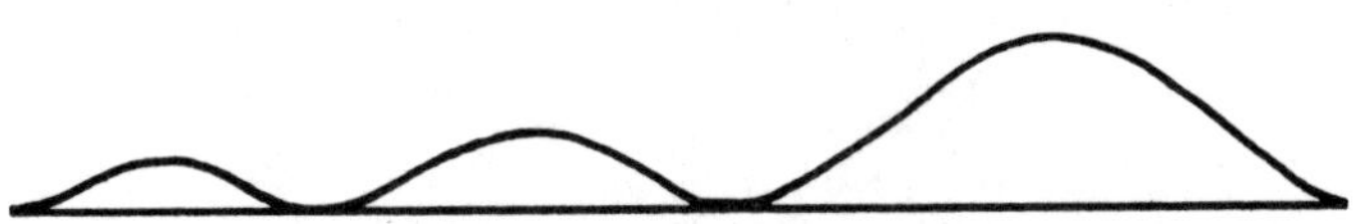

TREUE IM ALLTAG

In den Anfängen würde ein Beobachter vielleicht nicht einmal merken, daß in einem bestimmten Verhalten Anfänge der Untreue liegen. Es kann z.B. mit einem Arbeitsessen mit einer Sekretärin beginnen, das nur eine halbe Stunde länger dauert als gewöhnlich. Wenn jemand nachfragen würde, so könnten dieser Mann und diese Frau ihr Verhalten sehr wohl rechtfertigen. Es ging fast die ganze Zeit um geschäftliche Angelegenheiten. Aber sie wissen beide, daß es nicht auf das sachliche Gespräch zurückzuführen ist, daß sie innerlich so erregt sind. Sie liebäugeln mit der Möglichkeit, vom geraden Weg abzuweichen. Später, im Laufe des Nachmittags, überreicht sie ihm ein Papier, und er läßt es zu, daß seine Hand ganz zart über ihre gleitet. Es ist keine große Sache. Sie haben nichts Schlechtes getan. Aber beide setzen sie winzige Signale, die von dem Pfad der Verantwortung wegführen. Wenn sie sich an diesem Punkt nicht einer Selbstprüfung unterziehen, wird das Schicksal seinen Lauf nehmen, und diese Affäre wird sich entwickeln. Solche Beziehungen entwickeln sich fast immer mit ungeahnter Geschwindigkeit weiter, es sei denn, man macht ihnen bewußt und entschlossen ein Ende. Schließlich wird das Liebesverhältnis, das mit einem langen Essen begonnen hatte, zu einer hell lodernden Flamme, die mit der Treue im Alltag nicht mehr vereinbar ist. Und dann erscheint dieser Einschnitt als plötzlicher und dramatischer Bruch.

Vielleicht *sieht es so aus,* als würde Bernd oder Friederike *ganz plötzlich* seine bzw. ihre Familie, Ehe oder Arbeitsstelle aufgeben ..., aber man kann mit Sicherheit davon ausgehen, daß sie diesen Bruch wochenlang erwogen und „geprobt" haben.

Nun kommen wir zu einer sehr wichtigen Frage. Was geschieht mit jemandem, der diesen aufregenden Stimmen folgt?

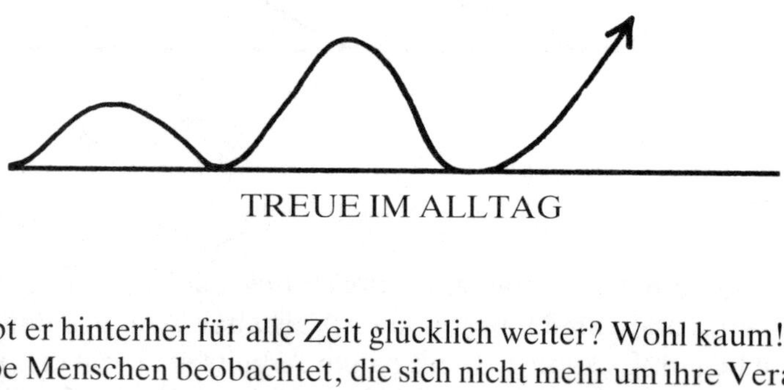

TREUE IM ALLTAG

Lebt er hinterher für alle Zeit glücklich weiter? Wohl kaum! Ich habe Menschen beobachtet, die sich nicht mehr um ihre Verantwortung im Alltag gekümmert haben, und es kommt immer unweigerlich zu einer bestimmten Erscheinung: Irgendwann gibt es für sie wieder einen neuen Alltag! Das Gras auf der anderen Seite des Zaunes ist zwar grüner, aber es will auch gemäht werden. Früher oder später hat es mit dem Vergnügen ein Ende, das den Seitensprung so attraktiv machte. Jeder muß wieder zurück zu seiner Arbeit. Und auch das wunderbare romantische Gefühl kann nicht für alle Zeit bestehen bleiben. Ja, man gewöhnt sich irgendwie mit der gleichen Selbstverständlichkeit an den neuen Partner wie früher an den Ehepartner. Die Fehler des anderen rücken nun deutlich ins Blickfeld, und es kommt zum ersten Streit. Danach ist die Faszination längst nicht mehr so groß wie früher. Und die sexuelle Beziehung verliert Schritt für Schritt ihren atemberaubenden Glanz, denn auch sie hat nichts Neues mehr. Es gibt Zeiten, da bedeutet sie ihnen nichts mehr. Am bezeichnendsten aber ist es, daß Mann und Frau sich in ihren Gedanken schließlich doch wieder alltäglichen Dingen, wie der Sicherung des Lebensunterhalts, dem Kochen, dem Putzen und dem Steuernzahlen zuwenden, wodurch wieder, wie vorher, ein immer stärkerer Mangel an Selbstbestätigung auftreten kann. Ja, nachdem die Gefühle sehr hoch waren, müssen sie nun auch wieder zur Erde zurückkehren.

Und was tut unser verliebtes Paar, wenn es zum zweiten Mal zu dem Schluß kommt, daß der Alltag zu einer unerträglichen Last geworden ist? Ich kenne Männer und Frauen, und so wird es Ihnen auch gehen, die sich bei der vergeblichen Suche nach dem beständigen Vergnügen, nach der dauernd neuen sexuellen Beziehung und anhaltenden Selbstbestätigung von einem „Alltag" in den nächsten gestürzt haben. Dabei lassen sie immer wieder einen Ehepartner zurück, der sich abgelehnt, verletzt und ungeliebt fühlt. Sie bekommen Kinder, die die Zuwendung eines Vaters oder einer Mutter brauchen ..., aber sie finden die ersehnte Liebe nie. Auf dem Weg ins Alter bleibt nur noch eine Reihe gescheiterter Beziehungen, zerstörter Hoffnungen und verbitterter Kinder. Es gibt ein biblisches Prinzip, das voraussagt, daß es unweigerlich zu einem solchen Ende kommen muß: „Danach, wenn die Begierde empfangen hat, gebiert sie die Sünde; die Sünde aber, wenn sie vollendet ist, gebiert den Tod" (Jakobus 1, 15).

Unsere humanistische Gesellschaft hat diese schmerzlichen Folgen der Scheidung erkannt und bietet Familien, die Schwierigkeiten haben, verschiedene „Lösungen" an. Einer dieser Vorschläge, der zu den abstrusesten Vorstellungen in der Geschichte der ehelichen Beziehung zu rechnen ist, besteht darin, daß wir die Untreue *in* den Alltag mit einbauen sollten. Dieses Konzept der nicht-exklusiven Ehe ist von Nina und George

O'Neill in ihrem Bestseller „Open Marriage" („Die offene Ehe") beschrieben worden. Sie schlugen darin vor, daß Mann und Frau sich gegenseitig die Freiheit einräumen sollten, mit irgendeinem anderen Partner zu schlafen, ohne dabei auch nur im geringsten nach dem Ehepartner zu fragen. Selbst das Ehepaar O'Neill räumt inzwischen ein, daß sich dieser Gedanke als nicht praktikabel erwiesen hat. Es scheint, daß die Autoren den Faktor der Eifersucht in der Beziehung übersehen haben. Wer hätte das gedacht?

Dick Hobson hat es in einem Beitrag im „Los Angeles Magazine" noch besser ausgedrückt:

„... Unsere Charakterstruktur ist tief in uns verwurzelt, und wir können sie nicht so einfach ändern. Wenn äußerlich – in den gesellschaftlichen Gepflogenheiten – eine Veränderung eintritt, so kann dies zu der gefährlichen Illusion führen, es sei wirklich etwas anders geworden. Heute heißt es nun, Sex sei gut, und je mehr, desto besser; aber warum verhalten wir uns nicht entsprechend? Weil wir noch von einem inneren Maßstab geleitet werden, der noch nie etwas von der sexuellen Revolution gehört hat (April 1977)."

Doch zurück zu den Entwürfen. Wenn wir die Untreue nicht in die Ehe einbauen können, wäre es vielleicht möglich, daß wir die Flucht aus dem Alltag etwas erleichtern. Zu diesem Zweck hat Dr. med. John F. Whitaker „einen persönlichen Ehevertrag" verfaßt, der genauso absurd ist wie das Konzept der offenen Ehe. Er wurde in einer Zeitschrift und an vielen anderen Stellen unter dem Titel „Zeitgemäße Richtlinien für junge Paare, die daran denken zu heiraten" veröffentlicht. Whitaker legte einen Vertrag vor, der von den beteiligten Parteien in Anwesenheit von Zeugen und mit Angabe des Datums unterzeichnet werden sollte. Wenn es Ihnen gelingt, die Bedingungen dieses Vertrages zu lesen, ohne sie untragbar zu finden, dann sind Sie aus anderem Holz geschnitzt als ich. Ich möchte einige davon zitieren:

- *Ich weiß, daß nichts ewig ist, daß es keine absoluten Garantien gibt und daß das Jetzt das einzig wirklich Ewige ist.*
- *Ich kann dich nicht glücklich oder unglücklich machen, aber ich kann mich selbst glücklich machen. Mein Glück wird eine Einladung an dich sein, mit mir zusammen Glück, Freude und Liebe zu erleben.*
- *Ich werde mir meine eigenen Maßstäbe setzen, und ich werde mich letztendlich nur auf mich selbst verlassen.*

- *Ich werde mich von dem Mythos trennen, daß es nur „die/den eine/n" für mich gibt, die/der mich glücklich machen wird.*
- *Wenn ich mich verpflichte zu tun, was ich tun möchte, dann bin ich frei … Es gibt keine Freiheit ohne Verantwortung.*
- *Da ich weiß, daß wir einander nicht alles sein können, werde ich es für wichtig halten und schätzen, wenn du dein eigenes Vergnügen und deine eigene Arbeit mit anderen Freunden und Mitarbeitern hast.*
- *Ich weiß, daß uns Schmerz wie auch Freude erwarten, und ich gehe das Risiko ein, daß wir nicht lange zusammen gewesen sein werden, bis wir uns trennen (NB: Der Autor sagt nicht „wenn wir uns trennen"). Ich weiß, daß ich mich letztendlich von jedem Menschen trennen muß, den ich liebe, es sei denn, er stirbt vor mir.*
- *Ich werde dich lieben, achten und ehren (aber ich werde mich dir nicht unterwerfen), bis einer von uns seine Meinung ändert und ein Jahr lang dabei bleibt oder bis zu dem Tag, da dieser Vertrag ausläuft.*
- *Erwarte nicht von mir, daß ich dich annehme wie du bist, wenn du deine geistige Anziehungskraft verlierst und deine geistige Entwicklung nicht genügend pflegst.*
- *Erwarte nicht von mir, daß ich dich annehme wie du bist, wenn du deine körperliche Anziehungskraft verlierst und nicht genug zur Gesunderhaltung und Pflege deines Körpers unternimmst.*
- *Ich werde mich an die erste Stelle setzen. Indem ich dafür sorge, daß ich erfüllt und befriedigt bin und nicht voller Sehnsüchte bleibe, werde ich die Fülle der Freude, der Liebe und der zärtlichen Fürsorge besitzen, um dich daran teilhaben zu lassen.*
- *Ich werde mein eigenes Geld und meinen eigenen Besitz haben, und es wird eine Freude sein, mit dir zusammen unser gemeinsames Geld und unseren gemeinsamen Besitz zu verwalten.*
- *Wenn wir ein Problem haben, werde ich mich zuerst mit meinen Gefühlen auseinandersetzen und dann, wenn ich die Angelegenheit rein sachlich sehen kann, werde ich alle Schwierigkeiten, die dich und mich betreffen, zusammen mit dir auf rationale Art und Weise lösen.*
- *Obwohl ich mir das Recht vorbehalte, eigene Bereiche in meinem Leben zu haben, die ich nicht mit dir teile, werde ich dir gegenüber nicht lügen, sei es durch Wort oder Tat oder indem ich dir irgendwelche Informationen vorenthalte, die unsere Beziehung betreffen.*
- *Ich werde anderen nicht signalisieren, daß ich eine sexuelle Beziehung zu ihnen aufnehmen möchte, wenn ich sehe, daß du dich bedroht fühlst. Ich werde mich darauf verlassen, daß du meine Sexualität und Anziehungskraft als Mann oder Frau zu würdigen weißt und mich bejahst und bestätigst.*[8]

In diesem Vertrag ist auch eine Stelle vorgesehen, an der festgelegt wird, wie lange er gelten soll. Dazu heißt es: „Zum Zeitpunkt des Erlöschens dieses Vertrages werden wir ihn erneut bestätigen oder einen anderen Vertrag aushandeln oder wir werden nicht mehr zusammenleben und uns in aller Freundschaft trennen, damit jeder seinen Weg alleine weitergehen kann."

Ist das nicht ein herrliches Fundament für eine Ehe? Der Autor schlägt vor, sich auf ein gemeinsames Leben einzulassen, nachdem man im voraus vereinbart hat, daß es nicht sehr lange dauern wird. Und man kann davon ausgehen, daß diese Ehe auch wirklich nicht lange halten wird. Dieses Konzept des leichten Ausstiegs aus der Ehe hat eine grundsätzliche Schwäche, die es von A bis Z durchzieht: Es unterschätzt die Kraft der Sexualität und der Ehe, uns „ein Fleisch" werden zu lassen, und die Tatsache, daß bei der Trennung dieses Fleisch auseinander- und in Stücke gerissen wird. Wie „*Die offene Ehe*", so wird es auch denen, die der gottlosen Philosophie folgen, die dahintersteht, nur Schmerz bereiten.

Worin liegt *wirklich* die Antwort auf die Schwierigkeiten, die jene Menschen haben, für die die Last des Alltags schier unerträglich ist? Welche Lösungen sind mit dem christlichen Glauben vereinbar? Der Ausweg, den ich im Laufe dieses Buches aufzuzeigen versuche, besteht darin, diese Stimmen von außen zu einem inneren *Bestandteil* des Alltags zu machen. Es ist doch so, daß die Stimmen, die uns sagen wollen, daß wir uns von diesem Alltag befreien müßten, um so lauter werden, je größer unsere Enttäuschung über unsere Lebenssituation ist. Sie werden langsam verstummen, wenn wir dafür sorgen, daß die Bedürfnisse, die dahinterstehen, im Rahmen der Ehe befriedigt werden. Erstens sollte jedes Ehepaar sich bestimmte Zeiten freihalten, die dem Vergnügen gewidmet sind. Mann und Frau sollten wenigstens an einem Abend in der Woche etwas gemeinsam unternehmen und die Kinder zu Hause lassen. Ebenso sollte sich die Familie in irgendeiner Form gemeinsam sportlich betätigen oder einer anderen erholsamen Beschäftigung nachgehen, das kann Wandern, Tennis, Schwimmen oder Skilaufen sein oder sonst irgend etwas.

Zweitens sollte jedes Ehepaar sich bemühen, das romantische Feuer seiner Beziehung lebendig zu erhalten, indem man sich gegenseitig kleine Liebesbriefe schreibt, dem anderen mit einer Überraschung eine Freude macht, sich einmal ein Abendessen zu zweit bei Kerzenschein leistet oder ganz ungeplant einmal an einem Wochenende zusammen verreist, aber das sind nur wenige von ungezählten Möglichkeiten.

Drittens *müssen* die Ehepartner einen Teil ihrer Zeit und Kraft für ein sinnvolles sexuelles Leben reservieren. Mit einem müden Körper gibt es auch nur ein „müdes“ sexuelles Erlebnis. Der körperliche Gesichtspunkt der Beziehung gewinnt dadurch, daß man sich etwas einfallen läßt, ja er verlangt sogar Kreativität.

Viertens sind die Ehen am glücklichsten, in denen sowohl der Mann als auch die Frau das Selbstwertgefühl des Partners stärkt. Wie tragisch ist es doch, wenn einer den anderen immer wieder heruntersetzt. Ich fühle mich bereits unwohl, wenn ich mich in der Gesellschaft eines Mannes und einer Frau befinde, die sich gegenseitig mit Worten Schläge versetzen, indem sie den Partner beleidigen oder unmöglich machen. Das Bedürfnis nach Selbstbestätigung *kann* innerhalb der Ehe befriedigt werden, und nichts trägt mehr zu einem größeren Zusammengehörigkeitsgefühl und zur Stabilität der Beziehung bei, als wenn man dem anderen zeigt, daß man ihn in seiner Person hochschätzt.

Aber wer wird die nötige Kraft einsetzen, um diese positiven Dinge in die Ehe hineinzubringen? Wieder habe ich die Beobachtung gemacht, daß die meisten Frauen nur darauf warten, daß ihr Mann hier die Initiative ergreift. Sie sind mehr als bereit, ihm darin zu folgen, aber er muß es auch wollen. Es gehören immer zwei dazu.

Teil IV

Ein Mann und seine Arbeit

10

Ein Mann und seine Arbeit

Nachdem wir das Leben im Alltag allgemein erörtert haben, ist es nun angebracht, die besondere Verantwortung, die ein Mann in seiner Arbeit trägt, einmal etwas näher zu untersuchen. Dieser Bereich ist für das Hauptanliegen dieses Buches von großer Bedeutung, da es uns doch in erster Linie um die Prioritäten im Leben eines Mannes und um den Platz, den er seiner Familie einräumt, geht. In unserer Gesellschaft ist es fast unvermeidlich, daß ein heftiger Konflikt zwischen den Aufgaben des Mannes in seinem Beruf und denen in seiner Familie entsteht. Um ein ausgeglichenes Verhältnis zwischen diesen zwei Verantwortungsbereichen aufrechtzuerhalten, ist ein ständiger Balanceakt nötig, und offen gesagt ist dieses Gleichgewicht in beunruhigender Weise zugunsten ihrer beruflichen Tätigkeit verschoben.
Ich habe bereits zugegeben, daß ich auch darum ringen mußte, im Abwägen zwischen den Anforderungen meines Berufes und des Familienlebens die richtige Perspektive zu gewinnen. Immer wenn ich meine, den „Drachen" der übertriebenen beruflichen Tätigkeit besiegt zu haben, sage ich ein paarmal „Ja", obwohl ich eigentlich „Nein, danke" hätte antworten müssen, und schon regt sich das Ungeheuer erneut, um mich übel zuzurichten. Ich kenne keinen Fehler, den man leichter macht und auch keinen, der vergleichbar vernichtende Folgen für die Familie hat.
Im 5. Kapitel habe ich eine besonders hektische Zeit in meinem Leben im Jahre 1969 beschrieben und gezeigt, wie mein Vater mir geholfen hat, meine Prioritäten neu zu setzen. Dennoch erlebte ich im Herbst 1977 die schlimmste Zeit der Überarbeitung, die es je in meinem Leben gegeben hat. Ich stand sechs Wochen lang unter einem unglaublichen Druck, und ich hatte Verpflichtungen auf mich genommen, die man eigentlich über ein halbes Jahr verteilen sollte. Ich weiß heute noch nicht, welcher Anflug von Wahnsinn mich veranlaßt hatte, solch eine Dummheit zu begehen. Ich wurde durch nichts dazu gezwungen. Es stand kein

finanzieller Zwang dahinter. Ich kann mich einfach nicht erinnern, daß ich *irgend etwas* zu meiner Entschuldigung vorzubringen hätte. Ich hatte es ganz einfach ein paar Wochen lang mit der Wachsamkeit nicht so ernst genommen, und schon war es soweit, daß ich hastete und hetzte, als gelte es das Leben.

Ich hatte für fünf von sechs aufeinanderfolgenden Wochenenden die verschiedenartigsten Vortragstermine in allen möglichen Städten Amerikas angenommen. Das allein war schon lächerlich, denn es bedeutete, daß ich über einen Monat lang meine Kinder an keinem Samstag sah. Zugleich aber rückte der Zeitpunkt näher, zu dem ich die Abgabe des Manuskriptes eines neuen Buches zugesagt hatte. Darüber hinaus mußten drei neue Kassetten und pro Woche eine Radiosendung produziert werden; ansonsten war da nur noch eine lächerliche Steuererklärung (ich Glücklicher!). Um alles recht kompakt zu machen, fiel in diese Zeit die bereits erwähnte Reise nach San Antonio und der Tod meines Vaters. Die Erschöpfung wurde von Woche zu Woche schlimmer, und ich raste von einem Flugzeug zum nächsten und schrieb noch eine Rede und noch eine, und zwischendurch suchte ich alle möglichen Quittungen für das Finanzamt zusammen.

Der Höhepunkt war erreicht, als ich Anfang Oktober nach Cincinnati flog, um an einem großen Gebetstreffen teilzunehmen. Ich hatte durch die Zeitverschiebung eine Nacht Schlaf verloren, und im Anschluß daran stand ich zwei Tage lang immer wieder vor einer Zuhörerschaft von 200 bis 1000 Menschen. Es war eine äußerst anregende Zeit von Vortrag, Austausch und Seelsorge, aber es kostete mich das letzte Quentchen Energie, das ich noch aus mir herauspressen konnte. Dem Zusammenbruch nahe, schleppte ich mich gerade noch zum Flughafen. Als die Maschine in Richtung Westen abhob, ging mir nur noch ein einziger Gedanke durch den Kopf: *„Es ist vorbei!“*

Sechs Wochen lang hatte ich keine Minute Zeit für mich gehabt. Nun wünschte ich mir nichts sehnlicher, als mindestens sieben Tage lang ganz allein zu sein. Vor allem aber wollte ich mir am nächsten Tag im Fernsehen ein Fußballspiel mit meiner Lieblingsmannschaft ansehen. Das ist für mich die beste Therapie (vorausgesetzt, „meine“ Mannschaft gewinnt!).

Wenden wir den Blick aber einmal von jenem Flugzeug ab, das damals in Richtung Westen flog, und richten wir unsere Gedanken darauf, wie es bei mir zu Hause in Arcadia im Bundesstaat Kalifornien aussah. Dort war auch Shirley, meine Frau, am Ende ihrer Kraft. Sechs endlos erscheinende Wochen lang hatte sie ohne männliche Unterstützung zu Hause die Stellung gehalten. Sie mußte dafür sorgen, daß zwei lebhafte Kinder eine Autorität hatten, die ihnen Sicherheit gab und an der sie sich reiben konnten, daß sie in ihrer Entwicklung gefördert wurden, sie zu essen bekamen, sie gebadet wurden und ihre Medizin einnahmen, wenn sie krank waren. Überflüssig zu sagen, daß *auch sie* dem Zusammenbruch nahe war. Shirley hatte ihren Mann seit dem ersten September kaum noch gesehen, und ihre emotionalen Bedürfnisse waren viel zu lange nicht erfüllt worden. Ein Gedanke gab ihr noch die Kraft weiterzumachen: „Wenigstens kommt Jim bald nach Hause, und dann wird er sich um alles kümmern!"

Man braucht kein Analytiker zu sein, um festzustellen, daß Shirley und ich vor diesem Wochenende auf Kollisionskurs waren! Es war nur noch eine Frage der Zeit, bis es zur Explosion kam, denn jeder von uns war einfach zu erschöpft, um noch sehen zu können, was der andere brauchte.

Ich sollte hier wohl innehalten und etwas zu der Beziehung sagen, die Shirley und ich als Ehepaar haben. Gott hat unsere Ehe in wunderbarer Weise gesegnet. Shirley ist wirklich mein bester Freund auf der ganzen Welt. Wenn ich einen Abend freihätte, den ich mit irgendeiner Person meiner Wahl verbringen könnte, dann würde ich meiner Frau niemanden auf der Welt vorziehen. Es ist erstaunlich, daß zwei Menschen neunzehn Jahre lang zusammen leben und doch Tag für Tag so vieles finden können, das sie einander mitzuteilen und zu erzählen haben. Unser Verständnis füreinander hat sich mit der Zeit auch so gut entwickelt, daß wir uns in diesem Abschnitt unseres Lebens nur noch selten streiten und Auseinandersetzungen führen müssen. Der „Machtkampf" früherer Jahre ist größtenteils vorbei. Trotzdem muß ich Ihnen an dieser Stelle sagen, daß Shirley und ich an jenem Wochenende, das dem Gebetstreffen folgte, Streit miteinander hatten.

Ich kam Freitag abend nach Hause, und Shirley empfing mich herzlich an der Tür. Wir tauschten einige Neuigkeiten aus und sprachen über die Kinder und das Übliche, bis uns der Schlaf übermannte. Am nächsten Morgen ging auch noch alles gut . . . zumindest bis nach dem Frühstück. Wir saßen im Garten und waren dabei, das Frühstück zu beenden, als uns unsere verschiedenen Erwartungen wie ein Schlag mitten ins Gesicht trafen.
„Ach, Jim", sagte Shirley, „du weißt doch, daß sich heute abend Alleinstehende aus unserer Gemeinde in unserem Haus treffen wollen, und du mußt mir helfen, damit alles noch fertig wird. Ich möchte, daß du als erstes einmal den Sonnenschirm saubermachst."
Ich schoß sogleich in die Höhe und mir dröhnten die Ohren. Wußte Shirley denn nicht, wie hart ich gearbeitet hatte? Was ist diese Frau nur für ein Sklaventreiber? Hat sie gar kein Verständnis dafür, wie dringend ich diesen Tag brauche? Es reicht mir! Ich werde mir dieses Fußballspiel ansehen, und wenn es Shirley nicht paßt, dann kann sie es ja bleiben lassen!
Ich weiß nicht mehr, welche Worte ich wählte, um ihr diese Gedanken mitzuteilen, aber es muß mir wohl gelungen sein, ihr klarzumachen, was ich meinte. Sie blieb einen Augenblick wie angewurzelt stehen; dann ging sie ins Haus und knallte die Tür zu. Ich blieb einige Minuten unter dem schmutzigen Sonnenschirm sitzen und war von Zorn erfüllt. Ich hatte noch nie in meinem Leben so eindeutig das Gefühl, im Recht zu sein. „Und schließlich weißt du ja auch, daß ich nicht aus Stahl und Eisen bin. Ich brauche auch einmal Ruhe, und ich werde sie mir nehmen!"
Das tat ich auch. Ich sah mir das Fußballspiel in meinem Arbeitszimmer an, aber um mich herum herrschte eine unglaubliche Spannung. Funkstille zwischen Mann und Frau. Seit unserem kurzen Schlagabtausch im Garten war kein einziges Wort mehr gefallen. Dann verwandelte sich unsere Wut in Verletztsein, was sich noch zerstörerischer auf die Kommunikation auswirkte.
Die Gemeindemitglieder kamen dann am Abend, und in der Sitzecke wurden Erfrischungen serviert. Kein Mensch schien den schmutzigen Sonnenschirm zu beachten. Sie gingen schließlich und ließen mich mit einem stummen weiblichen Wesen zu-

rück, das immer noch so tat, als sei ich an allem schuld gewesen. Ist das nicht wieder einmal typisch Frau!?

Nun nahte jene unangenehme Zeit des Tages heran, in der es Schlafengehen heißt. Ich stieg vorsichtig an meiner Seite in das überbreite Bett hinein und legte mich so nahe an die Bettkante, wie es gerade noch möglich ist, wenn man nicht sofort wieder hinausfallen will. Shirley machte es ebenso und hielt sich eisern an ihren „Rand".

Es fiel kein Wort. Von beiden Parteien war jedoch ein häufiges Seufzen zu hören, das von wiederholtem „Hin-und-her-Wälzen" begleitet wurde. Shirley stand schließlich auf, um zwei Aspirin zu nehmen und ging wieder ins Bett. Eine Viertelstunde später machte ich das Licht an, um mir einige Nasentropfen in die Nase zu träufeln. Es folgte eine der schlimmsten Nächte meines Lebens, in denen ich keinen Schlaf finden konnte.

Am nächsten Morgen war Sonntag, wodurch sich weitere ungemütliche Situationen boten. Wir zogen uns an und gingen, immer noch tief verletzt und voller Ablehnung, in unsere Gemeinde zum Gottesdienst. Und, Sie werden es kaum erraten, der Pfarrer hatte sich für diesen Morgen das Thema „Harmonie in der Ehe und der Plan Gottes für Mann und Frau" vorgenommen. Shirley und ich nickten und lächelten zustimmend, aber es war, als hätten wir uns dabei unter dem Tisch gegenseitig Fußtritte versetzt. Das ließ in mir den Verdacht aufkommen, daß auch andere Ehepaare einen äußeren Schein erweckten, hinter dem sich ihre wahren Gefühle verbargen. (Als ich unsere Geschichte später einmal in diesem Kreis erzählte, fand ich meinen Verdacht bestätigt.)

Ich wünschte, ich könnte sagen, daß das Problem am Sonntag nachmittag gelöst worden wäre, aber das war nicht der Fall. Auch am Montag oder Dienstag war die Sache noch immer nicht ausgestanden. Am Mittwoch morgen waren wir von diesem „Schweigekrieg" richtiggehend krank. Zu diesem Zeitpunkt waren wir beide etwas erholter, und die Angelegenheit schien etwas von ihrer explosiven Kraft verloren zu haben. Ich bat Shirley, mit mir zusammen in ein Restaurant zu gehen und dort gemeinsam zu frühstücken, und ich kündigte meine Absicht an, später zur Arbeit zu gehen.

Nun folgte eine wunderbare Zeit des Gesprächs und der Liebe. Ich begann zu sehen, daß Shirley ebenso unter Druck gestanden hat wie ich. Sie fing an zu verstehen, wie müde ich gewesen war. Wir sprachen lange miteinander, und wir fanden die alte Vertrautheit wieder, die das Leben lebenswert macht. Wir haben diese Krise nicht nur überstanden, sondern wir haben aus dieser Erfahrung auch einige wertvolle Lektionen gelernt und sind daran gereift.

Ich habe die Einzelheiten dieses Konfliktes nicht zu Ihrer Unterhaltung niedergeschrieben. Ich bin vielmehr davon überzeugt, daß die *meisten* Ehepaare schon aus dem gleichen Grunde Auseinandersetzungen hatten und daß die Dinge, die wir daraus gelernt haben, auch für andere hilfreich sein können. Es ergaben sich drei Punkte, die Ihnen nützlich sein können, wenn Sie in Ihrer Ehe in einer ähnlichen Situation stehen. Ich möchte sie kurz beschreiben.

1. Jede Kommunikationsstörung ist die Folge von unterschiedlichen Vorstellungen.

Nun ist klar, daß meine Auseinandersetzung mit Shirley allein auf die unterschiedlichen Vorstellungen zurückzuführen war, die jeder von uns von dem bevorstehenden Wochenende hatte, sowie auf unseren Fehler, diese Vorstellungen nicht miteinander abzuklären, bevor sie aufeinanderprallten. Ich war davon ausgegangen, daß ich meinen Verpflichtungen als Ehemann und Vater erst wieder nachzukommen brauchte, wenn ich Gelegenheit gehabt hätte, mich erst einmal auszuruhen und zu erholen. Das war an sich eine vernünftige Erwartung, aber sie sah eben anders aus als das, was Shirley sich vorgestellt hatte. Sie meinte, ihr Schicksal des einsamen Kämpfers zu Hause hätte mit meiner Rückkehr aus der Schlacht zu Ende sein müssen, und ich hätte ihr, als die Sonne am Samstag morgen aufging, die drückende Last von den Schultern genommen. Das war an sich eine vernünftige Erwartung, aber sie stimmte nicht mit meiner überein. Wir hätten den Konflikt vermeiden können, wenn wir nur fünf Minuten lang miteinander darüber gesprochen hätten, bevor die Sache mit dem Sonnenschirm geschah.

Ich hätte sagen sollen: „Shirley, ich weiß, daß die letzten Wochen hier zu Hause für dich anstrengend waren, und ich will dir helfen, alles wieder auf Vordermann zu bringen. Ich bitte dich aber, daß du noch ein paar Tage mit mir Geduld hast. Ich bin so müde, und ich kann mich nicht erinnern, jemals so erschöpft gewesen zu sein. Es fällt mir sogar schwer, noch irgendein vernünftiges Gespräch zu führen. Wenn du mich ein paar Tage Luft holen … ein paar Fußballspiele im Fernsehen anschauen und viel schlafen läßt, dann kann ich Anfang nächster Woche im Haus wieder mit zupacken."

Shirley hätte diese Bitte verstanden und sie angenommen. Ja, sie ist eine solche Frau. Ebenso hätte sie zu mir sagen können: „Jim, diese letzten sechs Wochen waren hier zu Hause furchtbar hektisch. Ich weiß, es ging nicht anders, aber du hast uns hier sehr gefehlt. Ich wäre froh, wenn du dich so bald wie möglich wieder um die Kinder kümmern könntest, und ich wäre auch gerne mit dir zusammen. Da ist übrigens noch *eine* Sache, bei der ich am Samstag morgen deine Hilfe brauchen könnte. Weißt du, der Sonnenschirm ist nämlich schmutzig und …"

Die kurze Erklärung hätte mir geholfen, die Situation zu verstehen, in der Shirley sich befand. In Wirklichkeit aber hatten wir es zugelassen, daß unsere Vorstellungen unausgesprochen blieben … Der Rest der Geschichte ist Ihnen ja bekannt.

In unglücklichen Ehen bestehen besonders viele unterschiedliche Vorstellungen bei den Partnern. Er geht davon aus, er habe seine Pflichten als Ehemann erfüllt, wenn er für den Unterhalt der Familie gesorgt hat. Sie setzt voraus, daß er auch auf ihr Bedürfnis nach Zärtlichkeit eingehen müßte und sich gelegentlich um die Kinder kümmern sollte. Er ist der Meinung, daß er das Recht hat, mit ihr Geschlechtsverkehr zu haben, wann und wo er möchte. Sie findet, daß sie zuerst einmal miteinander sprechen und einander zeigen müssen, daß sie sich lieben und achten. Aus diesen gegensätzlichen Perspektiven ergibt sich großer Konfliktstoff. Er vertritt die Auffassung, daß das Geld zunächst einmal ihm gehört, da er es verdient hat. Die Liste dieser häufig unterschiedlichen Vorstellungen ist praktisch endlos, und ihre verheerende Wirkung läßt sich vor jedem Scheidungsrichter beobachten.

Eine der Aufgaben in der Eheberatung, zumindest wie ich sie verstehe, liegt darin, solche verschiedenartigen Ansichten heraus- und aufzuarbeiten, um zu einem Kompromiß und zu einem harmonischen Miteinander zu kommen.

2. Die Feindseligkeit in vielen Ehen ist ein direkter Ausdruck tiefer Verletztheit bei Mann und Frau.

Um auf unseren Streit zurückzukommen: Keiner von uns hatte sich, wohlgemerkt, vorgenommen, den anderen zu verletzen. Unsere erste Wut aufeinander entsprang nicht einer Böswilligkeit oder Rachsucht, sondern aus dem Gefühl, ungerecht behandelt worden zu sein. Eine solche Situation liegt einem Ehekonflikt oft zugrunde. Wenn man innerlich verletzt wird, so entstehen daraus Wut und Ablehnung, die dazu führen, daß zwischen den Partnern böse Worte fallen.

Beobachten wir einmal heimlich ein jungverheiratetes Paar, das sich gerade heftig streitet.

Sie schreit ihn an und beleidigt ihn, und er wirft ihr die wüstesten Beschimpfungen an den Kopf. Da stehen sie sich in ihrer Wohnung mit hochrotem Kopf einander gegenüber, und jeder tut, was er kann, um das Selbstwertgefühl des anderen zu untergraben. Der Beobachter wäre überrascht, wenn er wüßte, daß ihr *eigentliches* Problem nicht darin liegt, daß sie aufeinander wütend sind. Beide fühlen sich durch das Verhalten des anderen *verletzt*. Die Vorwürfe, die sie sich machen, sind lediglich Reaktionen auf den Schmerz, den sie innerlich empfinden. Trotzdem sind ihre Worte dazu angetan, die ursprünglichen Wunden neu aufzureißen und so den Schmerz nur noch zu vergrößern. Es entwickelt sich ein Teufelskreis, der eine Beziehung bald zerstören kann.

Aber es wäre möglich, diesen Kreislauf zu durchbrechen, wenn *einer* der Kontrahenten den Mut aufbringen würde, über seinen Schmerz zu sprechen, anstatt seinem Partner das Leben noch schwerer zu machen.

„Frank, ich habe mir solche Mühe mit dem Essen gegeben ... Ich habe drei Stunden in der Küche gestanden, um etwas Besonderes für dich zu kochen. Und dann hast du es nicht einmal für nötig gehalten, mich kurz anzurufen und mir zu sagen, daß du später kommen würdest. Das hat mich einfach verletzt und mir das Gefühl gegeben, daß du mich nicht achtest."

Frank kann diese Mitteilung annehmen, ohne verletzend darauf reagieren zu müssen. Aber wenn Brigitte ihm sagt: „Du bist verantwortungslos, lieblos, herzlos und genau wie deine Mutter", dann ist bereits der Schlachtruf ertönt. Wenn man diese Dynamik des persönlichen Konflikts kennt, so kann dies dazu beitragen, die Feindseligkeit zu verringern, wenn es zu Unstimmigkeiten kommt.

3. Berufliche Überlastung ist der Feind Nummer eins jeder Ehe.

Diese dritte Lehre, die wir aus unserem Konflikt gezogen haben, bestärkt uns in einem Gedanken, den wir in diesem Buch immer wieder aufgegriffen haben. Erschöpfung und Zeitdruck wirken sich nicht nur zerstörerisch auf die Eltern-Kind-Beziehung aus, sie unterminieren auch die beste Ehe. Wie können ein Mann und eine Frau sich wirklich einander mitteilen, wenn sie zu müde sind, um auch nur miteinander zu sprechen? Wie können sie zusammen beten, wenn jeder Augenblick verplant ist? Wie können sie eine sexuelle Beziehung genießen, wenn sie am Ende jedes Tages völlig erschöpft sind? Wie können sie sich miteinander „verabreden" oder zusammen im Regen spazierengehen oder zu zweit am Feuer sitzen, wenn sie sich von einer endlosen Liste von Dingen tyrannisieren lassen, die noch zu erledigen sind?

Von diesem Standpunkt aus betrachtet, muß ich zugeben, daß in erster Linie *ich* die Schuld an dem Streit mit Shirley trug. Nicht, daß es falsch gewesen wäre, daß ich mich danach sehnte, mich erst einmal zu erholen, als ich nach Hause kam. Aber ich trug die Verantwortung dafür, daß ich mir in dieser Zeit viel zuviel vorgenommen hatte. Es wäre nie zu dieser Auseinandersetzung gekommen, wenn ich mir nicht selbst für sechs Wochen einen Termin nach dem anderen gesetzt hätte. Mein Mangel an Selbstdisziplin in meiner Arbeit war die Ursache dafür, daß Shirley und ich so überarbeitet waren, woraus sich eine Kettenreaktion von negativen Gefühlen entwickelte: Gereiztheit, Selbstmitleid, Ungeduld, Egoismus, Abkapselung. Nur wenige Ehen verkraften eine Langzeitbehandlung mit solch bitterer Medizin.

Ich habe bereits erwähnt, daß ich, einige Wochen danach, in unserer Gemeinde von unserem Streit berichtet hatte. Die Ausführungen, die ich bei dieser Gelegenheit machte, wurden auf eine Kassette aufgenommen. Als Reaktion darauf habe ich von denen, die sie gehört haben, eine Reihe interessanter Briefe erhalten. Einen davon möchte ich im folgenden mit der Erlaubnis des Autors wiedergeben.

Sehr geehrter Herr Dr. Dobson,
es ist ein Uhr morgens – ich habe gerade Ihre Kassette zu Ende gehört. Zusätzlich zu meiner beruflichen Tätigkeit als Leiter der Finanzabteilung und Manager in einem größeren Unternehmen habe ich noch unzählige Verpflichtungen im kirchlichen und kommunalpolitischen Bereich.
Ich habe mir Ihre Kassette nur einmal angehört. Ich bin völlig frustriert und fühle mich sehr schuldig. Ich bin der Prototyp jenes Mannes, den Sie so treffend beschrieben haben. Und ich weiß nicht, wie ich aus den Verstrickungen dieser Situation herauskommen soll. In meinem Fall trifft fast alles zu, was Sie aufzeigen: ein überfrachteter Terminkalender, wirtschaftliche Notwendigkeit usw.
Ich habe drei Kinder: in der zwölften, in der neunten und in der fünften Klasse im Gymnasium – und ich weiß, daß sie auf die Zeiten, die sie mit mir zusammen verbracht haben, später einmal nicht als auf die glücklichsten Tage ihrer Kindheit zurückblicken werden. Das schmerzt mich.
Ich weiß, daß irgend etwas geschehen muß. Ich weiß, daß der Herr es tun kann. Ich bin nicht sicher, daß ich fähig bin, mich zu ändern. Ich fürchte, es hat irgendwie einen therapeutischen Zweck, daß ich Ihnen zu so später Stunde einen Brief schreibe: um mich meiner Situation zu stellen, um einen ersten Schritt in die richtige Richtung zu machen und um Sie zu bitten, für mich zu beten.
Ich besitze zwei Ihrer Bücher, in die ich einen Blick hineingeworfen oder die ich kurz überflogen habe.
Herzlichen Dank für Ihre ganz praktische Art des Erfahrungsaustauschs. Im Augenblick denke ich daran, die Kassette meiner Frau zu geben, damit sie sie sich anhört, so daß sie uns als Grundlage für ein wirklich ehrliches und offenes Gespräch dienen kann. Es kommt mir nun auch in den Sinn, daß ich sie eventuell auch den Kindern geben könnte und daß es dadurch vielleicht möglich ist, eine neue Beziehung zu ihnen aufzubauen. Ich weiß es noch nicht.

Danke für Ihre Ehrlichkeit.
In Christus

Ich habe diesen Brief mit aufgenommen, weil er zeigt, was Männer bereits wissen: Es ist nicht leicht, das Leben in ruhigere Bahnen zu leiten. Es bestehen finanzielle Notwendigkeiten, die berücksichtigt werden wollen. Sie werden selten von Ihrem Arbeitgeber *gefragt,* ob Sie eine neue Aufgabe annehmen möchten. Ihr Geschäft würde bankrott machen, wenn Sie es nicht verantwortungsbewußt leiten würden. Ihre Patienten haben keinen anderen Arzt, an den sie sich wenden könnten. Einige Mitglieder Ihrer Gemeinde liegen im Krankenhaus und erwarten, daß Sie als ihr Pfarrer sie besuchen. Es scheint einfach keinen Punkt zu geben, an dem dieser Prozeß gestoppt werden könnte. Und dann dürfen wir auch nicht jenes allgegenwärtige männliche Bedürfnis vergessen, erfolgreich zu sein ..., vorwärts zu drängen ..., etwas Neues anzustreben ..., etwas zu erreichen.

Ganz abgesehen davon, tut das nicht jeder? Natürlich. Ich kenne keine Männer, die nicht beständig in einer atemberaubenden Hektik sind. Mein Arzt, mein Rechtsanwalt, mein Buchhalter, mein Mitarbeiter, mein Mechaniker, mein Pfarrer, mein Nachbar. Auf der Stirn eines jeden Mannes in unserem Land steht symbolischer Schweiß. Die Mehrzahl dieser Ehemänner und Väter wird zugeben, daß sie zu hart arbeiten. Wenn dieses Thema angesprochen wird, erhält man interessante Antworten. Sie haben sich selbst soweit überzeugt, daß sie ehrlicherweise glauben, ihre Überlastung sei ein *temporäres* Problem.

„Nun, es ist eben einmal *ein* hartes Jahr, weil ich die Abendschule besuche und gleichzeitig den Lebensunterhalt verdienen muß. Aber es wird nicht immer so hektisch bei uns bleiben. Ich rechne damit, daß ich im Juni in einem Jahr die Abschlußprüfung hinter mir haben werde. Dann wird auch der Druck nachlassen."

Oder „... Meine Frau und ich, wir haben dieses Geschäft neu gekauft, und wir werden ein Jahr brauchen, bis es läuft. Bis dahin, allerdings, müssen wir zehn oder zwölf Stunden pro Tag arbeiten. Das reißt natürlich ein großes Loch in unser Familienleben, aber es wird nicht lange so bleiben."

Oder „... Wir sind gerade in ein neues Haus eingezogen, und ich mußte das ganze Gelände in Ordnung bringen und hinten noch einen Raum anbauen. Jeder Samstag und fast jeder Abend wird in diese Arbeit investiert. Mein Sohn fragt mich ständig, wann wir endlich einmal zusammen Drachen steigen lassen und zum Angeln gehen und sonst noch alles mögliche, und ich wünschte, ich hätte Zeit dazu. Ich sage ihm immer wieder, daß er nur bis nächstes Jahr im Sommer zu warten braucht, dann werden wir eine Menge Zeit für solche Dinge haben."

Oder „... Meine Frau hat gerade vor zwei Wochen ein Kind zur Welt gebracht, und es schläft nachts noch nicht durch.

> Deshalb ist nun unser Rhythmus völlig durcheinander. Ich fürchte, es wird noch einige Schwierigkeiten geben, bis der Kleine so weit ist, daß er in den Kindergarten geht."

Die meisten Menschen können Ihnen mit offenem und ehrlichem Blick versichern, daß der Druck, unter dem sie gerade stehen, durch besondere, vorübergehende Umstände bedingt ist. In Zukunft wird der Streß abnehmen. Es kommen auch wieder ruhigere Tage. Am Ende des dunklen Tunnels leuchtet ein Licht. Leider ist dieser Optimismus gewöhnlich nicht gerechtfertigt. Ich habe die Beobachtung gemacht, daß die erhoffte Zeit der Ruhe nur selten kommt. Diese Art „vorübergehender" Phasen besonderer Belastung treten leicht mit nahtlosen Übergängen von einer zur anderen auf, so daß die Familie, die sich gerade von einer Krise erholt hat, sofort wieder in eine neue hineinschlittert. So verbringen wir unser ganzes Leben damit, weiterzuhasten und eilen mit voller Kraft dem Herzinfarkt entgegen. Wir haben uns vorgemacht, die Umstände hätten uns gezwungen, eine kurze Zeit lang über unsere Kräfte zu arbeiten, während wir in Wirklichkeit einem *inneren* Zwang erlegen sind. Es fehlt uns an der Disziplin, unsere Verpflichtungen draußen in der Welt auf ein gesundes Maß zu beschränken. Statt dessen lassen wir uns von unserer Arbeit beherrschen und sind von dem materialistischen Glanz verblendet, den wir uns so leisten können. Auf diesem Weg opfern wir auf dem Altar des Materialismus die liebende Beziehung zu unserer Frau und zu unseren Kindern und die Beziehung zu unseren Freunden – die menschliche Gemeinschaft, die dem Leben Sinn gibt.

Schlußfolgerung

Ich habe mich intensiv mit dem Streß in unserer Gesellschaft befaßt, und ich finde ihn, was mich anbelangt, *unannehmbar*. Dreiundvierzig Jahre lang (eigentlich wären es vierundvierzig, aber ich war ein Jahr krank), habe ich über mein Leben auf dieser Erde nachgedacht und mich gefragt, was am Ende noch bleiben wird. Es gab eine Zeit, da machten alle meine Freunde das Abitur. Danach, so erinnere ich mich, gingen so viele von ihnen auf die Universitäten. Und dann, ja dann erlebte ich eine Zeit, in der alle Welt zu heiraten schien. Ein paar Jahre später erreichte uns eine Flut von Geburtsanzeigen. Meine Generation kommt, wie Sie sehen, langsam aber sicher in die Jahre, wie die Generationen, die vor ihr gelebt haben. Nun wird, so will es mir scheinen, bald eine Zeit anbrechen, in der meine Freunde sterben werden.

Meine Tante, Naomi Dobson, schrieb mir 1978, kurz bevor sie starb: „Es scheint, daß jeden Tag wieder einer mehr aus meinem Freundeskreis stirbt oder von einer schrecklichen Krankheit heimgesucht wird." Sie stand offenbar in diesem letzten Lebensabschnitt ihrer Generation. Nun ist auch sie nicht mehr unter uns.

Was hat das mit meinem Leben heute zu tun? Inwiefern betrifft es Sie? Nun, ich möchte den Vorschlag machen, einmal innezuhalten und darüber nachzudenken, wie kurz das Leben eigentlich ist. So könnten wir vielleicht eine neue Motivation finden, um die Werte zu bewahren, die bleiben werden. Warum sollten wir unserem Leben durch Streß vorzeitig ein Ende bereiten und dabei jene kostbaren Augenblicke versäumen, in denen wir mit Menschen zusammen sind, die wir lieben und die sich nach unserer Zuwendung und Zuneigung sehnen? Das ist eine Frage, die jeder Mann und jede Frau bedenken sollte.

All denen, die entschlossen sind, das Tempo ihres Lebens zu drosseln, möchte ich ein Wort der Ermutigung sagen: Wenn es Ihnen erst einmal gelungen ist, sich von diesem ständigen Druck zu befreien, werden Sie sich fragen, warum Sie sich in all den Jahren immer selbst so getrieben haben. *Es geht auch anders!*

11

Ein Mann und sein Geld

Möchten Sie wissen, wie die Amerikaner über das Geld und die überflüssigen Dinge, die man damit kaufen kann, denken? Jeden Vormittag um 10.00 Uhr wird im Fernsehen eine Sendung gezeigt, in der die Kandidaten alles daransetzen, um Sach- oder Geldpreise zu gewinnen. Diese Personen reden dummes Zeug, um die Sympathie des Moderators zu gewinnen, und sind immer ganz Ohr, wenn er etwas sagt. Es fällt auf, daß ihre Augen weit aufgerissen sind und daß sie rote Ohren haben. Sie befinden sich in jenem unglücklichen Zustand, den man gemeinhin als *Gewinngier* bezeichnet. Die Menschen, die dieser „Krankheit" zum Opfer fallen, sind nicht mehr in der Lage, vernünftig zu denken. Ich sehe den Showmaster förmlich vor mir, wie er ausruft:

> „Ja, *Frau Molino! Sie* haben eine *neue Waschmaschine* gewonnen und dazu noch *Schokoladenriegel* für ein ganzes Jahr und diese *hinreißende neue Puppe,* die wirklich die Windeln naß macht, für Ihre Tochter. *Wir gratulieren* Ihnen, Betty, und herzlichen Dank, daß Sie in unserer Sendung „Glückslotterie" mitgemacht haben" (stürmischer Applaus).

Woher ich soviel über die Gewinngier weiß? Nun, ich habe sie bereits am eigenen Leibe erfahren. Vor langer Zeit, im Jahre 1967, war es meiner süßen Ehefrau gelungen, mich in eine Sendung zu „schleppen", zu der man in möglichst origineller Aufmachung erscheinen mußte. Shirley hatte in ihren Haaren und an ihrer Bluse kleine Spielzeugvögel angebracht, und ich trug ein Schild mit der Aufschrift: „Meine Frau liebt nun einmal komische Vögel". Sehr witzig, nicht? Den Ansprüchen des Spielleiters genügte es jedenfalls, und wir wurden als glückliche Mitspieler aus dem Publikum ausgewählt. Wir mußten in der ersten Reihe auf der Bühne, gleich vor den Kameras, Platz nehmen. Aber der Showmaster wandte sich erst den anderen Kandidaten zu.

Als ich da vorne saß, dachte ich: „Was in aller Welt mache ich nur hier mit diesem dummen Schild?“ Ich hätte der ganzen Angelegenheit nicht skeptischer gegenüberstehen können. Schließlich rief der Moderator auch unsere Namen auf, und wir harrten der Dinge, die da kommen sollten. „Dort, hinter Tor 1, steht ... ein neues Auto!“ (Den Zuschauern im Saal verschlägt es den Atem.)
Plötzlich verkrampfte sich etwas in meiner Magengrube. Es lief mir das Wasser im Munde zusammen, und das Herz klopfte mir bis zum Halse. Dort auf der Bühne stand das Auto meiner Träume – ein funkelnagelneuer Sportwagen. Sehnsucht stieg in mir hoch. Meine Atmung wurde unregelmäßig und flach; ein weiteres, unverkennbares Zeichen. Die Gewinngier hatte mich befallen.
Um meine Reaktion verstehen zu können, müssen Sie wissen, daß ich bereits stolzer Besitzer einiger der schlimmsten „Schrotthaufen“ in der Geschichte des Automobils gewesen war. Als ich studierte, fuhr ich ein altes Kabriolett, bei dem die Sitze, die Fenster, das Dach, einfach alles unter Strom stand, aber es fehlte der Strom für die Bedienung. Ich hatte die Fenster im Winter zu und im Sommer auf. In dieser Stellung blieben sie dann jeweils, ganz gleich, wie sich die Außentemperaturen veränderten. Shirley, mit der ich damals befreundet war, muß mich wirklich sehr geliebt haben, da sie trotz dieses Autos zu mir hielt. Sie konnte es einfach *nicht ausstehen.* Im Vordersitz war eine kaputte Feder, die sie in die Haut piekte. Und dann sprang mein liebes Auto auch nicht immer sofort an. Shirley verbrachte mehr als einen Abend damit, dieses schrottreife Gefährt zu lenken und zu versuchen, es in Gang zu setzen, während ich es von hinten anschob. Das ging schon mächtig an die Ehre eines College-Studenten!
Kurz nach unserem Examen geschah etwas, das allem die Krone aufsetzte. Wir hatten ein wichtiges Vorstellungsgespräch vor uns. So fuhren wir also gut gekleidet, mit 90 km/h, im alten Kabriolett die Straße entlang, als plötzlich das Verdeck davonflog. Schnüre und Staub wehten uns ins Gesicht, als das Segeltuch hinter dem Auto durch die Luft schwebte. Über unseren Köpfen ragte das Gerippe des Daches, der Überrest viel zu kleiner Überrollbügel, empor. Shirley war auf *mich* wütend, weil so et-

was passieren konnte! Sie kauerte unten vor dem Vordersitz und machte mir Vorwürfe, daß ich ein Auto in einem derart unmöglichen Zustand fuhr. Nur wie durch ein Wunder überlebte unsere Beziehung diesen Nachmittag, an dem die Emotionen hohe Wellen schlugen.

Wenn auch das alte Kabriolett längst vor unserem Auftritt in der Fernsehshow aus dem Verkehr gezogen worden war, so hatte ich doch noch nie ein neues Auto besessen. Jeder Dollar wurde in meine Ausbildung an der Universität investiert, damit ich dort meine Dissertation schreiben konnte, die ich gerade zwei Monate, bevor wir in der Sendung waren, abgeschlossen hatte. Daraus erklärt sich meine Reaktion auf das Traumauto hinter Tor 1.

„Um dieses Auto zu gewinnen", sagte der Showmaster, „brauchen Sie uns nur die Preise dieser vier Produkte zu nennen."

Shirley und ich hatten die ersten drei richtig geraten, aber bei Nummer vier hatten wir Schwierigkeiten. Es war ein Staubsauger, der, wie sich später herausstellte, 53,00 Dollar kostete. Wir mußten den Preis, soweit ich mich erinnere, bis auf 3,00 Dollar genau angeben. Wir berieten uns und gaben dann den heißen Tip auf 108,00 Dollar ab.

„Schade", sagte der Showmaster. „Das ging daneben. Aber hier, dieser Staubsauger ist für Sie (toll!), und Sie bekommen auch noch die 3,00 Dollar, die Sie durch das Erraten der Preise der anderen drei Produkte gewonnen haben. Vielen Dank fürs Mitspielen."

Auf dem Heimweg sprachen Shirley und ich darüber, wie unsere Gefühle in dieser Situation manipuliert worden waren. Wir hatten beide eine unglaubliche Habsucht empfunden, ein nicht gerade angenehmes Gefühl. Seither habe ich eine sehr wertvolle Lektion über die Lust und ihre Wirkung in einem geistlichen Zusammenhang gelernt. Ich konnte die Beobachtung machen, daß bei allem, wonach ein Mensch sich sehnt, der Satan kommen und es ihm anbieten wird, wenn er dafür auf geistlichem Gebiet einen Kompromiß macht. In meinem Fall war ein neues Auto die vollkommenste Versuchung, die meine Habsucht auslösen konnte. Sollten Sie eine sexuelle Beziehung außerhalb der Ehe suchen, so wird sich schließlich die Möglichkeit dazu bieten. Seien Sie nicht überrascht, wenn sich Ihnen ein williger Partner anbietet! Wenn Sie davon träumen, berühmt zu sein oder Macht zu haben, wird Ihnen die Erfüllung dieses Wunsches versprochen werden (selbst wenn dieses Versprechen nie eingelöst wird). Bedenken Sie, daß Jesus Brot angeboten wurde, nachdem er vierzig Tage in der Wüste gefastet hatte. Es wurde ihm Macht und Ruhm verheißen, nachdem er sich kontemplativ mit dem Weg des Kreuzes befaßt hatte, der vor ihm lag. Ich möchte damit sagen, daß der Satan die Dinge, die wir besonders gern hätten, dazu benutzt, um uns zu zerstören. Lassen Sie mich nochmals die Bibel zitieren: „Danach, wenn die Begierde empfangen hat, gebiert sie die Sünde; die Sünde aber, wenn sie vollendet ist, gebiert den Tod" (Jakobus 1, 15).

Das gleiche gilt, wenn Sie nach großem Reichtum hungern und dürsten. Der Satan hat sein Ziel schon halb erreicht: Diese materialistische Leidenschaft ist in unserer Gesellschaft zu einem alles beherrschenden Streben geworden. Kürzlich gab mir jemand eine Broschüre einer Bank in die Hand, die die Menschen einer besitzorientierten Kultur ansprechen sollte. Auf der Titelseite stand die Frage: „Was fehlt Ihnen noch zum Glück?" Im folgenden wurden dann die großen Quellen des Glücks aufgezählt: ein Boot, ein Auto, ein Herd, ein Fernsehapparat und ein Kühlschrank. Ich frage mich, ob die Geschäftsführung dieser Bank wirklich davon überzeugt ist, daß man das Glück in Form von Haushaltsgeräten oder einem Fahrzeug kaufen kann. Wenn ja, dann sollten sie einmal die Worte Jesu bedenken, der gesagt hat: „Seht zu und hütet euch vor aller Habgier; *denn niemand lebt davon, daß er viele Güter hat*" (Lukas 12, 15).

Von allem, was mein Vater mir mitgegeben hat, hat nichts einen dauerhafteren Eindruck in mir hinterlassen, als seine Einstellung zum Geld. Als Prediger konnte er nie mit einem festen Einkommen rechnen. Die jeweilige Gemeinde brachte zwar freiwillige Spenden für meinen Vater auf, aber oft reichten diese Gaben kaum aus, um die Reisekosten zu decken. Darüber hinaus blieb er gewöhnlich zehn Tage lang in den Gemeinden. Dabei stellte er oft fest, daß die Kinder des Pfarrers Schuhe oder Kleidung oder Medikamente benötigten. Am letzten Abend, an dem ihm die bescheidene Spende überreicht wurde, behielt er so viel, wie er für die Heimreise benötigte, für sich; das übrige bekam die Familie des Pfarrers.

Als mein Vater nach Hause kam, wurde er von meiner Mutter und mir begrüßt. Ich habe die Gespräche meiner Eltern noch im Ohr.
„War die Versammlung gut?“ fragte meine Mutter. „Der Herr war mit uns“, antwortete mein Vater.
„Wieviel hat man dir gegeben?“ fuhr sie fort. „Wir müssen noch darüber reden“, meinte mein Vater. „Ich weiß“, sagte Mutter dann, „du hast es verschenkt, nicht wahr?“ – „Ja, die Kinder des Pfarrers brauchten dringend etwas, und ich wollte ihnen helfen“, erklärte er.
Meine Mutter hat ein solche Entscheidung meines Vaters immer im nachhinein gutgeheißen. Sie sagte, wenn mein Vater es so für richtig hielt, dann sei es auch für sie in Ordnung. Gott hatte uns niemals im Stich gelassen und würde auch weiter für uns sorgen.
Einige Tage später, wenn die Rechnungen ins Haus flatterten, versammelte sich unsere kleine Familie auf den Knien, um zu Gott zu beten. Mein Vater begann: „Herr, du weißt, daß wir mit den Gaben, die du uns anvertraut hast, als treue Verwalter umgegangen sind. Wir haben versucht, die Not anderer zu lindern, als du sie uns ans Herz gelegt hast. Nun, Herr, ist meine eigene Familie in Not. Du hast gesagt: ‘Gebet, so wird euch gegeben’, und so bringen wir unseren leeren Mehltopf vor dich und bitten dich, daß du ihn füllst.“
Als Kind hörte ich bei diesen Gebeten aufmerksam zu, und es war immer spannend, wie Gott antworten würde. Ich sage Ihnen, ohne zu übertreiben, daß das Geld, das wir brauchten, immer in den nächsten Tagen kam. Gott hat uns nicht reich gemacht, wie heute manche Pfarrer verkünden, aber er hat uns niemals hungrig gelassen. Einmal kam ein Tag nach unserem Gebet in der Familie mit der Post ein Umschlag mit 1200 Dollar. Mein kindlicher Glaube erfuhr durch diese Demonstration von Vertrauen und Opferbereitschaft meiner Eltern ein enormes Wachstum. Ich bedauere, daß meine eigenen Kinder nie erlebt haben, daß ihre Eltern so gezwungen waren, von Gott abhängig zu sein, wie ich es als Kind erlebt habe.
Ich finde es interessant, daß Jesus in der Bibel mehr über das Geld gesagt hat, als zu irgendeinem anderen Thema. Daran zeigt sich, wie wichtig die Beziehung unserer Familien dazu ist. Er hat deutlich gemacht, daß es eine direkte Verbindung zwi-

schen materiellem Reichtum und geistlicher Armut gibt, was wir heute in unserem Land auch immer wieder beobachten können. Deshalb bin ich der Meinung, daß übertriebener Materialismus sich auf unsere Söhne und Töchter in geistlicher Hinsicht sehr negativ auswirken kann. Wenn sie sehen, daß uns *Dinge* wichtiger sind als Menschen ..., wenn sie feststellen, daß wir versucht haben, uns ihre Liebe zu erkaufen, weil wir ihnen nicht genug Zuwendung entgegengebracht haben und unser Gewissen beruhigen möchten ..., wenn sie merken, wie leer unser christliches Zeugnis ist, weil wir zugleich Gott gegenüber geizig sind ..., dann verfallen sie nicht selten in Zynismus und Unglauben. Und was noch wichtiger ist: Wenn sie sehen, wie ihr Vater 15 Stunden am Tag arbeitet, um sich immer mehr von den Gütern dieser Welt leisten zu können, dann *wissen* sie, wo sein Schatz ist. Einmal sehen ist besser als zehnmal hören.

Väter, es ist Eure Aufgabe, Euren Kindern eine christliche Einstellung zu Besitz und Geld zu vermitteln. Das geschieht nicht durch Worte, sondern dadurch, wie man selbst mit seinen materiellen Gütern umgeht. Dr. Mark Lee sagte in seinem Buch „Creative Christian Marriage“ (Die kreative christliche Ehe): „Das Wertesystem einer Familie läßt sich daran ablesen, wie sie ihr Geld ausgibt.“ Er hat recht. Es läßt sich auch daran erkennen, wie sie ihr Geld *nicht* ausgibt, denn Geiz ist auch eine Form der Habsucht.

Ich möchte diese Diskussion mit Zitaten und Bibelversen abschließen, bei denen es um das Thema Geld geht. Vielleicht werden Sie sie als hilfreich für die Bestätigung Ihres eigenen Wertesystems empfinden.

1. „Denn was hülfe es dem Menschen, wenn er die ganze Welt gewönne und nähme an seiner Seele Schaden?“ (Markus 8, 36).
2. „Denn Geldgier ist eine Wurzel alles Übels“ (1. Timotheus 6, 10).
3. „Warum zählt ihr Geld für das, was kein Brot ist, und sauren Verdienst für das, was nicht satt macht? Hört doch auf mich, so werdet ihr Gutes essen und euch am Köstlichen laben“ (Jesaja 55, 2).

4. „Denn die da reich werden wollen, die fallen in Versuchung und Verstrickung und in viele törichte und schädliche Begierden, welche die Menschen versinken lassen in Verderben und Verdammnis" (1. Timotheus 6, 9).
5. „Das einzige, das du in den Himmel mitnehmen kannst, sind deine Kinder (und andere Menschen, denen du von Christus erzählt hast)." Anonym.
6. „Alles, was du besitzt, bedeutet eine um so größere Last für dich." Chinesisches Sprichwort.
7. „Die Größe des Reichtums eines Menschen zeigt sich in der Zahl der Dinge, auf die er verzichten kann." Ralph Waldo Emerson.
8. „Die beste Möglichkeit, hinterher glücklich zu sein, besteht darin, nicht zu vielem hinterherzusein." Anonym.
9. „Wünsche sind wie ein Fluß. Solange er sich im Flußbett des Willens Gottes bewegt – sei die Strömung stark oder schwach – ist alles in Ordnung. Wenn er aber über die Ufer tritt und sich andere Kanäle sucht, dann lauert hinter solcher Übertretung das Verderben." James Dobson sen.
10. „Das größte Geheimnis des Lebens besteht darin, es für etwas einzusetzen, das es überdauern wird." Anonym.
11. „Gott hat Anspruch auf einen Teil unseres Einkommens, nicht, weil es wichtig ist, daß er es bekommt, sondern weil es wichtig ist, daß wir es geben." James Dobson jun.
12. „So ist der Mensch. Oft scheint es ein Jammer, daß Noah und die ganze Gesellschaft mit ihm die Abfahrt der Arche nicht versäumt haben." Mark Twain.
13. „Ein Mensch bringt nichts in diese Welt, und er nimmt auch nichts von ihr mit. Wenn man bedenkt, was für eine Welt das ist, dann kann er froh sein, wenn er ohne Gewinn oder Verlust abschließt." Anonym.
14. Es heißt, daß das Menschenleben in sieben Abschnitte eingeteilt werden kann:
    Erster Abschnitt: Ein Mensch sieht die Welt.

Zweiter Abschnitt: Er will sie.
Dritter Abschnitt: Er arbeitet mit all seinen Kräften, um sie zu bekommen.
Vierter Abschnitt: Er beschließt, er wäre auch mit etwa der Hälfte zufrieden.
Fünfter Abschnitt: Er wäre auch mit weniger als der Hälfte zufrieden.
Sechster Abschnitt: Er ist froh, wenn er ein zwei Meter großes Stück davon hat.
Siebter Abschnitt: Er bekommt es.

15. „Ich persönlich bin bei dieser Inventur zu dem Schluß gelangt, daß die Anhäufung von Reichtümern – selbst im Erfolgsfall – nicht der Sinn meines Lebens sein kann. Wenn ich an das Ende meiner Tage komme – das kann heute, morgen oder auch in einigen Jahren sein –, muß ich auf etwas Sinnvolleres zurückblicken können als auf das Streben nach Häusern, Grundbesitz, Aktien und sonstigem Vermögen. Und Ruhm? Auch der ist vergänglich! Wenn ich nicht die Gewißheit habe, für meine Familie gesorgt, meine Zeit und Kraft im Dienst an meinen Mitmenschen eingesetzt und mich aufrichtig bemüht zu haben, dem Gott zu dienen, der mich geschaffen hat, werde ich mein irdisches Leben als vertan betrachten“.[9]

Teil V

Ein Mann
und sein Mannsein

12

Mann und Frau – und ihre geschlechtliche Identität

Wir haben uns bisher mit der Beziehung eines Mannes zu seinen Kindern, zu seiner Frau und zu seiner Arbeit befaßt. Wenden wir unsere Aufmerksamkeit nun dem Mann selbst und seinem Mannsein zu. Ich möchte, genauer gesagt, die sich wandelnde Beziehung der Geschlechter zueinander untersuchen.
Die Identität der Frau in der weiblichen Geschlechtsrolle ist zu einem Hauptansatzpunkt derjenigen geworden, die die Beziehung zwischen Mann und Frau grundlegend verändern wollen. Und tatsächlich ist die Frauenbewegung bemerkenswert erfolgreich gewesen, was die Veränderung der Art und Weise betrifft, wie Frauen sich in der Familie und in der Gesellschaft selbst „sehen". Im Laufe dieser Entwicklung ist jedes Element der traditionellen Vorstellung von Weiblichkeit in Mißkredit gebracht oder mit Verachtung belegt worden, besonders jene Verantwortungsbereiche, die mit hausfraulicher Tätigkeit und Mutterschaft in Verbindung gebracht werden. So ist in einem einzigen Jahrzehnt der Begriff *„Hausfrau"* zu einem mitleiderregenden Symbol von Ausbeutung und Unterdrückung und – man verzeihe mir die Beleidigung – Dummheit geworden.
Seit den Anfängen der Menschheit haben sich die Frauen in den meisten Kulturen mit der Aufgabe der Kindererziehung und der Sorge um das Haus und die Familie identifiziert. Diese Tätigkeit genoß hohes Ansehen, und niemand brauchte sich dafür zu entschuldigen, „nur Hausfrau" zu sein. Wie ist es nun aber soweit gekommen, daß die Hausfrauentätigkeit in der westlichen Welt nur noch so wenig gilt? Warum bekommen Frauen, die zu Hause bei ihren kleinen Kindern bleiben, so sehr die Verachtung jener Gesellschaft zu spüren, in der sie leben? Eine Teilantwort auf diese Frage ist wohl darin zu finden, daß wir von den Medien ständig mit Angriffen auf die tradierten jüdisch-christlichen Werte bombardiert werden. Das Radio, das Fernsehen, die

Presse und die Unterhaltungsindustrie haben das Denken unserer Gesellschaft völlig (und gezielt) verändert.
1975 haben Barbara Walters und Tom Snyder eine dreistündige Sondersendung des amerikanischen Fernsehens zum Thema Frau moderiert. Sie wurde zu einer bevorzugten Sendezeit ausgestrahlt und versetzte Amerika einen ganzen Abend lang in Spannung. (Welch eine unglaubliche Macht besitzt das Fernsehen doch, wenn es darum geht, die Gesellschaft zu verändern!) Ich habe die beiden Moderatoren bei dieser Sendung besonders aufmerksam beobachtet und die Sendung sogar aufgenommen, um mich später darauf beziehen zu können. Es war das erklärte Ziel der Redaktion, die damalige Situation der Frau anhand der vielfältigen Aktivitäten und Initiativen von Frauen zu untersuchen und zu bewerten. Aber was kam dabei heraus? Es war ein einziges Propagandastück für die Frauenbewegung. In den ganzen drei Stunden wurde kein einziges Mal über die Rolle einer Frau gesprochen, die ihrer Familie ein Zuhause schafft; sie klang höchstens einmal in vage abschätziger Begrifflichkeit als überkommene Aufgabe an. In Amerika leben und arbeiten vielleicht 35 Millionen Hausfrauen, und doch sind sie in einer Sendung, in der es um die Frau ging, nicht vertreten gewesen. Ich bin sicher, sie haben verstanden, was gemeint war. Das ist nur ein Beispiel, an dem sich zeigt, wie der negative Einfluß der Medien auf die traditionelle Weiblichkeit jene Vorurteile geweckt hat, deren Auswirkungen wir nun zu spüren bekommen.
Ist Ihnen auch schon aufgefallen, daß die Unterhaltungsindustrie eine völlig neue Art von Frau geschaffen hat, die über bemerkenswerte Eigenschaften verfügt? Wir sind ihr begegnet als der Superfrau, dem weiblichen Computerwesen, der „Spider Woman“ und in der Form zahlreicher anderer weiblicher Wesen mit starken Muskeln (und ebensolchem Sex-Appeal).
Die traditionelle Vorstellung von Weiblichkeit wird sorgfältig und entschlossen aus den Angeln gehoben und zwar nicht nur im Denken der Erwachsenen, sondern auch in der Welt der Kinder. Kürzlich erhielt ich einen Brief von einer Mutter, die wissen wollte, warum in der Stadtbücherei ihres Wohnortes Tausende von Büchern von den Regalen verschwunden waren. Als sie sich erkundigte, mußte sie schockiert feststellen, daß jeder Band, in dem Männer und Frauen in einem traditionellen Kontext darge-

stellt wurden, entfernt worden war. Wenn eine Mutter beim Essen kochen und ein Vater bei der Arbeit in der Fabrik gezeigt wurde, dann mußte das Buch aus dem Verkehr *gezogen werden*. Von der Kampagne, durch die unser Denken geändert werden soll, bleibt offensichtlich nichts ausgenommen.

Aber was ist das Ergebnis dieser noch nie dagewesenen Revolution der weiblichen Geschlechtsrolle? Nun, sie hat ein Jahrzehnt der Depression und der Selbstzweifel bei den Frauen heraufbeschworen. Gott hat uns als geschlechtliche Wesen geschaffen, und jede Verwirrung in dieser Hinsicht wirkt sich verheerend auf das Selbstverständnis aus. Die Frauen, die am stärksten davon betroffen sind, sind jene, die unweigerlich mit der traditionellen Rolle identifiziert werden, die sich als Hausfrauen auf dem „Abstellgleis" befinden. So haben sich die Frauen und Mütter gefragt: „Wer bin ich?", wurden unsicher und überlegten: „Wer *sollte* ich sein?" Es scheint, als hätten wir ein altes Wertesystem demontiert, bevor ein neues wirklich übernommen werden konnte, was weithin Verwirrung und Verunsicherung ausgelöst hat.

Nun kommt es zu einer neuen und überraschenden Erscheinung. Der Selbstzweifel hat auf die Vertreter des männlichen Geschlechts übergegriffen. Ich vermute, daß es so kommen mußte. Jede gesellschaftliche Veränderung, die in der einen Hälfte der Bevölkerung ein Chaos auslöst, muß früher oder später auch die andere beeinflussen. Das hat zur Folge, daß die Männer nun einen Tiefpunkt ihrer Unzufriedenheit erreicht haben.

In der Zeitschrift *Psychology Today* wurde ein Artikel von James Levine veröffentlicht, in dem er drei neue Bücher zum Thema des sich wandelnden Selbstverständnisses des Mannes besprach. Seine Einleitung zu dieser Besprechung läßt auf den Inhalt dieser Arbeiten schließen:

> „Nachdem in den letzten zehn Jahren zahllose Bücher zur Situation der Frau erschienen sind, werden wir nun von einer Flut von Untersuchungen über den Mann überschwemmt. *Ein Thema wird mit unübersehbarer Vehemenz und Deutlichkeit klar: Der Mann ist in einer Krise.* Durch die Frauenbewegung angeregt und durch eine traditionelle und internalisierte Definition von „Männlichkeit" eingeengt, weiß der Mann buchstäblich nicht mehr, wer er ist, was die Frau von ihm, oder gar, was er selbst von sich erwartet."[10]

Das stimmt. Der Mann ist tatsächlich im Hinblick auf die Identität seiner Geschlechtsrolle verunsichert. Wir wissen, daß man auf keinen Fall ein „Macho" sein darf, aber wir wissen nicht so recht, wie sich ein wirklicher Mann verhält. Sorgt er für den Lebensunterhalt und schützt er seine Familie? Ja, eigentlich nicht ganz. Sollte er in der Familie die Führung übernehmen und Autorität ausüben? Wenn er mit einer „emanzipierten" Frau verheiratet ist, nicht. Sollte er seiner Frau die Tür öffnen oder einer Dame im Zug seinen Sitzplatz anbieten oder aufstehen, wenn sie den Raum betritt? Wie soll er das wissen? Wird er in Zeiten des Krieges losziehen, um sein Land zu verteidigen, oder wird seine Frau auf fremdem Boden kämpfen? Sollte er Schmuck und Satinschuhe oder eine Handtasche tragen? Ja, gibt es überhaupt *irgend etwas,* wodurch er sich von seinem weiblichen Gegenüber unterscheidet? Wenn man die Medien hört, nein.

Wieder muß ich betonen, daß diese Verwirrung bezüglich der geschlechtlichen Identität nicht das Ergebnis einer vereinzelten gesellschaftlichen Entwicklung ist. Sie ist eine Folge des entschlossenen Versuchs, die traditionelle Rolle des Mannes in Mißkredit zu bringen, hinter dem jene stehen, die eine *Revolution* in der Familie anstreben. Man beachte, daß James Levine traditionelle Männlichkeit als „einengend" empfindet. Genau so nehmen die liberalen Medien und die humanistischen Behavioristen das biblische Verständnis von Männlichkeit wahr.

Männer und Frauen befinden sich zur Zeit also in einer sexuellen Verwirrung. Und was nun? Welche Auswirkungen hat diese Phase der Veränderung auf unsere Zukunft als Nation und als Volk? Vertreterinnen der Frauenbewegung geben zu, daß sie sich da nicht sicher sind. Nora Ephron, eine feministische Journalistin, stellte einmal die Frage: „Was wird nach der Emanzipation mit der Sexualität geschehen?" und beantwortete sie folgendermaßen: „Offen gesagt, ich weiß es auch nicht. Es ist uns allen noch ein großes Rätsel".[11]

Das ist wenig beruhigend. George Gilder kommentierte die Ausführungen von Frau Ephron mit den Worten: „Da die Sexualität in allen ihren Dimensionen bei weitem die wichtigste Triebkraft des menschlichen Lebens ist, wird das, was nach der Emanzipation mit der Sexualität geschieht, weitgehend bestimmen, was aus *allem anderen* wird. Aber Frau Ephron ist ehrlich, und sie hat recht. Die Frauenrechtlerinnen haben keine Vorstellung davon, wohin ihr Programm uns führen wird. Die Frauenbewegung fordert uns auf, uns einen Abhang hinunterzustürzen, offenbar mit dem frommen Wunsch, daß unsere Gesellschaft, dank der feministischen Heißluft, schon sicher durch die Luft schweben wird."[12]

Gilders Bemerkungen treffen die Sache im Kern. Wir sind geschlechtliche Wesen, und alles, was uns wertvoll ist, wird von diesem Aspekt unserer psychologischen Konstitution beeinflußt. Immer wenn diese grundlegende Eigenschaft verändert wird, ist die Stabilität der Gesellschaft gefährdet. Anscheinend hat Gott aus diesem Grunde dem sexuellen Verhalten und dem Ausdruck des Mann- und Frauseins solche besonderen Grenzen gesetzt. Das Abweichen von diesen Regeln ist eine Bedrohung für die gesamte Struktur der Gesellschaft. Ich darf Sie bitten, einmal sorgfältig die Erklärung zu prüfen, die im folgenden gegeben wird. Sie ist *höchst* bedeutsam.

Der Titel des oben zitierten Buches von George Gilder lautet *„Sexual Suicide"* (Sexueller Selbstmord), und ich halte es für das wichtigste Buch, das über die Beziehung zwischen den Geschlechtern geschrieben worden ist. Er zeigt darin auch die mißliche Lage alleinstehender Männer und Frauen in der westlichen Welt auf. Frauen, die keinen Partner finden (oder die Entscheidung getroffen haben, nicht zu heiraten), werden als „alte Jungfern" und als „Frauen, die keinen Mann abgekriegt haben" belächelt oder mit anderen abwertenden Begriffen belegt. Sie gelten, anders ausgedrückt, gesellschaftlich als Versager in einer Welt der Verheirateten. Gilder widerspricht dieser Einstellung.

Es ist, so sagt er, vielmehr der alleinstehende *Mann*, der sich von der Gesellschaft absondert. Ich möchte Gilder selbst zitieren:

„Männer begehen über 90 Prozent der schweren Gewaltverbrechen, 100 Prozent der Vergewaltigungen, 95 Prozent der Einbrüche. Sie stellen 94 Prozent der betrunkenen Autofahrer, 70 Prozent der Selbstmörder, 91 Prozent derer, die sich der Mißhandlung eines Ehepartners oder der Kinder schuldig machen. Genauer gesagt: Die Mehrzahl der Täter sind alleinstehende Männer. In den meisten Problembereichen unserer Gesellschaft machen alleinstehende Männer 80 bis 90 Prozent derer aus, die in zwielichtigen Verhältnissen leben. Jede Versicherungsstatistik wird Ihnen zeigen, daß alleinstehende Männer auch weniger verantwortungsvoll sind, wenn es darum geht,

Rechnungen zu zahlen oder wenn sie Auto fahren oder wo es sonst auf persönliches Verhalten ankommt. Neben der Zerstörung der Familie stellen sie unser größtes soziales Problem dar."

Gilder geht es darum zu zeigen, daß der alleinstehende Mann oft eine Bedrohung für die Gesellschaft darstellt. Seine aggressiven Neigungen sind weitgehend ungezügelt und potentiell zerstörerisch. Im Gegensatz dazu besitzt eine Frau natürlicherweise eine größere Motivation, langfristig stabile Verhältnisse anzustreben. Ihr Mutterinstinkt (den sie wirklich hat und der in allen Kulturen der Welt sichtbar wird) läßt sie ein Zuhause und ein festes Einkommen wünschen. Sie will *Sicherheit* für sich und ihre Kinder.

Plötzlich entdecken wir, wie wunderbar der Plan Gottes ist. Wenn ein Mann sich in eine Frau verliebt und sich entscheidet, sie zu umsorgen, sie zu beschützen und zu unterstützen, so wird er plötzlich zum Hauptpfeiler der gesellschaftlichen Ordnung. Anstatt seine Energie für seine eigenen Wünsche und Interessen einzusetzen, arbeitet er im Schweiße seines Angesichts, um seiner Familie ein Zuhause zu geben, Rücklagen für die Zukunft zu bilden und eine möglichst gute Stelle zu bekommen. Seiner Selbstsucht wird ein Riegel vorgeschoben. Seine sexuelle Leidenschaft wird in eine Bahn gelenkt. Er entwickelt einen gewissen Stolz – ja, männlichen Stolz –, denn seine Frau und seine Kinder brauchen ihn. Jeder profitiert von dieser Beziehung.

Wenn sich eine Gesellschaft aus Millionen von Familien zusammensetzt, die so aufgebaut sind, dann ist dieses Volk gefestigt und stark. Darin besteht der Beitrag der Ehe zu einer Kultur. Fehlt dieses Element jedoch, so kommt es unausweichlich zum Zusammenbruch. Wenn der Mann keinen Grund hat, sich mit ganzer Kraft für die Familie einzusetzen, dann muß man damit rechnen, daß es in einer Kultur immer mehr zu Drogenmißbrauch, Alkoholismus, Ehebruch, beruflichem Versagen und aggressivem Verhalten kommt. Und das ist der Anfang vom Ende.

Die Gesellschaft kann aber nicht nur dadurch zerstört werden, daß sich Männer nicht mit ihrer Geschlechtsrolle identifizieren. Auch Frauen können ihr Fortbestehen gefährden. Man bedenke die Folgen der sinkenden Geburtenrate in unserem Land. Natürlich ist es das Recht einer Frau, keine Kinder zu bekommen.

Es hat jedoch etwas Zweischneidiges, auf diesem „Recht“ zu bestehen, das, wenn es weltweit in Anspruch genommen würde, den Untergang der Menschheit besiegeln könnte. Welche gottähnliche Macht besitzt doch die Frau! Sie kann ihr Leben leben und sich dann, viele Menschen mit sich reißend, in den Abgrund der Vergessenheit stürzen. Keine Wasserstoffbombe kann uns durch Blutvergießen oder Verseuchung nachhaltiger zerstören. Aber das ist nicht nur ein böser Traum, hinter dem keine Wirklichkeit stünde. Seit Jahren wird in liberalen und linksorientierten Veröffentlichungen so gut wie nichts Positives über Kinder geschrieben. Sie werden als Last, als Belästigung und als Belastung im Hinblick auf die zunehmende Erschöpfung der weltweiten Rohstoffvorräte empfunden. Sie werden als Teil der „Bevölkerungsbombe“ betrachtet, die angeblich eine Geißel der Menschheit ist. Ich bin überzeugt, daß diese negative Einstellung für die stetig zunehmende Verbreitung von Kindesmißhandlungen auch eine Rolle spielt. Damit hängt auch die schmachvolle Praxis der Abtreibung in den letzten zehn Jahren zusammen. Zur Zeit werden in Amerika jährlich etwa eine Million Babys im Mutterleib getötet, in der Bundesrepublik Deutschland sind es um 300 000 und weltweit 55 Millionen; Kinder, die niemals ihren Platz in unserer Gesellschaft einnehmen werden. Es bleibt eine überalterte Bevölkerung zurück, und es gibt immer weniger Kinder, die einmal in unsere Fußstapfen treten können. Was wird geschehen, wenn die jetzige Generation der erwerbstätigen Bevölkerung das Rentenalter erreicht und zahlenmäßig immer noch stärker ist, als die der arbeitsfähigen Menschen? Wer wird die Sozialversicherung finanzieren, wenn die Erwachsenen von heute zu alt sein werden, um sich ihren Lebensunterhalt zu verdienen? Was wird mit einer Wirtschaft geschehen, die ständig zurückgehende Gewinne, statt Wachstum und steigende Produktivität zu verzeichnen hat? Ja, die emanzipierte Frau wird ihren Willen gehabt haben – ihr „Recht“ auf Abtreibung und Kinderlosigkeit. Sie wird den Beweis erbracht haben, daß niemand ihr Vorschriften hat machen können, was sie mit ihrem Körper zu tun hat. Aber zu was für einem Preis!

Ich habe dieses ganze Kapitel geschrieben, um eine einfache Aussage zu machen. Wir *dürfen* den biblischen Entwurf des Mann- und Frauseins in der gegenwärtigen entscheidenden

Phase unserer Geschichte nicht aufgeben. Nicht, daß jede Frau Mutter werden muß, keineswegs, oder Hausfrau. Aber *die* Frauen, die sich diesen Aufgaben widmen, sollten hochgeschätzt und geachtet und unterstützt werden. Es sollte eine klare Unterscheidung zwischen Männlichem und Weiblichem geben, die sich in der Kleidung, im Verhalten und in den Aufgaben ausdrückt. Wir müssen erkennen, daß Kinder etwas unendlich Kostbares sind. Sie sollten lernen, daß jedes Geschlecht gleich wertvoll ist, aber auch, daß Mann und Frau sehr verschieden voneinander sind. Mädchen sollten wissen, daß sie Mädchen sind, und Jungen sollten wissen, daß sie Jungen sind. Und für alle von uns beginnt die Selbstfindung mit einem Verständnis unserer geschlechtlichen Identität. Wir dürfen uns hier nicht von jenen umstürzlerischen Kräften beirren lassen, die um uns herum so mächtig sind.

13

Mann und Frau – und ihre biologische Verschiedenheit

Im letzten Kapitel ging es um die Bedeutung, die der Identifikation mit der männlichen und der weiblichen Geschlechtsrolle zukommt. Ich habe, mit anderen Worten, versucht zu erklären, warum Männer und Frauen sich verschieden *verhalten* sollten. Bevor ich jedoch dieses allgemeine Thema abschließe, möchte ich einige Belege dafür anführen, daß Männer und Frauen biologisch grundsätzlich verschieden sind. Von der Frauenbewegung ist bei ihren Angriffen auf die traditionellen Rollen der Geschlechter wiederholt versichert worden, Männer und Frauen seien gleich, bis auf die Fähigkeit, Kinder zu gebären. Nichts könnte weiter von der Wahrheit entfernt sein.
Beginnen wir mit der Untersuchung des menschlichen Gehirns, in dem Männliches und Weibliches verankert ist. Anhand ausführlicher Forschungsarbeiten ist gezeigt worden, daß die grundlegenden Unterschiede zwischen den Geschlechtern neurologischen Ursprungs sind, und nicht, wie gewöhnlich angenommen wird, rein kulturell bedingt. Das hat auch Dr. Richard Restak festgestellt:

„Gewiß wird jeder, der auf einem Spielplatz oder in der Schule mit Kindern Erfahrungen gemacht hat, bestätigen, daß Mädchen und Jungen auf ähnliche Situationen verschieden reagieren. Sie brauchen sich nur noch einmal daran zu erinnern, wie es beim letzten Kindergeburtstag zuging, zu dem Sie Fünfjährige eingeladen hatten. Normalerweise sind es nicht die Mädchen, die andere Kinder an den Haaren ziehen, Fausthiebe austeilen oder sich gegenseitig mit Pudding beschmieren. Unterschiede dieser Art werden gewöhnlich aufgrund kultureller Gegebenheiten erklärt. Von Jungen wird eben erwartet, daß sie aggressiver sind und rauhe Spiele spielen, während man bei Mädchen davon ausgeht, daß sie sanfter und passiver sind und sich weniger gut behaupten können. Nachdem Männer und Frauen, so lautet die Theorie, jahrelang solchen Erwartungen an sie ausgesetzt waren, entwikkeln sie schließlich ein ganz verschiedenes Repertoire an Verhaltensformen und intellektuellen Fähigkeiten. Da man annimmt, daß diese Faktoren miteinander korrelieren, glauben viele Leute, daß die meisten dieser Unterschiede verschwinden würden, wenn man Jungen und Mädchen völlig gleich erziehen und klischeehafte Vorstellungen von Geschlechtsrollen ausmer-

zen würde. Doch wie so oft, sieht es in Wirklichkeit nicht ganz so einfach aus.
Die neuere psychologische Forschung zeigt, daß die Unterschiede zwischen den Geschlechtern hinsichtlich der Hirnfunktion angeboren, biologisch festgelegt und den Einflüssen der Kultur gegenüber relativ beständig sind.“[13]

Dr. Restak stellt zahlreiche Studien vor, die diese Aussage belegen, und er zitiert dann im gleichen Kapitel Dr. David Wechsler, der den am weitesten verbreiteten Intelligenztest für Erwachsene entwickelt hat.

„... Unsere Ergebnisse bestätigen, was Dichter und Schriftsteller oft versichert haben und was der Laie seit langem weiß, daß nämlich Männer sich nicht nur anders verhalten, sondern daß sie auch anders ‘denken’ als Frauen.“

Sowohl Dr. Restak als auch Dr. Wechsler haben recht. Männer und Frauen unterscheiden sich anatomisch, sexuell, emotional, psychologisch und biochemisch. Wir sind buchstäblich in jeder Zelle unseres Körpers voneinander verschieden, denn jedes Geschlecht besitzt seinen eigenen Chromosomensatz. Es wird heute viel über sogenannte Operationen zur Geschlechtsumwandlung geschrieben, durch die ein Mann den Körperbau einer Frau bekommen kann und umgekehrt. Zugegeben, es ist möglich, die äußeren Geschlechtsorgane durch chirurgische Eingriffe zu verändern; mit Silikoneinlagen lassen sich Brüste formen, und man kann einen eckigen Körperbau mit Rundungen versehen. Dann können der betreffenden Person Hormone injiziert werden, die eine Feminisierung oder Virilisierung bewirken. Aber durch nichts läßt sich das seit der Empfängnis von Gott angelegte Geschlecht verändern. Diese Anlage ist in jeder Körperzelle festgeschrieben, und sie wird vom frühesten Augenblick des Lebens bis zum Tode „männlich“ oder „weiblich“ lauten. Die Bibel betont nachdrücklich: „... und schuf sie als Mann *und* Frau“ (1. Mose 1, 27, Hervorhebung vom Autor). Nicht ein Geschlecht, sondern *zwei!*
Darüber hinaus bin ich zutiefst davon überzeugt, daß jedes Geschlecht spezifische emotionale Eigenschaften besitzt, die genetisch festgelegt sind. Nur wenige Psychologen haben in den letzten Jahren den Mut gehabt, diese Ansicht zum Ausdruck zu bringen, denn die Frauenbewegung faßte solche Gedanken als Beleidigung auf. Aber wenn Frauen *anders* sind als Männer, so

heißt das noch lange nicht, daß sie *weniger wert* wären. Mann und Frau sind jeweils eine eigene Schöpfung Gottes, und sie haben beide ihre Stärken und ihre Schwächen, die sich gegenseitig ergänzen und ausgleichen. Es ist ein wunderbares Ganzes, das nicht zerstört werden darf.

Wie unterscheidet sich nun das Gefühlsleben der Frau von dem des Mannes? Untersuchen wir zunächst einmal, welche Bedeutung dem Menstruationszyklus zukommt. Das erinnert mich an eine Geschichte, die sich Ende der sechziger Jahre abspielte, als man langhaarige junge Männer und Frauen kaum voneinander unterscheiden konnte. Zwei solcher Hippies, ein Mann und eine Frau, waren in einen kleinen Verkehrsunfall verwickelt und wurden zur Behandlung ins nahegelegene Krankenhaus transportiert. Die Schwester, die die Aufnahmeformulare ausfüllte, konnte an der Kleidung und an der äußeren Erscheinung nicht erkennen, wer welches Geschlecht hatte. Nachdem sie einen Moment überlegt hatte, wie sie das Problem lösen könnte, fragte sie: „Und wer von Ihnen hat die Menstruation?“

Die Frage der Schwester war nicht allein für die Bestimmung des Geschlechts der Patienten bedeutungsvoll. Mit dem Menstruationszyklus hängt vieles zusammen, das sich auf die Grundstimmung der Frau im Laufe eines Monats auswirkt. Es heißt zu recht, daß die vier Wochen des Menstruationszyklus mit den vier Jahreszeiten verglichen werden können. Die erste Woche nach der Periode läßt sich als der Frühling des physiologischen Kalenders beschreiben. Jeden Tag werden neue Östrogene freigesetzt, und der Körper der Frau beginnt, sich von dem letzten Winter zu erholen.

Die zweite Woche ist der Sommer des Zyklus, da ist das Leben leicht. In dieser Phase hat die Frau mehr Selbstvertrauen als zu jeder anderen Zeit des Monats. Sie hat in diesem Abschnitt des Zyklus besonders viel Energie, ist besonders begeisterungsfähig, gut gelaunt und besitzt eine stabile Selbstachtung. Vieles von diesem Optimismus ist auf den Östrogenspiegel zurückzuführen, der in der Mitte des Zyklus, wenn der Eisprung erfolgt, seinen höchsten Wert erreicht hat. Es ist eine charakteristische Erscheinung, daß die Beziehung zwischen Mann und Frau in diesen Tagen des Sommers am harmonischsten und das sexuelle

Verlangen (und die Möglichkeit einer Schwangerschaft) am größten ist.
Aber leider kommt nach dem Sommer auch jedesmal ein Herbst. Der Östrogenspiegel sinkt beständig ab, denn der Körper der Frau bereitet sich auf eine andere Phase des Menstruationszyklus vor. Ein zweites Hormon, das Progesteron, wird ausgeschüttet, es verringert die Wirkung der Östrogene und löst die Symptome der prämenstruellen Spannung aus. Es ist eine düstere Zeit. Das Selbstwertgefühl nimmt Tag für Tag ab und löst eine depressive und pessimistische Stimmung aus. Ein Gefühl von Aufgeblähtheit und Schwerfälligkeit verursacht nicht nur Unwohlsein, sondern auch den Eindruck „Ich bin häßlich". Gereiztheit und Aggressivität nehmen im Verlauf dieser Woche erkennbar zu und erreichen direkt vor der Menstruation ihren Höhepunkt.
Dann kommt der Winter und die Zeit der Regelblutung. Es gibt bemerkenswerte Unterschiede hinsichtlich der Intensität, mit der diese Symptome bei verschiedenen Frauen auftreten, aber die meisten fühlen sich in irgendeiner Weise nicht wohl. Diejenigen, die besonders stark davon betroffen sind, müssen manchmal ein oder zwei Tage im Bett liegen, weil sie starke Krämpfe haben und sich allgemein elend fühlen. Langsam kehrt danach die neue, belebende Kraft des Frühlings zurück.
Wie kann jemand, der diese zyklischen Abläufe nicht kennt, noch der Behauptung zustimmen, es gäbe keine genetisch festgelegten Unterschiede zwischen Mann und Frau? Es gibt keinen solchen Zyklus beim Mann. Die Auswirkungen des Menstruationszyklus lassen sich nicht nur klinisch beobachten, sie können auch statistisch belegt werden.
Selbstmord, Mord und Kindermord von Frauen kommen in der Phase der prämenstruellen Spannung beträchtlich häufiger vor als in jedem anderen Abschnitt des Zyklus. Beachtenswert sind auch die Ergebnisse von Alec Coppen und Neil Kessel, die 465 Frauen beobachteten und feststellten, daß sie in der prämenstruellen Phase reizbarer und depressiver waren als in der Mitte des Zyklus. „Dies galt für neurotische, psychotische und normale Frauen gleichermaßen. Zu ähnlichen Ergebnissen kam auch Natalie Sharness, die entdeckte, daß in der prämenstruellen Phase das Gefühl von Hilflosigkeit, Angst, Feindseligkeit

und die Sehnsucht nach Liebe vorherrschen. Mit dem Beginn der Menstruation gehen diese Spannung und Reizbarkeit zurück, aber oft bleibt die Niedergeschlagenheit bestehen und wird erst überwunden, wenn der Östrogenspiegel wieder steigt."[14]

Ich bin nicht so sicher, daß diese Dinge Männern oder Frauen völlig neu sind. Beide Geschlechter wissen, daß das Verhalten und die Stimmungen von diesem monatlichen Zyklus beeinflußt werden. Ich erhalte immer wieder interessante Briefe von Männern, die fragen: „Wie kann ich mit der Gereiztheit meiner Frau in dieser Zeit umgehen?" Diese Frage erinnert mich an einen Bericht, den mir mein Freund Dr. David Hernandez gab, der Geburtshelfer und Gynäkologe ist. Es handelte sich bei dieser wahren Begebenheit um Männer in Lateinamerika, deren Frauen von einer Arzneimittelfirma Antibabypillen bekamen. Die „Federal Drug Administration" in den Vereinigten Staaten hatte einen Versuch mit Hormonpräparaten im eigenen Land untersagt. So wählte der betreffende Hersteller ein kleines Fischerdorf in Südamerika aus, das seine Zustimmung zu diesem Test gab. Alle Frauen im Dorf erhielten zum gleichen Zeitpunkt die Pille, und nach drei Wochen wurde sie ausgesetzt, damit es zur Menstruation kommen konnte. Das bedeutete natürlich, daß alle Frauen zur selben Zeit unter prämenstrueller Spannung standen. Die Männer verkrafteten das nicht. Sie machten sich jeden Monat auf in ihre Boote und blieben auf See, bis die Krise zu Hause überwunden war. Sie wußten, trotz gegenteiliger Aussagen militanter Frauenrechtlerinnen, daß Frauen anders sind als Männer ... vor allem etwa alle 28 Tage.

Aber auch in anderer Hinsicht unterscheiden sie sich vom Mann. Das Gefühlsleben der Frau wird auch noch von zwei anderen, ausschließlich weiblichen Funktionen beeinflußt: der Schwangerschaft und dem Stillen. Darüber hinaus verlaufen die Windungen des Hypothalamus, der einen Teil des Zwischenhirns bildet und als „Sitz der Gefühle" bezeichnet wird, offenbar bei Männern und Frauen völlig verschieden. Ein schwerer emotionaler Schock oder ein seelisches Trauma kann vom Hypothalamus verarbeitet werden, der mit Hilfe von Neuronen und Hormonen Informationen an die Hirnanhangdrüse weiterleitet. Die Hypophyse reagiert dann oft, indem sie die biochemischen Prozesse im Körper der Frau verändert, wodurch der normale Menstruationszyklus sechs Monate oder länger unterbrochen werden kann. Die physiologischen Vorgänge im Körper einer Frau sind ganz genau aufeinander abgestimmt und damit komplexer und störungsanfälliger als die im Körper des Mannes. Warum manche Frauen diese Tatsache beleidigend finden, ist mir immer noch ein Rätsel.

Wie wirken sich diese Unterschiede nun in äußerlich sichtbarem Verhalten aus? Es ist der medizinischen Forschung noch nicht gelungen, alle geschlechtsspezifischen Eigenschaften des Körpers bis in ihre Einzelheiten zu klären. Manche dieser Dinge sind äußerst subtil. Als sich Forscher z.B. an Schulen und Universitäten umsahen, um das Verhalten der Geschlechter zu studieren, konnten sie beobachten, daß junge Männer und Frauen sogar ihre Bücher auf verschiedene Art und Weise trugen. Die jungen Männer klemmten sie meistens seitlich unter den Arm. Die Frauen und Mädchen dagegen hielten sie vor dem Körper gegen die Brust gedrückt, ganz ähnlich, wie sie ein Kind getragen hätten. Wer kann abschätzen, wieviele andere geschlechtsspezifische Einflüsse sich ebenfalls unbewußt auswirken?

Zugegeben, manche der beobachteten Unterschiede zwischen den Geschlechtern sind tatsächlich kulturell bedingt. Ich weiß jedoch nicht, wie man diejenigen, die ausschließlich genetisch bedingt sind, von denen unterscheiden will, die erlernte Reaktionen darstellen. Es scheint mir auch, offen gesagt, keine große Rolle zu spielen. Die Unterschiede bestehen, aus welchem Grunde auch immer, und die kulturelle Revolution, die wir gegenwärtig erleben, wird die wenigsten von ihnen grundlegend verändern. Auch wenn ich Gefahr laufe, als Protagonist sexueller Klischees oder schlimmeres verschrien zu werden, möchte ich einige der emotionalen Verhaltensweisen aufzeigen, die für Frauen im Gegensatz zu Männern charakteristisch sind.

1. Wie im vorhergehenden Kapitel erwähnt, bedingt die Fortpflanzungsfähigkeit der Frau eine höhere Wertschätzung von Stabilität, Sicherheit und dauerhaften zwischenmenschlichen Beziehungen. Mit anderen Worten: Frauen sind stärker *zukunftsorientiert,* weil dies für ihre Kinder wichtig ist.

2. Mit diesem ersten Punkt hängt auch das größere emotionale Engagement einer Frau zusammen, wenn es um die Ausgestaltung der Wohnung oder des Hauses geht. Meistens nimmt sie einzelne Dinge in der Wohnung, in den familiären Beziehungen usw. wichtiger als ihr Mann. Um ein persönliches Beispiel zu zitieren: Meine Frau und ich wollten im Garten hinter dem Haus einen neuen, mit Gas heizbaren Grill einbauen lassen. Als der Installateur seine Arbeit beendet und sich verabschiedet hatte, stellten Shirley und ich fest, daß er den Rost etwa 15 Zentimeter zu hoch angebracht hatte. Ich sah mir die Sache an und meinte: „Hmmm, ja, ja, das hat er falsch gemacht. Das ist ein bißchen zu hoch. Was gibt es heute eigentlich zum Abendessen?“ Shirley reagierte völlig anders. Sie sagte: „Er hat dieses Ding einfach viel zu hoch installiert, und ich will nicht, daß es so bleibt!“ Unsere gegensätzlichen Ansichten waren ein Beispiel für einen klassischen Gegensatz bei gefühlsmäßigen Reaktionen, wenn es um die Wohnung und das Haus geht.
3. Wer daran zweifelt, daß Männer und Frauen sich in ihrer Einzigartigkeit voneinander unterscheiden, der sollte einmal beobachten, wie sie an ein Tischtennisspiel herangehen, „Mensch-ärgere-dich-Nicht“ oder Volleyball oder Tennis spielen. Frauen sehen in solchen Beschäftigungen meistens eine Möglichkeit, Gemeinschaft zu pflegen und sich angenehm zu unterhalten. Für Männer heißt es in erster Linie *siegen!* Auch wenn sich alles in einem freundlichen sozialen Rahmen im Garten des Gastgebers abspielt, so sind doch die Schweißperlen auf der Stirn jedes beteiligten Mannes ein beredtes Zeichen dafür, mit welcher Leidenschaft er darum kämpft zu gewinnen. Dieser aggressive Wettbewerb wird oft kulturellen Einflüssen zugeschrieben. Ich glaube nicht, daß man das kann. Es ist wohl, wie Richard Restak gesagt hat: „Normalerweise sind es nicht die Mädchen, die andere Kinder an den Haaren ziehen, Fausthiebe austeilen oder sich gegenseitig mit Pudding beschmieren.“

4. Männer und Frauen unterscheiden sich offenbar auch in der Art und Weise, wie sie ihr Selbstwertgefühl aufbauen. Männer beziehen die notwendige Bestätigung ihres Wertes in erster Linie aus ihrem Beruf – aus der Achtung, die sie an ihrem Arbeitsplatz, in ihrem Geschäft oder in ihrem Handwerk genießen. Frauen jedoch, *besonders wenn sie Hausfrauen sind,* brauchen zur Stärkung ihres Selbstwertgefühls in erster Linie die romantische Beziehung zu ihrem Mann. Daraus erklärt sich, warum die emotionale Wärme einer Ehe Frauen oft wichtiger ist als Männern und warum Zeichen der Zuneigung von Ehefrauen so sehr geschätzt werden, für die solche Symbole der Liebe und Großzügigkeit eine Selbstbestätigung sind.
5. Die meisten Frauen besitzen einen gewissen Mutterinstinkt, auch wenn er bei manchen stärker ausgeprägt ist als bei anderen. Dieser Wunsch, Kinder zu haben, wird besonders bei den Frauen deutlich, die kein Kind empfangen oder austragen können. Ich erhalte viele Briefe von Frauen, die ihre tiefe Enttäuschung darüber zum Ausdruck bringen, daß sie nicht Mutter werden können. Auch wenn die Kultur eine große Rolle für das Zustandekommen solcher Wünsche spielt, so glaube ich doch, daß sie in der Anatomie und Physiologie der Frau angelegt sind.
6. Am deutlichsten treten die Unterschiede zwischen Mann und Frau wohl bei der Partnerwahl zutage. Er ist stärker visuell orientiert, und die romantische Komponente spielt eine weniger große Rolle. Sie fühlt sich nicht aufgrund eines Fotos zu einem Unbekannten oder zu einem gutaussehenden Fremden hingezogen, sondern zu einem *bestimmten* Mann, mit dem sie eine emotionale Beziehung aufgenommen hat. Diese unterschiedliche Ausrichtung ist lediglich die Spitze des Eisbergs, wenn es darum geht, die geschlechtliche Einzigartigkeit von Mann und Frau aufzuzeigen.

Die genannten Punkte sind nur im Sinne einiger Beispiele zu verstehen und nicht als eine wissenschaftliche Darstellung der Unterschiede zwischen den Geschlechtern. Der Leser ist eingeladen, die Liste um seine eigenen Beobachtungen zu erweitern und sich sein eigenes Urteil zu bilden.

Schlußfolgerung

Zusammenfassend möchte ich zu diesen Kapiteln, in denen es um männliche und weibliche Identität ging, im Hinblick auf die Führungsrolle des Mannes zwei *Ansichten* äußern. Sie lauten wie folgt:

1. Da das Selbstbewußtsein des Mannes so leicht untergraben werden kann, da er ein großes Bedürfnis nach Anerkennung hat und die Frau umgekehrt leicht verletzbar ist und das Bedürfnis hat, geliebt zu werden, halte ich es für einen Fehler, an der durch die Zeiten hinweg beständigen Beziehung zwischen Mann und Frau etwas zu verändern, in der der Mann der liebende Beschützer ist und die Frau seinen Schutz genießt.
2. „Viele Köche verderben den Brei, und viele Köpfe gehen schwer unter einen Hut", deshalb meine ich, daß eine Familie eine Führung braucht, deren Entscheidungen in Zeiten, in denen man verschiedener Meinung ist, anerkannt werden. Soweit ich die Bibel verstehe, ist diese Aufgabe dem Mann übertragen worden. Er darf die Menschen, die ihm anvertraut sind, nicht zum Zorn reizen, indem er ihre Gefühle und Bedürfnisse übergeht. Er sollte sogar für seine Familie seine Bedürfnisse hintanstellen; wenn nötig, sogar sein Leben für sie hingeben. Nirgends in der Heiligen Schrift wird ihm das Recht zugebilligt, sich wie ein Diktator oder Sklavenhalter aufzuführen.

In einzelnen Familien haben sich in der Zusammenarbeit zwischen Mann und Frau auch andere Formen der Aufgabenteilung bewährt. Ich stelle jedoch immer wieder fest, daß es in einer Ehe viele Schwierigkeiten gibt, wenn der Mann passiv, schwach und ohne Autorität war. Keine der modernen Alternativen hat etwas Besseres zuwege gebracht als die traditionelle Rolle des Mannes, die in der Bibel beschrieben ist. Diese ist schließlich von dem Schöpfer des Menschengeschlechtes eingegeben.

Wenn das die Kennzeichen eines „Machos“, eines Sexisten, eines Chauvinisten und eines Klischeeverteidigers sind, dann bekenne ich mich schuldig im Sinne der Anklage.

Teil VI

Ein Mann und seine Gefühle

14

Ein Mann und seine mittleren Jahre

Der verstorbene Bischof Fulton Sheen berichtete, daß er eines Morgens in ein etwas heruntergekommenes Restaurant gegangen sei, um dort zu frühstücken. Die Bedienung, die noch halb zu schlafen schien, fragte ihn, was er wünsche.

„Bitte bringen Sie mir ein Bauernfrühstück und sagen Sie mir eine paar freundliche Worte für den Tag", antwortete er. Eine Viertelstunde später kam sie zurück und stellte das Essen vor ihn hin.„Bitte sehr", sagte sie. „Und die freundlichen Worte?" fragte er. Die Bedienung musterte ihn einen Augenblick und meinte dann: „Ich würde Ihnen raten, es nicht hinunterzuschlingen!"

Manchmal scheint es unmöglich zu sein, von irgend jemandem ein freundliches Wort gesagt zu bekommen. Die ersten Ereignisse des noch jungen Tages zeigen bereits, daß Unangenehmes im Anzug ist. Und es gibt keine Möglichkeit, es aufzuhalten. Jeder hat schon einmal Tage erlebt, an denen Ärger und Enttäuschung einfach nicht abreißen wollten. Manche Menschen jedoch erleben einen solchen Tag nach dem andern, und bei ihnen halten solche Zeiten monatelang an. In diesem Kapitel möchte ich mich nun schwerpunktmäßig mit einem Lebensabschnitt des Mannes befassen, in dem die schlechten Tage gemeinhin die guten überwiegen. Es ist eine schwierige Zeit, die häufig mit dem Begriff „Midlife-Krise" umschrieben wird. In dieser Zeit des Übergangs kann ein Mann *jeden* Morgen das Gefühl haben, mit dem Gesicht nach unten im Rinnstein zu liegen.

Um zu erklären, was die Midlife-Krise bedeutet, wollen wir uns zunächst einmal ein Kind direkt nach der Geburt betrachten. Obwohl es erst auf die Welt gekommen ist, läßt sich bereits einiges darüber sagen, wie sein Leben vermutlich in den nächsten zwanzig Jahren verlaufen wird. Wir können mit großer Wahrscheinlichkeit davon ausgehen, daß dieses Kind die gleichen Zeiten der Belastung und des Konflikts wird durchmachen müs-

sen, wie andere Jungen und Mädchen auch. Es wird das dramatische Trotzalter erreichen und danach in die ruhigere Zeit des Grundschulalters kommen, bevor das schwierige Alter der Pubertät beginnt. Es ist anzunehmen, daß der Anfang der Pubertät recht stürmisch verlaufen wird und daß dann die mit Angst besetzte Erfahrung des Verlassens des Elternhauses gemacht wird. Dieser gefahrvolle Weg von der Kindheit ins Erwachsenenalter ist, sozusagen Zentimeter für Zentimeter, ausführlich erforscht worden. Heute werden auf dem Gebiet der kindlichen Entwicklung von der Wissenschaft nur noch selten überraschende Entdeckungen gemacht.
Wir haben jedoch erst in neuerer Zeit angefangen zu erkennen, daß es auch im *Erwachsenenalter* vorhersagbare Zeiten der inneren Ruhe und der inneren Konflikte gibt. Diese Entwicklungsprozesse im Leben des erwachsenen Menschen sind natürlich noch längst nicht so ausführlich untersucht, wie die im Leben des Kindes, aber sie lassen sich doch in einigen Umrissen bereits recht gut erkennen. Es steht inzwischen fest, daß es im Leben des erwachsenen Menschen Perioden der inneren Ausgeglichenheit gibt und andere, in denen dieses Gleichgewicht gestört ist. Und es hat sich auch gezeigt, daß es von Person zu Person bemerkenswerte Ähnlichkeiten hinsichtlich dieser allgemein menschlichen Erfahrung gibt. Der Apostel Paulus bezog sich darauf, als er schrieb: „Es hat euch noch keine denn menschliche Versuchung getroffen" (1. Kor. 10, 13).
In anderen Büchern sollte der gesamte Weg von der Kindheit bis ins Alter beschrieben werden, so z.B. in *„Die Jahreszeiten unseres Lebens"* von Paul Tournier. Wir werden uns hier nun auf jenen kurzen Abschnitt des Weges beschränken, der als die Mitte des Lebens bezeichnet wird und der für jeden Menschen, der sich in dieser Etappe befindet, besonders kritisch sein kann. Es ist zu erwarten, daß sowohl Männer als auch Frauen schwierige Zeiten durchmachen, wenn sie dieses unwegsame Gelände auf ihrem Lebensweg durchqueren. Die Frau erlebt diese Krise in der Periode innerer Unruhe zur Zeit der Menopause, wenn die Fortpflanzungsfähigkeit erlischt. Ich hörte einmal, wie eine Komikerin, Erma Bombeck, in einer Talk-Show im Fernsehen gefragt wurde, wie alt sie sei. Sie antwortete: „Irgendwo zwischen Östrogen und Tod." Ich kenne viele Frauen in den Wechseljah-

ren, die das Gefühl haben, heute zwischen diesen beiden Möglichkeiten in der Luft zu hängen.[15]

Im Rahmen dieser Diskussion geht es uns jedoch in erster Linie um den Mann in der Midlife-Krise. Es ist ein Thema von ganz entscheidender Bedeutung, besonders für die Männer, die bald ihr drittes und viertes (oder möglicherweise ihr fünftes) Lebensjahrzehnt erreichen. Lee Stockford hat von den Ergebnissen dreier Studien berichtet, die mit 2100 Personen durchgeführt worden waren. Sie ergaben, daß 80 Prozent der leitenden Angestellten im Alter zwischen 34 und 42 Jahren in irgendeiner Form eine Midlife-Krise durchmachten. Dieses Ergebnis stimmt mit meinen eigenen Beobachtungen überein, besonders für die Gruppe der hochmotivierten, erfolgreichen Geschäftsleute und Manager.

Männern und deren Frauen, die die von mir beschriebenen Konflikte besser verstehen lernen möchten, kann ich das Buch von Jim Conway „Die besten Jahre" empfehlen.[16] Dr. Conway ist ein Pfarrer, der selbst den Alptraum seiner Midlife-Krise überstanden hat und darüber berichtet. Sein Buch ist das beste, das ich je zu diesem Thema gelesen habe, und es wird all jenen eine Hilfe sein, die sich in diesem Lebensabschnitt befinden.

Nachdem ich auf das Buch von Conway aufmerksam geworden war, widmete ich diesem Thema zwei Radiosendungen. Im darauffolgenden Monat ging eine wahre Flut von Briefen und Anrufen in meinem Büro ein. Männer teilten mir mit: „Ich mache das gerade durch", und Frauen fragten: „Wie kann ich meinem Mann in dieser schwierigen Zeit helfen?"

Mit Dr. Conways Erlaubnis habe ich mich entschlossen, die wichtigsten Gedanken aus seinem Buch an dieser Stelle wiederzugeben und dann noch einige Anregungen und Hinweise aus meiner Sicht anzuschließen. Beginnen wir mit der Grundfrage: „Was ist eine Midlife-Krise? Es ist eine Zeit intensiver Auseinandersetzung mit sich selbst, eine Zeit, in der einem beunruhigende und erschreckende Gedanken kommen. Man fragt sich, wer man ist, wozu man lebt und was das alles für einen Sinn hat. Es ist eine Periode, die von Selbstzweifeln und der Ernüchterung über alles gekennzeichnet ist, das einem vertraut war und bisher so selbstverständlich zu sein schien. Man erlebt Ängste, die man nicht einmal vor den Menschen eingestehen und mit ihnen besprechen kann, die einem am nächsten stehen. Das führt in der Beziehung zu geliebten Menschen gerade dann zu einer Entfremdung, wenn Unterstützung und Verständnis so verzweifelt nötig wären.

Conway nennt vier „Hauptfeinde“, mit denen ein Mann in der Mitte seines Lebens besonders zu kämpfen hat. Da ist zunächst einmal sein eigener Körper. Es besteht kein Zweifel, der „tolle Typ“, der noch vor ein paar Jahren als der bestaussehendste Mann im ganzen Fachbereich galt, wird nun älter. Die Haare fallen ihm aus, trotz aller Versuche, jede noch auf dem Kopf verbliebene Strähne zu pflegen und zu erhalten. „Ich – mit Glatze?“ Der Gedanke läßt ihn erschaudern. Dann stellt er fest, daß er auch nicht mehr die Vitalität von einst besitzt. Er kommt beim Treppensteigen außer Atem. Und bald nehmen auch alte Begriffe für ihn eine neue Bedeutung an. Die „Rolling Stones“ bringen ihm die Galle zum Überlaufen. Er macht eine Geschäftsreise, und die Stewardeß fragt ihn: „Kaffee, Tee oder etwas gegen Übelkeit?“ Er wird bleich und macht ein langes Gesicht, wenn er schockiert und enttäuscht ungläubig vor dem Spiegel steht und sich aus allernächster Nähe betrachtet.

Ich scherze natürlich, aber nur ein wenig. Wenn Sie meinen, nur Frauen würden unter den Spuren des Alterns leiden, wissen Sie wenig über den männlichen Teil des Menschengeschlechts. Es bedeutet für die meisten Männer eine große Erschütterung, wenn sie feststellen, daß sie bald ihre Anziehungskraft auf das andere Geschlecht verlieren werden ..., daß ihre körperliche Kraft und Vitalität abnimmt ..., daß das goldene Zeitalter der Jugend dahin ist. Dieses Bewußtsein ist im Alter zwischen 35 und 40 Jahren nicht mehr zu leugnen. Bis dahin kann ein sportlicher Mann im Basketball oder Tennis oder Baseball immer noch mit seinen jüngeren Freunden mithalten. Aber plötzlich wird der Zerfall aus Gründen, die ich nicht erklären kann, in diesem finsteren Tal deutlicher sichtbar. Diejenigen, die das nicht sehen, sind schlicht zu beschäftigt, um den Rückgang der Kräfte zu erkennen. Selbst die besten, erfolgreichsten Berufssportler beenden ihre Karriere mit 36 oder 37 Jahren, nicht, weil sie es unbedingt wünschen, sondern weil es sie bereits zu sehr anstrengt. Denken wir an Muhammad Ali, der mit 35 Boxweltmeister im Schwergewicht war, der aber mit 36 gegen einen viel jüngeren

(Leon Spinks) verlor und sich mit 37 aus diesem Sport zurückzog. Jerry West und John Havlicek, die mit 35 die besten Abwehrspieler in der Geschichte der amerikanischen Basketball-Nationalmannschaft waren, hatten beide mit 37 Jahren ihre Zeit als Aktive beendet. Jedes Jahr wiederholen sich solche Ereignisse. Ein Star, der seine Fans immer wieder neu begeisterte, wird *plötzlich* zu alt, um sich gegenüber seinen Konkurrenten durchsetzen zu können. Und dann steht ein anderer Sieger auf dem Podest.
Wer von uns seinen Lebensunterhalt nicht im Leistungssport verdient, bekommt weniger deutlich zu spüren, daß er älter wird, aber tief in unserem Herzen wissen auch wir, daß sich etwas verändert. Unsere Väter haben oft die ersten Schwierigkeiten, weil das Herz nicht mehr so will, wenn wir gerade in der Mitte unseres Lebens stehen, und das beginnt uns zu beunruhigen, denn auch in unserer Brust tickt eine solche „Zeitbombe“. In einer Werbung für ein Deodorant heißt es: „... läßt Sie nicht im Stich.“ Jeder Mann in den mittleren Jahren hat sich schon gefragt, was geschieht, wenn nicht sein Deo, sondern sein Herz ihn im Stich läßt.
Um den ersten wichtigen Punkt bezüglich der Midlife-Krise zusammenzufassen, wäre zu sagen, daß ein Mann, der auf die Vierzig zugeht, sich eingestehen muß, 1) daß er älter wird; 2) daß die Veränderungen, die durch den Alterungsprozeß eintreten, weder attraktiv noch angenehm sind; 3) daß er in einer Welt, in der der Wert eines Menschen mit Jugend und Dynamik gleichgesetzt wird, aller Wahrscheinlichkeit nach nicht mehr so viel gilt; und 4) daß ihn weniger als 20 Jahre vom Rentenalter trennen, in dem Krankheit und Tod auf ihn zukommen. Wenn ein Mann sich alle diese Dinge zum ersten Mal klarmacht, dann kann er sicher sein, daß ihn das emotional schwer belastet.
Der zweite „Feind“, mit dem ein Mann in der Mitte seines Lebens fertig werden muß, ist seine Arbeit. Es ist charakteristisch für ihn, daß er in seinem Beruf frustriert ist und das Gefühl hat, nicht mehr voranzukommen. Viele Arbeiter und Angestellte wünschen sich, sie hätten die Möglichkeit gehabt, Jura, Medizin oder Zahnmedizin zu studieren. Selten sehen sie, daß Rechtsanwälte, Ärzte oder Zahnärzte sich oft wünschen, sie hätten einen Beruf, in dem sie weniger Verantwortung tragen würden ...,

eine Tätigkeit, die sie am Feierabend und am Wochenende vergessen könnten ..., eine Arbeit, über der nicht ständig das Damoklesschwert schwebte, wegen eines Kunstfehlers den Prozeß gemacht zu bekommen ..., eine Stelle, bei der noch Zeit für Erholung und Hobbys bliebe. Diese Unruhe im Beruf, auf allen sozioökonomischen Ebenen, erreicht ihren Höhepunkt, wenn der Mann in der Mitte seines Lebens steht und das neue Bewußtsein, wie kurz das Leben eigentlich ist, ihn antreibt, keinen Tag, der ihm noch bleibt, zu verschwenden. Andererseits aber bleibt ihm kaum eine andere Wahl. Die finanziellen Bedürfnisse der Familie machen es notwendig, daß er sich mit seiner ganzen Kraft engagiert ..., damit die Kinder studieren können ..., damit das Haus abgezahlt wird ..., damit der gewohnte Lebensstandard gehalten werden kann. So gerät der Mann unter einen immer größeren inneren Druck.

Normalerweise reagiert er auf diese Frustration, indem er sich einen Fluchtweg sucht. Manche Männer verlassen ihre Familien, ohne ihnen zu sagen, warum. Andere nehmen eine berufliche Veränderung grundlegender Art vor und verlieren dadurch vielleicht einige Versicherungsjahre in der Rentenversicherung oder Ansprüche, die sich aus der hohen Zahl ihrer Dienstjahre ableiten. Die meisten Männer aber halten mit letzter Kraft durch. Sie beklagen sich und sind niedergeschlagen und drohen damit, alles hinzuwerfen ... aber am nächsten Tag sind sie wieder einsatzbereit. Wenn man aufmerksam hinhört, kann man feststellen, daß sie brummen: „Lust hab' ich ja keine, aber ich muß!"

Wir sollten noch einen anderen Aspekt der Arbeit eines Mannes in den mittleren Jahren berücksichtigen, der mit seinen Träumen zu tun hat. Als er jung war, glaubte er allen Ernstes, er könne, bis er dreißig sei, Präsident werden oder Millionär. Aber wenn ihm immer weniger Zeit bleibt, stellt er nicht nur fest, daß er niemals seinen Traum verwirklichen kann, sondern daß das *gegenwärtig* Erreichte wahrscheinlich schon der Höhepunkt seiner Karriere ist. Ja, *das ist alles!* Es zeigt sich mit großer Deutlichkeit, warum Conway in dem Beruf eines Mannes während dieser Übergangsperiode einen Feind gesehen hat.

Der dritte Gegner, der sich gegen einen Mann in den mittleren Jahren erhebt, ist seine eigene Familie. Die stürmische Zeit der

Selbstzweifel und der inneren Zerrissenheit kann sich auf die Ehe zerstörerisch auswirken. Ein solcher Mann wird oft gegenüber seiner Familie aggressiv, zornig und niedergeschlagen. Er empfindet die Tatsache, daß seine Frau und die Kinder ihn brauchen , als ungeheuere Belastung. So hart er auch arbeiten mag, sie brauchen immer mehr Geld, als er verdienen kann, und das bringt ihn noch mehr gegen sie auf. In einer Zeit, in der er findet, er müsse endlich einmal an sich denken, scheint es, als wolle jeder mehr von ihm. Sogar seine Eltern muß er jetzt noch finanziell, seelisch und moralisch unterstützen. Wieder lastet der Druck auf ihm, noch mehr zu leisten.

An diesem empfindlichen Punkt im Leben eines Mannes greift der Teufel erneut in seine häßliche Trickkiste und zieht den übelsten seiner Vorschläge hervor: Ehebruch. Was ist das für eine gemeine Alternative, die er dem verwirrten Geist eines Ehemannes und Vaters in dieser Zeit der Enttäuschung eingibt. Diese hübsche kleine Sekretärin, die ihre eigenen unbefriedigten Bedürfnisse hat, besitzt eine große Macht, den Schmerz seiner Wunden zu lindern und seinen Stolz aufzupäppeln. Sie bietet die letzte Fluchtmöglichkeit aus der Ausweglosigkeit der Midlife-Krise. Aber was für einen Preis werden sie und ihr Geliebter für ihr verbotenes Abenteuer bezahlen! Wenn der Rausch vorbei ist, müssen sie mit der Tatsache fertig werden, daß sie ihre Ehepartner betrogen, ihre Kinder verlassen und ihrem Gott nicht gehorcht haben. Die Folgen ihrer Sünde werden sich bis in die Ewigkeit hinein auswirken und genauso sicher Leid über die Unschuldigen bringen wie über die Schuldigen.

Conway zeigt auf, daß die Affäre von König David mit Bathseba, die schließlich zum Mord ihres Ehemanns führte, eigentlich mit einer schweren Midlife-Krise begann. Und tatsächlich zeugen seine Schriften von den inneren Kämpfen eines Mannes in den mittleren Jahren. In den Psalmen schrieb er: „Denn meine Tage sind vergangen wie ein Rauch ... Meine Tage sind dahin wie ein Schatten, und ich verdorre wie Gras ... Er demütigt auf dem Wege meine Kraft, er verkürzt meine Tage“ (Ps. 102, 4+12+24).

In dieser Situation, in der David empfänglich dafür war, geschah es, daß er Bathseba sah, wie sie badete. Wie die Geschichte weiterging, ist ja hinlänglich bekannt. Sie wurde, nach dem klaren

Urteil in 1. Könige 15,5, zu einem dunklen Punkt im Leben Davids: „Weil David getan hatte, was dem Herrn wohlgefiel, und nicht gewichen war von allem, was er ihm gebot, sein Leben lang, außer in der Sache mit Uria, dem Hethiter" (Uria war Bathsebas Mann, den David ermordern ließ, nachdem er erfahren hatte, daß sie schwanger geworden war).

Es ist wichtig zu bedenken, daß David und Bathseba diese Sünde begingen, weil sie *reif* dafür waren. David, der buchstäblich Hunderte von Frauen und Konkubinen hatte, hatte das Recht, jede unverheiratete Frau im ganzen Land zu besitzen. Statt dessen wollte er Urias Frau – nicht weil *sie* anders gewesen wäre, sondern weil *er* anders war. Sein angeschlagenes Selbstwertgefühl brauchte das, was sie gerade in dieser Zeit zu bieten hatte. Und was Bathseba anbelangt, so dürfen wir nicht vergessen, daß ihr Mann weit weg im Krieg war. Sie war in dieser Nacht der Leidenschaft vielleicht einsam und niedergeschlagen. Warum hat sie wohl sonst an einer Stelle gebadet, an der der König sie genau beobachten konnte?

Conway betont, und das ist unbestreitbar, daß ein Mann und eine Frau Ehebruch begehen, wenn sie die *innere Bereitschaft* dazu besitzen. Wie er ganz richtig sagte: „Sie geraten unweigerlich in Situationen, in denen die Umstände besonders günstig sind, wie bei David, und diese Affäre ist für sie eine Möglichkeit, sich über die eigene Unzufriedenheit hinwegzutrösten." Der Leser sei gewarnt.

Der vierte und letzte Feind eines Mannes in der Midlife-Krise scheint Gott selbst zu sein. Durch eine sonderbare Vergewaltigung seines Denkens gibt der Mann seinem Schöpfer alle Schuld an seinen Problemen und begegnet ihm mit Auflehnung und Ablehnung. Umgekehrt fühlt sich der Mann von seinem Schöpfer beiseite geschoben, verlassen und nicht geliebt. Dies hat zur Folge, daß der Glaube geschwächt wird und daß der Mann immer weniger weiß, was er glaubt. Es erklärt mehr als alles andere, wie es zu den radikalen Veränderungen des äußeren Verhaltens kommt, die oft mit den inneren Kämpfen in der Mitte des Lebens einhergehen.

Diesen letztgenannten Punkt möchte ich besonders betonen. Eine der häufigsten Beobachtungen, die Verwandte und Freunde bei einem Mann in der Midlife-Krise machen können, besteht darin, daß er plötzlich in seiner Persönlichkeit und in seinem Verhalten wie umgedreht zu sein scheint.

„Ich weiß nicht, was auf einmal mit Karsten passiert ist", wird die Frau dann sagen. „Es ist, als habe er sich über Nacht von einem liebevollen Ehemann und Familienvater in einen verantwortungslosen Lebemann verwandelt. Er geht nicht mehr in die Kirche. Er beginnt, offen mit anderen Frauen zu flirten. Er verliert das Interesse an unseren Söhnen. Sogar seine Kleidung wird topmodisch und auffallend. Er kämmt sein Haar nach vorn, um die Glatze zu verdecken, und kauft einen neuen Sportwagen, den wir uns wirklich nicht leisten können. Ich kann mir beim besten Willen einfach nicht vorstellen, was über meinen sonst so zuverlässigen Mann gekommen ist."

Dieser Mann hat offensichtlich jene Veränderungen durchgemacht, die wir beschrieben haben, aber sein *grundsätzliches* Problem ist geistlicher Natur. Als er an allem zu zweifeln begann, was er einst geglaubt hatte, nahm auch seine Treue zu den entsprechenden biblischen Prinzipien ab. Die Monogamie, die Treue, die Verantwortung, das Leben nach dem Tod, Selbstverleugnung, das Zeugnisablegen vom christlichen Glauben, grundsätzliche Ehrlichkeit und Dutzende anderer Dinge, die zu seinem Glauben gehörten, werden plötzlich bedeutungslos oder suspekt. So kam es zu einer rasanten und verhängnisvollen Änderung seines Lebensstils, die seine Familie und seine Freunde verwirrte und schockierte. Diese Geschichte hat sich in den letzten Jahren in Tausenden von Familien abgespielt.

Richten wir unsere Aufmerksamkeit nun nicht mehr auf die Beschreibung des Problems, sondern auf einige Vorschläge für Menschen, die in dieser Situation stehen. Um auf meine frühere Empfehlung zurückzukommen: Ich würde jedem (Mann oder Frau) dringend die Lektüre des Buches von Conway anraten. Auf den letzten Seiten seines Buches diskutiert Jim Conway den therapeutischen Wert eines Ausgleichssports, neuer Aufgaben, der Musik, des Gesprächs, der Erholung, des Bibellesens und des Gebets, um das innere Gleichgewicht wiederherzustellen. Ich möchte seine Empfehlungen hier nicht alle wiederholen, sondern statt dessen zwei Faktoren hervorheben, die Conway vielleicht zu wenig betont hat.

Als erstes möchte ich dem Mann, der sich in der Midlife-Krise befindet, *Hoffnung* machen. So gut die Verhaltensforschung hätte voraussagen können, daß Sie einmal diese unruhige Zeit durchmachen würden, so sicher können wir auch davon ausgehen, daß sie ein Ende haben wird. Eine Analogie zur Pubertät mag an dieser Stelle hilfreich sein. Bei beiden Perioden handelt es sich um vergleichsweise kurze, altersbedingte Lebensabschnitte als Übergangsphasen, die von großen Ängsten, Selbstzweifeln, grübelnden Gedanken und innerer Unruhe gekennzeichnet sind. Glücklicherweise stellt jedoch weder die Pubertät noch die Midlife-Krise eine Falle dar, die ihr Opfer nie wieder freigibt. Diese Zeiten muß man sich viel eher als Tore vorstellen, durch die wir alle hindurchgehen müssen und hindurchkommen werden. Es geht mir darum zu zeigen, daß sich wieder ein *normales Leben* einstellen wird (es sei denn, Sie begehen im Zuge eines verzweifelten Ausbruchversuchs einige schwere Fehler).

Zweitens denke ich, gilt es das zu betonen, was ich als *die* grundlegende Ursache der Midlife-Krise betrachte. Sie ergibt sich aus jener Erscheinung, die die Bibel mit dem Bild beschreibt, daß einer „sein Haus auf Sand" gebaut hat. Es ist möglich, Jesus Christus nachzufolgen und seine Vergebung der Sünden anzunehmen und doch noch ganz tief unter dem Einfluß der Werte und Einstellungen seiner Umgebung zu stehen. So kann ein junger christlicher Ehemann und Familienvater ein „Arbeitstier" werden, Geld anhäufen, mit aller Kraft nach Statussymbolen streben, Jugendlichkeit anbeten oder nur sein eigenes Vergnügen suchen. Diese Tendenzen spiegeln vielleicht nicht seine bewußten Entscheidungen und Wünsche wider; sie sind vielmehr der Stempel widergöttlicher Werte, den die Gesellschaft seinem Leben und seiner Zeit aufgedrückt hat.

Trotz seiner keineswegs christlichen Einstellungen mag es scheinen, diesem Mann „glückt einfach alles" in den ersten fünfzehn Jahren seines Erwachsenenlebens, besonders wenn bereits seine ersten Vorstöße im Berufsleben Erfolg gezeitigt haben. Aber er ist in großer Gefahr. Sobald wir unser Leben auf Werte und Grundhaltungen aufbauen, die im Widerspruch zu der Weisheit des Wortes Gottes stehen, das sich jahrtausendelang als richtig erwiesen hat, errichten wir ein Fundament auf Sand. Früher

oder später werden die Stürme brausen, und das so mühsam Aufgebaute wird unter einem riesigen Donner zusammenbrechen.
Kurz gesagt heißt das, daß die Midlife-Krise wahrscheinlich bei den Menschen schwerer sein wird, die über Vergänglichkeit dieser Welt nachdenken. Ein Mensch wird z.B. nicht den Verlust seiner Jugend betrauern, wenn er ehrlich davon überzeugt ist, daß dieses Leben nur eine Vorstufe zu einem besseren ist. Und Gott wird nicht zum Feind eines Menschen, wenn dieser täglich in der Stille und im Gebet mit ihm vereint war. Und die Beziehung zwischen einem Mann und einer Frau ist in der Zeit der Midlife-Krise weniger belastet, wenn sie ihre Freundschaft seit dem Tag der Hochzeit bewahrt und weiter gepflegt haben. Die Midlife-Krise ist so etwas wie das Jüngste Gericht für ein Leben mit falschen Werten, nutzlosen Zielen und widergöttlichen Einstellungen.

Vielleicht erklärt dies auch meine Beobachtung, daß die meisten Männer, die sich in einer ernsten Midlife-Krise befinden, Streber im Beruf sind. Sie haben ihre riesigen Schlösser auf den Sandstrand des Materialismus gebaut, und sie sind von ihrem Geld, ihrem Status, ihrem Vorwärtskommen und ihrem Erfolg abhängig, um alle ihre Bedürfnisse befriedigen zu können. Sie haben keine Zeit für ihre Frau, ihre Kinder, Freunde oder für Gott. Los! Auf! Schnell! Prüfen! Investieren! Vorbereiten! Arbeiten! Den 14-Stunden-Tagen folgten Wochenenden im Büro, den Urlaub ließ man verfallen, und es wurde bis spät in die Nacht gearbeitet. Dann, nach zwanzig Jahren dieses menschenunwürdigen Lebens, haben sie plötzlich allen Grund zu fragen, welchen Wert das alles hat. „Ist das wirklich das Ziel meines Lebens?“ überlegen sie. Sie erkennen zu spät, daß sie verbissen auf der Erfolgsleiter nach oben gestiegen sind, nur um festzustellen, daß sie an der falschen Wand steht.

Vielleicht wird der Leser nun verstehen, warum ich dieses Leben im Dauerstreß in meinem Buch immer wieder angegriffen habe. In unserer Gesellschaft gehen gescheiterte Ehen, zerstörter christlicher Glaube, der Verlust der seelischen Gesundheit und das Wohl unserer Kinder auf das Konto dieser Seuche. Meiner Meinung nach ist die Arbeitssucht der große Mißton in den

Werten unserer Kultur. Sie kann dazu führen, daß auch ein vierzigjähriger Mann noch weiter hasten und hetzen möchte.

Aus der Zeit, die weit hinter mir liegt,
Kommt er manchmal zu mir, ganz nah.
Er hat gerade so schön gespielt,
Der Junge, der ich einmal war.

Er lächelt mich wehmütig an,
Weil wir uns schon so lange kennen.
Vielleicht meint er, daß er so sehen kann,
Wer ich hätte werden können.

Unbekannter Autor

15

Ein Mann und seine Gefühle

Haben Sie schon einmal erlebt, wie Sie am Ende eines Tages draußen standen und das Summen einer Stechmücke hörten, die an Ihrem Ohr vorbeiflog?
„Ich wette, ich werde gleich gestochen", denken Sie. In diesem Moment spüren Sie das leichte Krabbeln des Tieres auf Ihrem Unterarm, und Ihr Blick gleitet sofort nach unten. Aber zu Ihrer Überraschung befindet sich das Insekt nicht dort. Es war vor allem die Vorstellung, daß Sie angegriffen werden sollten.
Oder eine andere Situation. Sind Sie schon einmal nach einem furchtbaren Traum atemlos in Ihrem Bett gelegen? Sie lauschten in die Nacht hinein und fragten sich, ob der Traum nicht doch etwas mit der Wirklichkeit zu tun hatte. Dann plötzlich hören Sie, wie erwartet, einen „Schlag" an der dunkelsten Ecke des Hauses. Eine Stunde später stellen Sie fest, daß es in Wirklichkeit nichts war.
Gefühle sind mächtige Kräfte des menschlichen Fühlens und Empfindens. Besonders die Angst liefert in erstaunlicher Weise immer wieder Gründe, die sie gerechtfertigt erscheinen lassen. Ärzte verwenden einen Großteil ihrer Zeit darauf, Menschen davon zu überzeugen, daß ihre Selbstdiagnose nicht zutrifft, daß ihre Symptome eingebildet oder psychosomatisch sind.
Auch junge und mutige Menschen erleben solche Täuschungen. Mein Freund Steve Smith wurde mit einem Orden für mutiges Verhalten im Vietnamkrieg ausgezeichnet. Der erste Abend nach der Ankunft seiner Einheit in dem kriegserschütterten Land ist allerdings nicht besonders des ehrenden Gedenkens würdig. Seine Kompanie hatte noch niemals einen wirklichen Kampf erlebt, und die Männer waren voller Angst und Schrekken. Sie hoben auf einem Hügel Schützenlöcher aus und beobachteten nervös, wie die Sonne am Horizont verschwand. Etwa um Mitternacht griff der Feind wie erwartet an. An einer Seite des Berges setzte Gewehrfeuer ein, und es dauerte nicht lange, bis alle Soldaten verzweifelt losschossen und Handgranaten in

die Dunkelheit warfen. Die Schlacht tobte die ganze Nacht, und die Infanterie schien zu siegen. Endlich ging die langerwartete Sonne wieder auf, und das Zählen der Gefangenen begann. Aber nicht ein einziger Toter war im Umkreis des Berges zu sehen. In Wirklichkeit hatte gar kein feindlicher Soldat an dem Angriff teilgenommen. Die Kompanie, die noch ganz „grün" war, hatte in der Nacht eine tödliche Schlacht gekämpft ... und gewonnen!

Gestatten Sie mir, noch ein weiteres Beispiel anzuführen, bei dem Gefühle stärker waren als der Verstand. Die Stadt Los Angeles war gelähmt vor Angst, als 1969 Charles Manson und seine „Familie" Sharon Tate und ihre Freunde ermordet und dann Leno und Rosemary La Bianca kaltblütig umgebracht hatten. Die Bürger der Stadt fragten sich: „Wer wird der Nächste sein?" Meine Mutter war fest davon überzeugt, sie sei als erste an der Reihe. Und dann waren Vater und Mutter eines Nachts, als sie im Bett lagen, sicher, den Eindringling zu hören. „Krach, Bum!" kam es von dort, wo die Küche war. „Hast du das gehört?" fragte meine Mutter. „Ja, sei still", sagte mein Vater.

Sie lagen da und starrten an die dunkle Zimmerdecke, atmeten leise und horchten, was weiter geschehen würde. Ein zweites „Bum" brachte sie auf die Beine. Sie tasteten sich bis zur geschlossenen Schlafzimmertür vor. Und nun zeigte sich der große Unterschied zwischen meiner Mutter und meinem Vater, wenn es um die Bewältigung einer Krisensituation ging. Sie hielt es für das Beste, die Tür geschlossen zu halten, um so den Eindringling daran zu hindern, ins Schlafzimmer zu kommen. Also stemmte sie ihren Fuß unten gegen die Tür und lehnte sich oben mit ihrem Gewicht dagegen. Mein Vater dagegen beabsichtigte, dem Angreifer erhobenen Hauptes gegenüberzutreten. Er streckte seine Hand in der Dunkelheit nach der Türklinke aus und griff danach. Aber sein Ziehen stieß auf den Widerstand meiner Mutter.

Mein Vater ging davon aus, daß jemand die Tür von außen festhielt. Meine zu Tode erschreckte Mutter wiederum spürte nun, wie der Mörder versuchte, die Tür aufzubekommen. Da standen meine Eltern in finsterer Nacht, rangen miteinander und hielten es für das Tauziehen mit einem Mörder. Schließlich beschloß meine Mutter, das sinkende Schiff zu verlassen. Sie ließ die Tür los und rannte zum Fenster, um aus voller Lunge zu schreien. Sie atmete tief ein, so daß sie ganz Pasadena hätte wecken können. Da gewahrte sie ein Licht hinter sich. Als sie sich umdrehte, sah sie, wie mein Vater in den anderen Teil des Hauses gegangen war, um nach dem Angreifer zu suchen. Er war natürlich in der Lage gewesen, die Tür zu öffnen, nachdem meine Mutter sie losgelassen hatte. Es wurde niemals festgestellt, woher die Geräusche gekommen waren, und Charles Manson machte niemals seinen erwarteten Besuch.

Lassen Sie mich die Frage, um die es geht, persönlich stellen. Welche Angstvorstellungen stützen *Sie* mit scheinbar offensichtlichen Belegen ab? Welche Rolle spielen unkontrollierte Gefühle in Ihrem Leben? Ist es vielleicht so, daß Ihr Gefühl, ob gut oder schlecht, eine alles durchdringende Kraft ist, die bestimmt, wie Sie sich Tag für Tag verhalten? Die emotionale Erfahrung ist in der westlichen Welt zu *der* Hauptmotivation geworden, wenn es um Werte, Aktionen und sogar, wenn es um geistliche Überzeugungen geht. Darüber hinaus (und das ist der springende Punkt) leben wir in einer Zeit, da die Menschen ermutigt werden, ihrem Gefühl zu folgen. Es wird uns gesagt: „Wenn du ein gutes Gefühl dabei hast, dann tu es!“ In einem amerikanischen Schlager heißt es: „Eins und eins, das macht zwei, drum küß, und denk nicht dabei, denn Denken schadet der Illusion.“ Die meisten Liebeslieder zeigen klar, daß die Treue zueinander auf dem beruht, was man aneinander aufregend findet. Also geht die Beziehung in die Brüche, wenn der Reiz verschwindet. Im Gegensatz dazu enthält das größte literarische Werk, das je zum Thema Liebe geschrieben wurde, im 13. Kapitel des Korintherbriefes, keinen einzigen Hinweis auf Gefühle: „Wer liebt, ist geduldig und gütig. Wer liebt, der ereifert sich nicht, er prahlt nicht und spielt sich nicht auf. Wer liebt, der verhält sich nicht taktlos, ... Wer liebt, der trägt keinem etwas nach“ (1. Korinther 13, 4–5 – Die Gute Nachricht).

Ich bin der Meinung, wir sollten uns lange und gründlich mit der „Entdeckung der Persönlichkeit“ auseinandersetzen, die unsere Gefühle aus ihren Schranken und aus ihrer Unterdrückung zu befreien sucht. Die „Pop-Psyche-Bewegung“, die in San Francisco und in anderen Städten in Kalifornien so stark ist, ermutigt uns, mit unseren Gefühlen Kontakt aufzunehmen, uns aufzumachen, zu sagen, wie es ist. Wir haben uns gerade von einer Welle von „Begegnungsgruppen“ erholt, wo man die Teilnehmer drängte, sich gegenseitig anzugreifen, zu weinen und zu schreien und sich sogar untereinander Schläge zu geben. Großer Unsinn! Mich verlangt keineswegs nach einer Rückkehr zur Förmlichkeit von gestern, wo Vater eine Marmorstatue war und Mutter nicht lächeln konnte, weil ihr Korsett zu stramm saß. Aber wenn unsere Großeltern das Symbol einer extremen Unterdrückung von Gefühlen sind, so fallen die Menschen heutzutage genau in das Gegenteil. Wir leben und atmen im Wechsel unserer Gefühle, und bei vielen ist die Niedergeschlagenheit in den „Tiefs“ deutlich stärker vorherrschend als die gehobene Stimmung zu Zeiten des „Hochs“. Die Gefühle sind heute *wichtiger* als Vernunft, statt umgekehrt, wie es der Absicht Gottes entspricht. „Der Geist dagegen läßt als Frucht eine Fülle von Gutem wachsen, Liebe, Freude, Frieden, Geduld, Freundlichkeit, Güte, Treue, Demut und *Selbstbeherrschung*“ (Galater 5, 22 – Die Gute Nachricht).

Die Notwendigkeit der Selbstbeherrschung wird durch die Schwierigkeiten, die es in fast jedem Menschenleben gibt, noch verstärkt. Wie sagte doch Mark Twain: „Das Leben besteht aus einer Widerwärtigkeit nach der anderen.“ Das stimmt. Spätestens alle zwei Wochen hat man kleine gesundheitliche Beschwerden oder das Dach hat ein Loch, das Auto ist kaputt oder im Geschäft geht es schlecht. Diese kleineren Enttäuschungen sind unvermeidlich. Mit der Zeit entwickeln sich noch größere Probleme. Geliebte Menschen sterben, ernste Erkrankungen treten auf, und das Leben geht seinem Ende zu. Das liegt im Wesen menschlicher Erfahrung, ob wir wollen oder nicht. Wenn wir davon ausgehen, daß dies so ist, dann wäre nichts gefährlicher, als uns von unseren Gefühlen bestimmen zu lassen. Das tun heißt, von den Stürmen des Lebens hin- und hergeworfen zu werden.

Es ist möglich, eine Krise nicht nur zu überstehen, sondern auch daran zu reifen. Es gibt dafür kein besseres Beispiel als Dr. Stephen Hawking, ein Astrophysiker an der Universität Cambridge in England. Er gilt allgemein als der hervorragendste Naturwissenschaftler seit Einstein, und er ist sicher der begabteste Forscher unserer Tage auf dem Gebiet der theoretischen Astronomie. Es ist aber vielleicht nicht bekannt, daß Dr. Hawking an einer Krankheit, die zu einer fortschreitenden Degeneration von Neuronen und Muskeln führt und als Amyotrophische Lateralsklerose bezeichnet wird, leidet. Hawking ist an einen Rollstuhl gefesselt, und er kann seine Arme oder Beine kaum bewegen. Sein Körper ist inzwischen so weit von der Krankheit befallen, daß er nur mit größter Mühe sprechen kann. Seine Versuche, etwas mitzuteilen, sind inzwischen so schwerfällig geworden, daß jemand, der ihn nicht kennt, meint, er habe einen ganzen Gedanken zum Ausdruck gebracht, wo er in Wirklichkeit nur ein paar Worte gesagt hat. Er ist zu schwach, um zu schreiben, selbst zu essen, sich die Haare zu kämmen oder die Brille aufzusetzen. In der Zeitschrift *„Omni Magazine“* stand folgendes über ihn: „Hawking ... kann kaum noch etwas anderes als sitzen und denken. Sein Gedächtnis ist wie eine Tafel. Er behält die langen Gleichungen im Gedächtnis, die seine Gedanken lebendig werden lassen und diktiert die Ergebnisse dann seinen Kollegen oder einer Sekretärin – eine Leistung, die mit der Fähigkeit Beethovens verglichen worden ist, eine ganze Symphonie im Kopf zu schreiben.“

Dann wurde in dem oben genannten Artikel Dr. Hawking mit seiner Bewertung der Krankheit zitiert. Ich werde seine Worte nie vergessen. Er sagte, daß er, bevor er krank geworden sei, an seinem Beruf und am Leben allgemein keine besondere Freude mehr gehabt habe. Nichts habe ihn interessiert oder motiviert. Er habe zuviel Alkohol getrunken und wenig gearbeitet. Dann kam diese entsetzliche Krankheit, und seine Einstellungen wandelten sich grundlegend. Das Geschenk des Lebens wurde ihm besonders kostbar. Dr. Hawking sagte zu diesem inneren Wandel: „Wenn man (vom Leben) nichts mehr zu erwarten hat, dann beginnt man all das zu schätzen, was man noch hat.“[17]

Was für eine Einsicht! Der Mensch ist so eingerichtet, daß er gefühlsmäßig verachtet, was er für selbstverständlich hält. Gute Gesundheit, feines Essen, angenehme Unterhaltung, friedliche Lebensumstände und ein schönes Zuhause bedeuten den Menschen wenig, die das alles von Geburt an hatten. Können Sie sich erinnern, jemals einen gesunden Teenager gesehen zu haben, der morgens aufstand und seine Dankbarkeit darüber zum Ausdruck brachte, daß er keine Schmerzen in den Gelenken hatte, oder weil er so ausgezeichnet sah oder weil er so leicht atmen konnte oder weil er sich so wohl fühlte? Wahrscheinlich nicht. Er hat niemals erfahren, was es heißt, ständig Schmerzen zu haben oder krank zu sein, und er nimmt das Geschenk seiner Gesundheit an, ohne es als solches überhaupt wahrzunehmen. Aber wenn diese größten Geschenke des Lebens langsam abnehmen, beginnen wir sie entsprechend mehr zu schätzen. Für einen Menschen wie Stephen Hawking, der nun mit immer weiterem körperlichem Zerfall und einem frühen Tod rechnen muß, gewinnt die ganze Welt neu an Bedeutung: die Schönheit eines Baumes, einen Sonnenuntergang sehen zu können, mit Menschen zusammen zu sein, die man liebt – alles bekommt Sinn.

Denken wir vor diesem Hintergrund einmal über unseren üblichen Lebensstil in der westlichen Welt nach. Daraus werden sich viele der emotionalen Probleme und psychiatrischen Symptome erklären, unter denen wir leiden. Wir haben gelernt, von unserem Leben auf dieser Erde nur das Beste und Schönste zu erwarten. Wir fühlen uns fast per göttliches Dekret berechtigt, mit mindestens zweiundsiebzig Jahren voller Seligkeit zu rechnen, und alles, was dahinter zurückbleibt, verursacht in uns Unruhe und Aufruhr. Anders ausgedrückt: der *Grad unserer Erwartungen* ist unglaublich hoch. Aber das Leben hält selten, was diese Vorstellung verspricht. Es bringt Enttäuschung und Frustration und Krankheit und Schmerz und Einsamkeit mit sich, auch wenn es mit den äußeren Lebensumständen zum Besten bestellt ist. Es besteht also unausweichlich eine Kluft zwischen dem Leben, wie es *ist*, und dem Leben, wie es sein sollte.

Dies führt dazu, daß viele Menschen depressiv werden (besonders Frauen), daß wir eine hohe Selbstmordrate haben (besonders bei jungen Menschen) und daß die übrigen von uns eine allgemeine Angst befallen hat. Ich habe gesehen, wie Männer wegen verhältnismäßig bedeutungslosen Schwierigkeiten im Beruf Magengeschwüre bekamen. Ich habe gesehen, wie Frauen täglich wegen der kleinsten Unannehmlichkeiten völlig aufgewühlt waren. Es genügte bereits, daß sie ein zu kleines Haus hatten oder eine zänkische Nachbarin, auch wenn ihr Leben sonst in keiner Hinsicht einen Schönheitsfehler hatte.

Man vergleiche die Instabilität solcher Persönlichkeiten mit der Haltung deutscher Familien kurz vor dem Ende des Zweiten Weltkrieges. Jede Nacht entluden britische Bomber ihre tödliche Fracht über Hamburg, Berlin und München. Tagsüber taten amerikanische Flugzeuge das gleiche. Geliebte Menschen starben überall. Nachbarn wurden ausgebombt, und ihre Häuser verbrannten. Kleine Kinder wurden zu Krüppeln oder kamen um. Es gab nicht genug zu essen, und das Wasser war verseucht. Das Leben dieser Menschen war zerstört. Und doch berichten Historiker, daß sie sich bis zum Ende des Krieges moralisch aufrecht hielten. Sie brachen nicht unter dieser Last zusammen. Sie gingen daran, ihre Häuser wieder in Ordnung zu bringen, und versuchten, aus einer schrecklichen Situation das Beste zu machen.

Wie ist dieser Mut angesichts der Katastrophe zu erklären, wenn man die damalige Zeit mit der heutigen vergleicht, in der, obwohl es uns gut geht, so viele Menschen händeringend in den Sprechzimmern der Psychiater sitzen? Wenn wir an die Aussage von Stephen Hawking zurückdenken, so liegt der Unterschied darin, daß wir extrem hohe Erwartungen an das Leben stellen. Die Menschen damals rechneten damit, daß Opfer und Leid auf sie zukamen. Sie waren deshalb auf das Schlimmste vorbereitet, wenn es geschah. Aber wir verkraften heute kaum noch die geringste Enttäuschung, denn man hat uns gelehrt, daß Schwierigkeiten vermeidbar seien. Wir haben uns von unseren Gefühlen beherrschen lassen, und so sind wir zu den Sklaven unserer Gefühle geworden.

Sogar christliche Pfarrer haben zu dieser Verdrehung beigetragen. „Folge Jesus nach, dann hast du keine Probleme mehr", so lautet der Werbeslogan. „Du kannst geschäftlich erfolgreich sein ... und, wenn du Gott gegenüber die richtigen Töne anschlägst, wird er dich reich machen. Du kannst alle Krankheit, alle Verletzungen und alle körperlichen Beschwerden von dir fernhalten." Eine ganz hübsche Sammlung, wenn man es recht bedenkt.

Leider steht diese Verheißung nirgends in der Heiligen Schrift. Jesus hat gesagt: „Das habe ich mit euch geredet, damit ihr in mir Frieden habt. In der Welt *habt* ihr Angst; aber seid getrost, ich habe die Welt überwunden" (Johannes 16, 33, Hervorhebung vom Autor).

Der christliche Glaube ist immer auf *Zukunft* ausgerichtet. „Und Gott wird abwischen alle Tränen von ihren Augen, und der Tod wird nicht mehr sein, noch Leid noch Geschrei noch Schmerz wird mehr sein; denn das Erste ist vergangen" (Off. 21, 4). Nirgends in der Bibel wird uns jedoch solches Glück und solche Freude in diesem Leben versprochen. Ja, die Schrift deutet sogar auf das Gegenteil hin: daß wir in unserem Leben Prüfungen geschickt bekommen, an denen wir wachsen und durch die wir im Glauben zunehmen. Wer hartnäckig an der anderen Ansicht festhält – daß Gott verpflichtet ist, uns von jedem Leiden zu befreien –, der muß erklären, warum er es zugelassen hat, daß Johannes der Täufer zu Unrecht angeklagt und enthauptet wurde, und warum der Apostel Paulus so lange Zeiten im Kerker verbracht hat. Er wird auch Mühe haben, die folgende Stelle des Hebräerbriefes zu interpretieren (Hebr. 11, 35–39): „... Andere aber sind gemartert worden und haben die Freilassung nicht angenommen, damit sie die Auferstehung, die besser ist, erlangten. Andere haben Spott und Geißelung erlitten, dazu Fesseln und Gefängnis. Sie sind gesteinigt, zersägt, durchs Schwert getötet worden; sie sind umhergezogen in Schafpelzen und Ziegenfellen, sie haben Mangel, Bedrängnis, Mißhandlung erduldet. Sie, deren die Welt nicht wert war, sind umhergeirrt in Wüsten, auf Bergen, in Höhlen und Erdlöchern. Diese alle haben durch den Glauben Gottes Zeugnis empfangen und doch nicht erlangt, was verheißen war."

Das erinnert mich an Hiob im Alten Testament, der seinen ganzen Besitz und seine Kinder verlor. Dann wurde er krank. Da saß er auf der Erde, sein Körper war mit Geschwüren bedeckt; er war einsam ohne seine Familie, verarmt, von seinen Freunden verachtet, und er fragte sich, wo Gott war. Aber in dieser dunklen Zeit, als alles nur vorstellbare Unglück ihn heimgesucht hatte, hielt er doch am Glauben fest. Sein Geist zerbrach nicht an dieser Not. Er blickte in seinem Elend vielmehr nach oben und sagte: „Siehe, er wird mich doch umbringen, und ich habe nichts zu hoffen; doch will ich meine Wege vor ihm verantworten" (Hiob 13, 15). Das ist ein für alle Zeiten klassisches Beispiel, wie ein Mensch es mit seinem Verstand und seinem Willen ablehnt, vor den Gefühlen und den äußeren Umständen zu kapitulieren.

Zusammenfassung

Vieles ist darüber geschrieben worden, daß der Mann seine Gefühle nicht ausschließt, daß er wieder die Bereitschaft (und die Fähigkeit) entwickeln muß, zu weinen, zu lieben und zu hoffen. Diese Gedanken sind sehr wertvoll. Wie wir in einem der nachfolgenden Kapitel sehen werden, war mein Vater, der für mich echte Männlichkeit verkörperte, ein sehr zärtlicher Mann, der sich nicht schämte zu weinen. Ich bin bestimmt nicht der Meinung, ein Mann sollte ständig den „Strahlemann" spielen, auch wenn es ihm überhaupt nicht danach zumute ist. Trotzdem liegen Gefahren darin, wenn wir uns innerlich von unseren Gefühlen beherrschen lassen. Wir dürfen den Gefühlen nicht den Vorrang vor einem vernünftig begründeten Urteil geben, besonders in Krisenzeiten, und wir sollten es auch nicht zulassen, daß wir durch die kleineren Enttäuschungen des Lebens in Depression und Verzweiflung geraten.
Wenngleich ich hoffe, niemals das Maß der Leiden tragen zu müssen, die Hiob und die Märtyrer, von denen die Bibel spricht, erduldet haben, so möchte ich doch die gleiche Standhaftigkeit bewahren wie sie, wenn Schweres auf mich zukommt. Ebenso möchte ich, als das Haupt meiner Familie in der Voraussicht schlechterer Zeiten dafür sorgen, daß wir unsere Erwartungen an das Leben weniger hoch stecken. Das Leben wird, wie Dr. Hawking angedeutet hat, einen neuen Sinn bekommen, wenn wir in dieser Hinsicht erfolgreich sind.

Fußspuren

Ein Mann hatte eines Nachts einen Traum. Er träumte, er gehe mit dem Herrn am Strand spazieren. Am Himmel zogen Szenen aus seinem Leben vorüber. Bei jeder Szene konnte er zwei Fußspuren im Sand beobachten: eine war von ihm, die andere die des Herrn.
Als die letzte Szene aus seinem Leben vor ihm aufgeleuchtet war, sah er zurück und betrachtete die Fußspuren im Sand. Er entdeckte, daß auf seinem Lebensweg oft nur eine Fußspur zu sehen war. Und er stellte auch fest, daß diese Zeit mit den schwersten und traurigsten Tagen in seinem Leben zusammenfiel.

Das bekümmerte ihn, und er sprach den Herrn daraufhin an. „Herr, du hast gesagt, daß du von dem Augenblick an, an dem ich mich entschieden hätte, dir nachzufolgen, mich auf meinem Weg immer begleiten würdest. Aber nun habe ich festgestellt, daß in den dunkelsten Zeiten meines Lebens nur eine Fußspur zu sehen ist. Ich verstehe nicht, warum du mich verlassen haben solltest, als ich dich am meisten brauchte."
Der Herr antwortete ihm: „Mein Sohn, du bist mir unendlich kostbar, ich liebe dich, und ich würde dich niemals verlassen. In den Zeiten der Prüfungen und des Leidens, in denen du nur eine Fußspur erkennen kannst, da habe ich dich getragen."

Unbekannter Autor

16

Ein Mann und seine Tiere

„Zeige mir, wie ein Mensch seine Tiere behandelt, und ich sage dir, wie er mit Menschen umgeht." Dies ist eine Redensart, bei der es natürlich viele Ausnahmen gibt, aber es besteht doch ein gewisser Zusammenhang. Jeder, der sich eines hilflosen Tieres, eines Hundes, einer Katze oder eines Vogels annehmen würde, hat wahrscheinlich auch ein weiches Herz, wenn es darum geht, Menschen zu helfen. Mein Vater war ein solcher Mensch. Er liebte alles, was Gott geschaffen hat, besonders kleine Hunde mit einem schönen Fell wie Zwergterrier.

Hasso war ein hervorragender Vertreter dieser Rasse. Wir nahmen ihn in unsere Familie auf, als ich dreizehn Jahre alt war. Bis ich zu Hause auszog, um das College zu besuchen, hatte sich das Tier zu einem völlig gleichberechtigten Familienmitglied entwickelt, dem alle Rechte und Privilegien eines echten Dobson eingeräumt wurden. Hasso und mein Vater hatten eine besondere Beziehung zueinander, wie zwei alte Freunde, die sich ihre tiefsten Gefühle mitteilen konnten, ohne ein Wort zu reden. Nur jemand, der Hunde liebt, wird vollständig verstehen, was ich meine.

Aber mit der Zeit wurde Hasso alt und schwach. Als er siebzehn Jahre alt war, hatte er Krebs im Endstadium und litt offenbar große Schmerzen. Er lief am Zaun entlang und stöhnte und quälte sich stundenlang. Mein Vater wußte, daß es Zeit war, seinen Freund einschläfern zu lassen, aber er konnte sich einfach nicht dazu aufraffen.

„Ich kann doch nicht meinen Hund umbringen!" sagte er.

Aber es war noch grausamer, ihn so leiden zu lassen. Also vereinbarte mein Vater einen Termin mit dem Tierarzt, um diese Angelegenheit mit ihm zu besprechen. Der Arzt war ein einfühlsamer Mensch und erkannte, wie schmerzlich das alles für meinen Vater war. Er hatte mit seinem eigenen Hund einmal eine ähnliche Situation erlebt, und so saßen diese beiden erwachsenen Männer da und weinten zusammen.

Es fiel die Entscheidung, Hassos Leben zu beenden, und es wurde ein bestimmter Tag festgesetzt. Den ganzen Nachmittag zuvor saßen ein Mann und ein Hund miteinander in der Weinlaube im Garten. Keiner sagte etwas. (Hasso teilte seine Gedanken mit seinen Ohren und Augen und mit seinem Schwanz mit.) Ich vermute, sie weinten beide. Dann sagten sie einander für immer Lebewohl.

Als es soweit war, bekam er fünf Schlaftabletten, damit er den unangenehmen Geruch des Zwingers nicht wahrnehmen sollte. Meine Mutter übergab den Hund dem Wärter und ging ganz schnell zurück zum Auto. Vater war sichtlich erschüttert. Fast eine Woche lang saß er allein in der Laube. Sobald er seine täglichen Lehrverpflichtungen am College erfüllt hatte, ging er dorthin. Er trauerte noch mehrere Jahre um Hasso.

In dieser Zeit ermutigten wir meinen Vater, sich doch einen neuen Hund zuzulegen, aber er zögerte, sich erneut einem schmerzlichen Verlust auszusetzen. Neun Jahre vergingen, bis er es in Betracht zog, sich nach einem neuen Hund umzusehen. Warum lasse ich ihn diese Geschichte nicht selbst erzählen? Die folgende Geschichte schrieb er kurz vor seinem Tod nieder.

Garantiert gesund

Ich liebe Hunde. Einige meiner besten Freunde sind Hunde! Manchmal glaube ich fast, ich verstehe mich mit Hunden besser als mit Menschen. Ich habe es zumindest nie erlebt, daß ein Hund mich so weit mißverstanden hätte, daß es genügte, um mir eine einmal bestehende Freundschaft aufzukündigen! Ich hatte meinem kleinen Zwergterrier Hasso neun Jahre lang nachgetrauert. Ich sagte, ich würde mir nie wieder einen Hund ins Haus holen. Das lag zum Teil an einem Schuldgefühl, ähnlich dem des Judas Ischariot, das ich mit mir herumtrug. Ich mußte nämlich, aufgrund meiner Liebe zu ihm, seinem hoffnungslosen Ringen durch den Tod ein Ende bereiten. Ich, sein Herr, dem er vertraute, mußte ihn seinem Henker übergeben! Er war ein so braver Hund, so gehorsam, so klug! Mein ständiger Begleiter in den vergangenen siebzehn Jahren war tot. Er fehlt mir immer noch, und so wird es auch bleiben.

„Neun Jahre sind genug“, sagte ich eines Tages zu meiner Frau, „ich besorge mir wieder einen Hund.“

„Willst du dir wieder einen neuen Schmerz bereiten?“ fragte sie. „Ein Hund lebt normalerweise acht bis zehn Jahre, und dann hast du wieder den gleichen Kummer.“

„Vielleicht auch nicht“, sagte ich. „Ich habe oft über diese Frage nachgedacht. Ich werde es selbst bald geschafft haben. Es kann sein, daß wir ungefähr zur gleichen Zeit durch das große Tor gehen werden.“

Ich hatte beschlossen, dieses neue Tier mit großer Sorgfalt auszuwählen. Ich wollte einen Hund derselben Rasse, einen Zwergterrier, aber er sollte einen Stammbaum haben. Bei Hasso war es ein glücklicher Zufall – er hatte einen starken Einschlag von den Foxterriern unter seinen Vorfahren. Ich kenne die Zucht, und ich weiß auch, daß es über die Unterlagen des Züchters hinaus auf den einzelnen Hund ankommt, wenn es um Intelligenz und andere wünschenswerte Eigenschaften geht. Der Hund sollte nicht älter als sechs Wochen sein, damit man mit Sicherheit davon ausgehen kann, daß er nicht bereits von jemand anders verzogen worden ist. Dann sollte er vollkommen gesund sein und die nötigen Impfungen gehabt haben usw.
Alle diese Punkte waren mir klar, bevor ich mich daran machte, die Zeitungen nach entsprechenden Angeboten zu durchsuchen. Ich hatte aber kein Glück. Bei den besten Hunden waren andere immer schneller als ich, denn ich beantwortete sonntags keine Angebote, und gerade dann konnte man reinrassige Tiere finden. Schließlich sah ich auch einen Hinweis auf einen Zwergterrier, der in einer Tierhandlung angeboten wurde, aber daran war ich eigentlich nicht ernsthaft interessiert.
„Das ist komisch“, sagte ich zu meiner Frau. „In der Anzeige heißt es, dieser Hund sei neun Monate alt und reinrassig, aber er hat keinen Stammbaum. Neun Monate in einer Tierhandlung, und niemand will ihn haben! Das klingt nicht besonders gut. Nun, ich würde ja sowieso keinen Hund kaufen, der nicht registriert ist!“ Aber später sagte ich: „Wir können ja hinfahren und ihn uns ansehen.“
Wir fanden schließlich in einem heruntergekommenen Stadtteil unserer Stadt das Geschäft. Meine Frau hatte fast Angst, aus dem Auto auszusteigen. Der Laden befand sich in einem Raum eines ansonsten unbewohnten Hauses. Als ich zur Tür hineinging, wehte mir ein unbeschreiblicher Gestank entgegen. Ich entdeckte den fraglichen Hund sofort. Er war zusammen mit anderen, größeren Tieren in einem überfüllten Käfig untergebracht. Die größeren Hunde schubsten ihn und traten auf seinem kleinen Körper herum. Es war ein kunterbunter Haufen von Promenadenmischungen, die kläfften und überall ihr Geschäft verrichteten; manche lagen zusammengerollt auf dem Boden aus Drahtgeflecht und versuchten, ihr elendes Gefängnis zu vergessen und zu schlafen!
Als die Verkäuferin den kleinen Zwergterrier herausholte und ihn auf den Boden stellte, schien er glasige Augen zu haben und wie in Trance zu sein.
„Dieser Hund hat irgendeine traumatische Erfahrung hinter sich“, dachte ich. Er sah mich mit mitleiderregenden, glasigen Augen an, aus denen eine unsägliche Traurigkeit sprach. Weit entfernt von dem Gedanken, ihn eventuell zu nehmen, konnte ich einfach nicht glauben, daß jemand ein Tier in diesem Zustand zum Verkauf anbieten würde. Der kleine Kerl mit seinen nur vier Kilo zitterte am ganzen Körper, und alle paar Sekunden hustete und schniefte er aufgrund irgendeiner Infektion der Lunge. Ich dachte, daß das wohl die Ursache für seine Verstörtheit war. Wenn er gerade nicht hustete, kratzte er sich wie wild an den Ohren, die von Milben befallen waren. Er folgte mir durch den Raum, unterwürfig, mit tief nach unten hängendem Schwanz – ein Bild des Jammers.
„Kein Mensch weiß, welche Krankheiten er noch hat – vielleicht sogar etwas Unheilbares“, dachte ich bei mir. „O, nein! Das fange ich erst gar nicht an!“ Aber obwohl ich mich zusammennahm, war mir zum Weinen zumute.

Er schien zu sagen: „Du siehst ganz freundlich aus, aber ich weiß, du bist genau wie die andern." Er war so klein und hilflos. Während ich versuchte, mich seinem Schicksal gegenüber innerlich zu verhärten, indem ich mir sagte: „Ich kann nichts dafür ... Ich kann aus meinem Haus doch kein Hundehospital machen", streckte er seine warme, rosarote Zunge heraus und leckte meine Hand, als wolle er sagen: „Trotzdem, vielen Dank, daß du mich besucht hast." Ich mußte dort weg, und zwar schnell!
Wir schwiegen, als wir losfuhren. Als wir ein paar Häuserblocks weiter waren, entschied ich mich von einem Augenblick auf den nächsten, diesen Hund zu kaufen. Ich fürchte, dieses Lecken der Hand war daran schuld gewesen – die intuitive Sehnsucht, die es ausdrückte. Ich wendete den Wagen und fuhr zurück. Ich war völlig taub für die einwandfrei logischen Argumente, die meine Frau vorbrachte. In Sekundenschnelle war aus diesem namenlosen, unansehnlichen Hund in einer verkommenen Tierhandlung mein kleiner Hund dort drinnen geworden, der litt, der einsam und der krank war! Ich war ganz erfüllt von Mitleid, das eigentlich auf ein würdigeres Objekt gerichtet hätte sein müssen: Ich weiß, o Gott, bitte vergib mir. Ich schrieb den Scheck aus und erhielt eine Quittung, auf der die unglaublichen Worte standen: „Garantiert gesund!"
Ich nahm das zitternde Bündel in meine Arme, so stinkend und jämmerlich wie es war. Mit Hilfe eines warmen Bades konnte bald der ekelerregende Gestank entfernt werden; dann ging ich mit ihm zum besten Tierarzt, den ich finden konnte. Er sah den Kleinen nur einmal an und schüttelte den Kopf.
„Ich will es versuchen, aber ich kann Ihnen nicht versprechen, daß er durchkommen wird", sagte er. Es waren Tage, in denen wir dem Tier Antibiotika gegen den Husten verabreichten, und Wochen, in denen es Tropfen gegen die Milben in den Ohren, ein Wurmmittel, verschiedene Impfungen, ein Tonikum zur Beruhigung seines wie wild schlagenden kleinen Herzens und viel Liebe bekam, die sich in den langen Jahren der Trauer um Hasso angesammelt hatte. Und besonders zum Erstaunen des Tierarztes haben wir inzwischen einen Hund, der gesund und kräftig ist.
Diese Dankbarkeit! Mein kleiner Hund, den wir Benji nannten, bringt sie in der blasphemischen Vergötterung zum Ausdruck, mit der er mich verehrt. Er hält mich für den allmächtigen Gott, wenn er mich morgens begrüßt und sich dreht und windet, als wolle er sich in Stücke reißen. Es ist, als könne er niemals diese Hölle vergessen, die er in der Tierhandlung erlebt hat!

Drei Jahre nach diesem glücklichen Anfang sollte Benji seinen geliebten Herrn verlieren. Er hatte gesehen, wie meine Mutter und mein Vater eines Morgens mit dem Auto wegfuhren; aber nur einer von ihnen kehrte zurück. Niemand konnte ihm natürlich die Bedeutung des Todes erklären. So saß Benji Monat für Monat da und lauschte, ob er nicht doch diese vertraute Stimme hören würde. Wenn eine Autotür geöffnet wurde, schöpfte er Hoffnung, und er wurde aufgeregt ..., dann folgte eine offensichtliche Enttäuschung. Wieder war es der Falsche.

Mehrere Monate nach der Beisetzung besuchte ich meine Mutter, um ihr zu helfen, die persönlichen Dinge meines Vaters zusammenzupacken und seine Kleider wegzugeben. Als ich geschäftig Mäntel und Hosen zusammenfaltete und in einen Koffer legte, sprang Benji auf das Bett. Er näherte sich ehrerbietig den Kleidern und beschnupperte sie vorsichtig von allen Seiten. Er kletterte in den Koffer und rollte sich in einen der meistgetragenen Mäntel meines Vaters. Dann sah er mich an. „Ich weiß, Benji, mir fehlt er auch", sagte ich.

Schlußfolgerung

Warum habe ich in ein Buch über Männer die Geschichte von einem Hund aufgenommen? Ich vermute, weil ich zeigen wollte, daß Ehemänner und Väter Gefühle haben, lieben und sich freuen dürfen. Ein Mann, der sich, wie mein Vater, erlauben kann, tiefe Gefühle zuzulassen, kann auch, zugegebenermaßen, von den Schicksalsschlägen des Lebens tiefer getroffen werden, aber seine Sensibilität ist den Preis wert, den er dafür bezahlt.

Teil VII

Ein Mann und sein Gott

17

Ein Mann und sein Gott

Einer meiner Kollegen ist vor einigen Wochen gestorben. Er hatte unserer Medizinischen Fakultät an der Universität seit über fünfundzwanzig Jahren angehört. Im Laufe seiner Professur hatte er sich von seiten der Kollegen und der Patienten gleichermaßen Achtung und Anerkennung erworben, nicht zuletzt durch die Ergebnisse seiner Forschungsarbeiten und seinen Beitrag zur Erweiterung unseres medizinischen Wissens. Dieser Arzt hatte den Gipfel des Erfolgs auf dem von ihm gewählten Gebiet erreicht, und er genoß den Status und die finanziellen Vorteile, die sich aus einer solchen Leistung ergeben. Gemessen an den Maßstäben der Welt hatte er alles, was man sich im Leben wünschen kann.

Bei der ersten Teambesprechung nach seinem Tod hielt jemand aus seiner Abteilung eine fünfminütige Rede, in der er geehrt wurde. Dann lud der Vorsitzende das Kollegium ein, sich zu erheben und, wie es in solchen Situationen bei uns üblich ist, eine Schweigeminute für den aus unserer Mitte geschiedenen Kollegen zu halten. Ich habe keine Ahnung, was die übrigen Mitglieder des Kollegiums in dieser Pause von sechzig Sekunden dachten, aber ich kann Ihnen sagen, was mir durch den Kopf ging.

Ich dachte: „Herr, ist das alles? Wir schwitzen und mühen uns und arbeiten, um in diesem Leben etwas zu erreichen, um unsere Mitmenschen mit unserer Kompetenz zu beeindrucken. Wir nehmen uns selbst so furchtbar wichtig. Wir reagieren so empfindlich auf die unbedeutendsten Dinge eines jeden vergänglichen Tages. Und am Ende schwinden dann, selbst für die Erfolgreichsten von uns, alle diese Erfahrungen dahin, sind nur noch Geschichte, und unser Leben wird in einer fünfminütigen Würdigung und sechzig Sekunden des Schweigens zusammengefaßt. Es scheint kaum der Mühe wert zu sein, Herr."

Aber ich war auch betroffen von der allgemeinen Unfähigkeit der Fakultät, mit den Fragen, die durch den Tod unseres Freundes aufgeworfen worden waren, umzugehen. Wo war er? Würde er weiterleben? Werden wir ihn in der anderen Welt sehen? Warum wurde er geboren? Gibt es einen liebenden Gott, der sein Tun sah und es registrierte? Hat dieser Gott Interesse an *mir*? Hat das Leben einen Sinn, der über Forschungsvorhaben, Professuren und teure Autos hinausgeht? Die schweigende Antwort von 250 hochgebildeten Männern und Frauen schien mir symbolisch für unsere Unfähigkeit, uns mit diesen Fragen auseinanderzusetzen.

Dann kam eine große Erleichterung über mich, als ich an die Botschaft des christlichen Glaubens und an die Bedeutung des Kreuzes dachte. Diese gute Nachricht gibt die *einzige* befriedigende Antwort auf die Frage, warum wir hier sind und wohin wir gehen. Der letzte Atemzug ist für einen Christen nicht das mysteriöse Ende einer sinnlosen Existenz. Er ist vielmehr der große Beginn eines Lebens, das nie mehr enden wird. Deshalb können wir sogar am Grabe eines geliebten Menschen verkünden: „Tod, wo ist dein Stachel, Hölle, wo ist dein Sieg?“ (1. Kor. 15, 55).

Wie wichtig ist es doch für einen Mann, der eine Familie hat, die Antworten auf diese verwirrenden Fragen zu kennen und seine Familie auf den Wegen der Gerechtigkeit zu führen. Wenn er diese geistliche Verantwortung annimmt, dann ist es wahrscheinlich, daß seine ganze Familie seinem Beispiel folgen wird. „Sie sprachen: Glaube an den Herrn Jesus, so wirst du *und dein Haus selig*“ (Apg. 16, 31, Hervorhebung vom Autor). Diese Dinge sind so wichtig, daß ich mich genötigt sehe, in diesem Kapitel das Hauptaugenmerk auf den grundsätzlichen Plan zur Rettung zu legen. Vielleicht wird jemand beim Lesen dieser Zeilen zum erstenmal die christliche Botschaft verstehen, was mein Gebet ist.

Ich habe lange über eine schwierige theologische Frage nachgedacht, die mir damals nicht zu beantworten zu sein schien. Es erschien mir sonderbar, daß Gott seinen einzigen Sohn, Jesus, auf Golgatha einen so schrecklichen Tod sterben lassen sollte. Ich argumentierte, daß Gott, der Schöpfer des Universums, über alles herrschte und daß er deshalb seine eigenen Gesetze machen und seine eigenen Grenzen ziehen konnte. Deshalb schien es mir, als hätte Gott *jeden* Plan zu unserer Rettung fassen können – irgendeinen, der ihm gerade in den Sinn gekommen wäre.

Es war unlogisch, daß Gott einen Plan entwickeln sollte, der das Leiden seines eingeborenen Sohnes am Kreuz mit sich brachte. Ich konnte nicht verstehen, warum er unsertwegen solche Qual und solchen Kummer auf sich nehmen sollte, wenn er doch eine Möglichkeit gehabt hätte, uns unter geringeren Opfern zu erlösen. Dieses Problem beschäftigte mich als junger Christ, und es verwirrte mich, welche Fragen es aufwarf. Ich kannte die einfachen Antworten, die ich in der Sonntagsschule darauf erhalten hatte, und ich konnte die Bibel zitieren. Aber keine dieser Interpretationen stellte mich zufrieden.

Es ist interessant, wenn man auf die Dinge zurückblickt, die einen in früheren Jahren umtrieben. Inzwischen verstehe ich den Plan Gottes zu unserer Rettung und die Gründe, die dahinterstehen, etwas besser. Die Erklärung dafür bedeutet mir sehr viel, denn in ihr kommt das Wesen des christlichen Glaubens zum Ausdruck. Bevor Sie jedoch meine Erklärung für den Plan Gottes lesen, sollten Sie wissen, daß ich weder Pfarrer noch Theologe bin. Ich kann kein theologisches Fachwissen für mich in Anspruch nehmen. Dieses mangelnde, exakte theologische Wissen kann sich aber auch als Vorteil erweisen, denn es macht es mir leichter, meine Gedanken in einer alltäglichen, allgemein verständlichen Sprache zum Ausdruck zu bringen. Wenn meine Erklärung manchen Leuten als eine zu grobe Vereinfachung erscheinen will, dann hoffe ich, daß sie mir vergeben mögen.

Und so stelle ich mir nun die Erklärung der Frage nach dem Plan zu unserer Rettung und die Bemühungen dafür vor, warum Jesus leiden mußte: Grundlage dafür ist selbstverständlich ein Verständnis vom Wesen Gottes. In der Bibel wird der allmächtige Gott immer wieder mit zwei unwandelbaren Eigenschaften dargestellt: mit *seiner Liebe und seiner Gerechtigkeit.* Beide Wesenszüge zeigen sich in allem, was Gott tut, und keine seiner Taten wird einem dieser beiden Elemente widersprechen.

Die Liebe und die Gerechtigkeit Gottes kamen besonders in der Erschaffung von Adam und Eva zum Ausdruck. Er hätte sie ganz offensichtlich so „programmieren“ können, daß sie ihn lieben und seinen Geboten hätten gehorchen müssen. Sie hätten ja höchst komplizierte Roboter oder Marionetten sein können. Er hat sogar das Gehirn der auf einer niedrigeren Stufe stehenden Tiere so programmiert, daß Vögel eine bestimmte Art Nester bauen und Wölfe einen verletzten Elch töten. Die Tiere haben hier keine andere Wahl. Mein Dackel Siggi zeigt eine Reihe von Verhaltensweisen, die so tief in ihm angelegt sind, daß *keiner* von uns etwas daran ändern kann. Er muß z. B. einfach bellen, wenn es an der Haustür klingelt, auch wenn ich ihm drohe, wenn er das Baby aufweckt. Er kann auch nicht anders, als sein Fressen in sich hineinzuschlingen, als bekäme er sonst nie etwas. Gott hat Siggi mit einem instinktiven Verhalten ausgestattet (von dem ich manches gerne abstellen möchte), das automatisch vorhanden ist und nicht erlernt wird.

Aber der Herr hat entschieden, dem Menschen kein instinktives Verhalten dieser Art zu geben, so daß wir die Freiheit haben zu lernen. Das erklärt die unendliche Hilflosigkeit des menschlichen Neugeborenen, das zu den unselbständigsten Wesen nach der Geburt gehört. Es fehlt ihm an den ursprünglichen Vorzügen nicht erlernter Reaktionen, aber später wird es den intelligentesten Tieren mit festgelegten Reaktionen meilenweit voraus sein. Das liegt im Wesen unserer menschlichen Natur.

Indem Gott uns die Freiheit der Entscheidung gegeben hat, hat er unserer Liebe zugleich Sinn gegeben. Er wollte, daß wir ihn lieben, aber er lehnte es ab, das von uns zu verlangen. In dem Augenblick, in dem er uns mit einem freien Willen schuf, wurde es auch unausweichlich, daß er letztendlich mit der Sünde des Menschen konfrontiert werden mußte. Ich habe gehört, wie Christen spekulierten, was aus Adam und Eva geworden wäre, wenn sie Gott gegenüber nicht ungehorsam gewesen wären. Die Antwort liegt auf der Hand. Wenn sie nicht gesündigt hätten, hätte es eine der nachfolgenden Generationen getan. Es hätte schließlich keine echte Entscheidungsfreiheit gegeben, wenn niemals jemand eine falsche Entscheidung getroffen hätte.

Aber Adam und Eva *haben* gesündigt, wie wir wissen, und Gott so das schwerste Dilemma aller Zeiten bereitet. Seine Liebe zum Menschen war unbegrenzt, und sie verlangte von ihm, daß er seinen ungezogenen Kindern vergab. Die Bibel sagt: „Wie sich ein Vater über Kinder erbarmt, so erbarmt sich der Herr über die, die ihn fürchten" (Psalm 103, 13). Das ist eine Analogie, die ich verstehe. Ich weiß, wie meine Kinder mir leid tun, wenn sie etwas Falsches getan haben. Ich möchte ihnen vergeben.

Aber trotz der unendlichen Liebe Gottes zu uns, verlangte seine Gerechtigkeit Buße und vollkommenen Gehorsam. Hier lag also ein großer Konflikt, der im Wesen Gottes begründet war. Wenn er das Menschengeschlecht zerstört hätte, um der Gerechtigkeit Genüge zu tun, nachdem wir gesündigt hatten und ungehorsam geworden waren, so hätte das im Widerspruch zu seiner Liebe gestanden; wenn er aber unsere Sünde nicht beachtet hätte, so wäre dies ein Verstoß gegen seine Gerechtigkeit gewesen. Er konnte jedoch bei keinem dieser beiden Aspekte seines Wesens einen Kompromiß eingehen.

Aber Gott, in seiner wunderbaren Weisheit, erdachte einen Ausweg aus diesem schrecklichen Dilemma. Wenn er ein menschliches Wesen finden konnte, das nicht verurteilt werden mußte – ein einziger Mensch in der Geschichte der Menschheit, der niemals gesündigt hatte, ein Mann oder eine Frau, der oder die nicht schuldig war –, dann hätte die Sünde aller anderen auf diesen einen Menschen gelegt werden können, und dieser hätte stellvertretend für alle von uns leiden können. Also ging Gott, der nicht an die Zeit gebunden ist, alle Epochen von Adam bis Harmagedon durch, aber er konnte keinen finden, der nicht schuldig geworden war. „Denn es ist hier kein Unterschied: sie sind allesamt Sünder und ermangeln des Ruhmes, den sie bei Gott haben sollten" (Röm. 3, 23), sollte später geschrieben werden. Es gab niemanden, der so gut war, daß er die Schuld, die Schande und die Strafe für alle von uns hätte auf sich nehmen können. So blieb Gott nur noch die Wahl, seinen eigenen Sohn in die Welt zu senden, damit er die Sünde aller Menschen tragen konnte. Und hierin zeigt sich uns die Schönheit des göttlichen Plans und der Grund dafür, daß Jesus sterben mußte. Als er hier auf der Erde gekreuzigt wurde, überwand Jesus den Konflikt zwischen der Liebe und der Gerechtigkeit Gottes und erwirkte das Heil für eine gefallene Menschheit.

So sagte Jesus, als er starb: „Es ist vollbracht!" – was so viel bedeutete wie: „Ich habe den Heilsplan Gottes für die sündige Menschheit erfüllt." Und deshalb wandte Gott Jesus auch den Rücken zu, als er am Kreuz war, so daß er schrie: „Mein Gott, mein Gott, warum hast du mich verlassen?" (Mt. 27, 46). In diesem Augenblick trug Jesus die gesamte Strafe für alle Sünden,

die von den Menschen aller Zeiten begangen wurden und begangen werden, einschließlich Ihrer und meiner.
Dieses Verständnis des Heilsplans beruht natürlich nicht auf Annahmen und Vermutungen. Es entspricht der buchstäblichen Interpretation des Wortes Gottes. Diese Botschaft ist sogar das Hauptthema der Schrift. Das Alte Testament sagt uns: „Jesus kommt!" und das Neue Testament verkündet: „Jesus ist da!" Aber wenn ich einen Abschnitt aus der Bibel auswählen müßte, der den Gedanken deutlich werden läßt, den ich versucht habe darzulegen, dann würde ich mich für das 53. Kapitel in Jesaja entscheiden (es sind meine Lieblingsverse). Dieser Text wurde siebenhundert Jahre vor Christi Geburt geschrieben, und es ist eine unglaubliche Prophetie seiner Sendung. Der ganze Plan Gottes ist in diesem einen Kapitel zusammengefaßt. Ich möchte es zitieren:

„Aber wer glaubt dem, was uns verkündet wurde, und wem ist der Arm des Herrn offenbart? Er schoß auf vor ihm wie ein Reis und wie eine Wurzel aus dürrem Erdreich. Er hatte keine Gestalt und Hoheit. Wir sahen ihn, aber da war keine Gestalt, die uns gefallen hätte. Er war der Allerverachtetste und Unwerteste, voller Schmerzen und Krankheit. Er war so verachtet, daß man das Angesicht vor ihm verbarg; darum haben wir ihn für nichts geachtet. Fürwahr, er trug unsre Krankheit und lud auf sich unsre Schmerzen. Wir aber hielten ihn für den, der geplagt und von Gott geschlagen und gemartert wäre. Aber er ist um unsrer Missetat willen verwundet und um unsrer Sünde willen zerschlagen. Die Strafe liegt auf ihm, auf daß wir Frieden hätten, und durch seine Wunden sind wir geheilt. Wir gingen alle in die Irre wie Schafe, ein jeder sah auf seinen Weg. Aber der Herr warf unser aller Sünde auf ihn. Als er gemartert ward, litt er doch willig und tat seinen Mund nicht auf wie ein Lamm, das zur Schlachtbank geführt wird; und wie ein Schaf, das verstummt vor seinem Scherer, tat er seinen Mund nicht auf. Er ist aus Angst und Gericht hinweggenommen. Wer aber kann sein Geschick ermessen. Denn er ist aus dem Lande der Lebendigen weggerissen, da er für die Missetat meines Volkes geplagt war. Und man gab ihm sein Grab bei den Gottlosen und bei Übeltätern, als er gestorben war, wiewohl er niemand Unrecht getan hat und kein Betrug in seinem Munde gewesen ist. So wollte ihn der Herr zerschlagen mit Krankheit.
Wenn er sein Leben zum Schuldopfer gegeben hat, wird er Nachkommen haben und in die Länge leben, und des Herrn Plan wird durch seine Hand gelingen. Weil seine Seele sich abgemüht hat, wird er das Licht schauen und die Fülle haben. Und durch seine Erkenntnis wird er, mein Knecht, der Gerechte, den Vielen Gerechtigkeit schaffen; denn er trägt ihre Sünden. Darum will ich ihm die Vielen zur Beute geben, und er soll die Starken zum Raube haben, dafür daß er sein Leben in den Tod gegeben hat und den Übeltätern gleichgerechnet ist und er die Sünde der Vielen getragen hat und für die Übeltäter gebeten" (Jesaja 53).

Ist das nicht eine wunderbare Beschreibung des Auftrags, den Jesus hier auf der Erde zu erfüllen hatte? Sie erklärt, warum der Plan Gottes die Mitwirkung seines Sohnes – seine Qual, sein Leiden und seinen Tod – notwendig machte. Nur zu diesem unendlich hohen Preis konnte er den möglichen Widerspruch zwischen Liebe und Gnade überwinden und der Menschheit einen „Fluchtweg“ weisen. So wird auch verständlich, warum in keinem anderen Namen Heil ist und warum es für uns kein Entrinnen gibt, wenn wir ein solches Heil nicht achten (Heb. 2, 3).
Eine wichtige Frage bleibt noch zu beantworten: „Was muß der Mensch nun tun, um dieses Heil anzunehmen und dem auferstandenen Herrn nachzufolgen? Ich meine, daß dazu zwei grundsätzliche Schritte nötig sind (wenngleich manche Gemeinden nur einen betonen). Der erste besteht darin, an den Namen Jesu Christi zu glauben. In Johannes 3, 16 heißt es: „Denn also hat Gott die Welt geliebt, daß er seinen eingeborenen Sohn gab, damit alle, die an ihn glauben, nicht verloren werden, sondern das ewige Leben haben.“ In Römer 10,13 ist es anders ausgedrückt: „Wer den Namen des Herrn anrufen wird , soll gerettet werden.“ Zuerst gilt es also, für mich persönlich anzunehmen, was Jesus für uns getan hat.
Aber so, wie ich die Bibel verstehe und aus meiner theologischen Perspektive, ist noch ein zweiter Schritt notwendig, der nicht immer genügend betont wird. Jakobus faßte ihn folgendermaßen in Worte: „Du glaubst, daß nur einer Gott ist? Du tust recht daran; die Teufel glauben's auch und zittern. Willst du nun einsehen, du törichter Mensch, daß der Glaube ohne Werke nutzlos ist?“ (Jak. 2, 19–20). Es ist also noch etwas anderes nötig. Obwohl es stimmt, daß man sich das Heil nicht durch Werke „verdienen“ kann – man könnte gar nicht genug Gutes tun, um es zu erwirken –, ist *Reue* doch ein Element, das eine große Rolle spielt.
„Reue“ ist ein Wort, das oft mißverstanden wird. Was bedeutet es wirklich? Billy Graham definierte „Reue“ als einen Begriff, der dreierlei umfaßt. Die erste Voraussetzung besteht darin, daß einen das Gewissen schuldig spricht. Man muß wissen, was richtig ist, bevor man das Rechte tun kann; und man muß wissen, was falsch ist, wenn man ein solches Fehlverhalten vermeiden möchte. Zur Reue gehört auch das tiefe Bewußtsein,

schuldbeladen vor dem Herrn zu stehen. Ich bin Menschen begegnet, die sich Christen nennen und sagen: „Ja, ich glaube an Jesus", aber es scheint ihnen irgendwie das Verständnis oder das Bewußtsein ihrer eigenen Sünde und Schuld zu fehlen. Sie haben kein „zerknirschtes Herz". Aus dem Jakobusbrief in der Bibel wissen wir, daß selbst die Teufel „glauben und zittern"; aber es gibt viele Menschen, die *glauben und nicht zittern.*

Aber woher kommt dieser Geist der Reue? Er muß aus der Erleuchtung durch den Heiligen Geist erwachsen. In 5. Mose 4, 29 heißt es: „Wenn du aber dort den Herrn, deinen Gott, suchen wirst, so wirst du ihn finden, wenn du ihn von ganzem Herzen und von ganzer Seele suchen wirst." Diese Beziehung zu Gott muß man also wollen. Er muß einem so wichtig werden, daß man ihm erlaubt, sein Leben völlig umzustellen und sein Verhalten zu ändern. Zusammenfassend kann man also sagen, daß Reue Erkenntnis voraussetzt, das Wissen um richtig und falsch; daß sie Bußfertigkeit verlangt, das Bewußtsein, Schuld auf sich geladen und gesündigt zu haben; und schließlich, daß sie zu einem Wandel der inneren Einstellung – des Herzens und des Verhaltens – führen muß.

Aus zeitlichen und räumlichen Gründen ist es mir nicht möglich, hier noch weitere theologische Fragestellungen zu erörtern, die im Rahmen des göttlichen Heilsplans von besonderer Bedeutung sind, wie z.B. das *Bekennen* (Röm. 10, 9–10) und die *Taufe* (Apg. 22, 16 und 2, 38). Vielleicht habe ich wenigstens eine Grundlage geben können, so daß der Leser in der Lage ist, nun die Bibel selbst zur Hand zu nehmen und zu studieren.

Ich denke, es wäre abschließend vielleicht hilfreich, ein Gebet zu nennen, das jemand beten kann, der verstanden hat, was ich über Jesus Christus gesagt habe, und der ihn als seinen Herrn und Retter annehmen möchte. Ich würde ihm folgendes Gebet vorschlagen:

„Herr, ich komme mit meiner Sünde zu dir, die du mir aufgedeckt hast. Ich weiß, ich habe nichts von Wert, das ich dir anbieten könnte; ich kann dir nur mich selbst und meine Liebe schenken. Ich kann mir deine Vergebung durch nichts verdienen, aber du hast sie mir durch deinen Sohn, Jesus Christus, als Geschenk angeboten. Ich nehme deine Herrschaft über mein Leben an, und ich will dir von diesem Augenblick an dienen, dir gehorchen und dir nachfolgen. Ich gebe dir meine Vergangenheit, meine Gegenwart, meine Zukunft, mein Geld und meine Zeit. *Nichts* werde ich für mich zurückbehalten. Ich danke dir, daß du mich liebst, daß du mir vergibst und daß du mich dir zu eigen machst. Amen."

18

Ein Mann und sein Tod

„Ein Kind wird mit einer geschlossenen Faust geboren, aber ein alter Mann stirbt mit einer offenen Hand. Das Leben vermag es, alles aus unserem Griff zu lösen, das so wichtig zu sein scheint."

Wie stirbt jemand, der ein guter Mensch war? Die Bibel gibt uns zahlreiche Beispiele, die diejenigen inspirieren können, die sich Christen nennen. Mir gefällt der Bericht über die letzten Stunden im Leben des Königs David besonders gut, als er darum bat, sein geliebter Sohn Salomo solle in seine Gemächer geführt werden. Dort richtete ein Vater seine letzten Worte und abschließenden Ratschläge an den jungen Mann, den er zu seinem Nachfolger bestimmt hatte. Wir können sicher sein, daß die Gedanken, die bei dieser Gelegenheit ausgesprochen wurden, von großer Bedeutung waren, denn David teilte seinem Sohn offenbar ewige Wahrheiten mit. Im Angesicht des Todes ist ein Mensch selten leichtfertig und oberflächlich. So stellen diese Worte also eine Zusammenfassung all dessen dar, was David glaubte und liebte:

„Und du, mein Sohn Salomo, erkenne den Gott deines Vaters und diene ihm mit ganzem Herzen und mit williger Seele. Denn der Herr erforscht alle Herzen und versteht alles Dichten und Trachten der Gedanken. *Wirst du ihn suchen, so wirst du ihn finden; wirst du ihn aber verlassen, so wird er dich verwerfen ewiglich!*" (1. Chronik 28, 9, Hervorhebung vom Autor).

Jeder Sohn müßte das Glück haben, solche Weisungen von seinem Vater zu erhalten, die von tiefer Weisheit zeugen. Diese gut fünfzig Worte sagen alles, was ein junger Mann oder eine junge Frau wissen muß, um ein sinnvolles Leben führen zu können. Es fällt auf, wie klar und deutlich Davids Worte sind. Er gab Salomo nicht den Rat, er solle versuchen, etwas *über* Gott zu erfahren. Er sagte ihm, er solle Gott *direkt* kennenlernen. Dieser Unterschied ist entscheidend: Ich kann etwas *über* Ronald Reagan und George Washington und Albert Einstein wissen, aber ich bin ihnen damit noch lange nicht von Angesicht zu Angesicht begegnet. Es beeindruckt mich auch, wie David auf das Gericht Gottes über diejenigen Bezug nimmt, die seinen Geboten nicht gehorchen: „Wirst du ihn aber verlassen, so wird er dich verwerfen ewiglich." Diese Warnung hat eine Bedeutung für die Ewigkeit, auch für Sie und für mich.

Wir haben gesehen, wie König David sich dem Ende seines Lebens auf der Erde gestellt hat. Ich möchte nun ein moderneres Beispiel dafür nennen, wie ein guter Mensch stirbt. Es ist angebracht, daß ich diese abschließenden Worte meinem Vater widme. Hat er doch, wie Sie wissen, diese ganze Arbeit inspiriert.

Das letzte Kapitel im Leben meines Vaters beginnt mit der Osterzeit des Jahres 1977, als meine Eltern kamen, um Shirley und mich in Kalifornien zu besuchen. Ich hatte mir einige Tage von der Arbeit frei genommen und verbrachte diese Zeit in angenehmer Unterhaltung mit meinen Eltern. An einem Punkt wandte ich mich an meinen Vater und fragte ihn spontan: „Was hättest du denn gerne einmal auf deinem Grabstein stehen?"

Er dachte kurz nach und antwortete dann: „Nur drei Worte: ‚Er hat gebetet.'" Ich kann mir keinen anderen Satz vorstellen, der seine Hingabe an Gott und die tägliche Gemeinschaft, die er mit ihm pflegte, besser zum Ausdruck bringen könnte. Es paßte, daß seine letzte Handlung auf Erden darin bestand, Gott um seinen Segen für das bereitete Essen zu bitten. Seinem Wunsch entsprechend stehen die drei Worte „Er hat gebetet" auch auf seinem Grabstein.

Ich sprach dann auch meine Mutter an: „Und was möchtest du auf deinem Grabstein stehen haben?" Sie hat viel Humor und antwortete sofort: „Ich habe euch doch gesagt, daß ich krank war!"

Ihre Bemerkung erinnerte mich an einen achtzigjährigen Mann, der sagte: „Wenn ich gewußt hätte, daß ich so alt werden werde, dann hätte ich besser auf mich achtgegeben!"

Ich genoß diese Woche sehr, in der meine Eltern bei uns waren. Wir lachten viel miteinander und verstanden uns prächtig. Natürlich hatte ich keine Ahnung, daß dies die letzte Reise sein sollte, die mein Vater unternehmen würde. Die Zeit seines Le-

bens war fast abgelaufen, und es blieben ihm nur noch acht Monate.
Später im Jahr, als der Tod näher rückte, offenbarte Gott meinem Vater zwei Dinge, die ihn tief bewegten. Ich erfuhr das eine bei einem Telefongespräch im September. Wir sprachen über meine bevorstehende Sendereihe im Fernsehen und verschiedenes andere. Dann sagte mein Vater plötzlich: „Eines weiß ich, Gott wird für deine Mutter sorgen."
Ich antwortete: „Ja, ich bin sicher", fragte mich aber, warum er diesen Augenblick gewählt hatte, um eine solche Aussage zu machen. Fünf Tage später erlitt er seinen fast tödlichen Herzanfall.
Als meine Mutter und ich im Krankenhaus saßen und auf Nachricht über seinen Zustand warteten, dachte ich an seinen seltsamen Kommentar am Telefon zurück. Ich sprach mit meiner Mutter darüber und fragte sie, ob sie wisse, warum er mit mir über ihre gesicherte Zukunft gesprochen habe.
„Ich weiß, was er damit meinte", antwortete sie. Dann berichtete sie mir, daß mein Vater zwei Wochen zuvor im Bett geblieben war und daß sie gerade im Raum zu tun hatte. Sie hatte ihn kurz mit einem Blick gestreift, als sie feststellte, daß er Tränen in den Augen hatte.
„Was ist mir dir los?" hatte sie gefragt.
Er schwieg ein paar Sekunden lang und sagte dann: „Der Herr hat gerade zu mir gesprochen."
„Möchtest du mit mir darüber sprechen?" fuhr sie fort.
„Es ging um dich!" antwortete mein Vater.
„Ja, *dann* sagst du es vielleicht besser!" meinte sie.
„Es war ganz sonderbar", erzählte mein Vater. „Ich lag einfach hier und dachte über vieles nach. Ich habe nicht gebetet und dachte auch gerade nicht an dich, als der Herr zu mir redete und sagte: ‚Ich werde für Myrtle sorgen.'" Sie hatten sich damals erstaunt angeblickt und nicht gewußt, was das bedeuten sollte.
Fünf Tage später erlebten sie das größte Trauma ihres Lebens, und vierundachtzig Tage darauf begann meine Mutter die Erfahrung zu machen, was es bedeutet, Witwe zu sein.
Obgleich seit dem Tod meines Vaters an jenem kalten Dezembertag viele Monate vergangen sind, ist diese Verheißung des Herrn nicht in Vergessenheit geraten. Ich werde Ihnen nicht in

allen Einzelheiten berichten, wie sie sich erfüllt hat. Aber grundsätzlich kann ich sagen, daß der Gott meines Vaters die Frau, die dieser zurückgelassen hat, tröstet, sie leitet und für sie sorgt.
Selbstverständlich trauert sie noch um den Mann, den sie geliebt hat. Es gibt *keine* Möglichkeit, den Verlust eines ständigen Begleiters und Freundes nach dreiundvierzig Jahren nicht als Schmerz zu erleben. In den frühen Abendstunden ist sie besonders einsam, und meine Mutter nutzt diese Zeit des Tages, um im Gedenken an ihren Mann Gedichte zu schreiben.
Von dem zweiten Gedanken, der meinem Vater geoffenbart worden war, erfuhr ich am 2. Oktober 1977, nachdem er zwei Wochen lang im Krankenhaus war. Ich flog zu einem kurzen Besuch nach Kansas City, bei dem ich ihn das letzte Mal lebend sehen sollte. Er sprudelte geradezu über. Es gab so vieles, das er mir sagen wollte. Sein Gesundheitszustand hatte sich enorm gebessert, und er rechnete damit, in ein paar Tagen aus dem Krankenhaus entlassen zu werden. Abgesehen von anderen, wichtigeren Themen, sprachen wir auch über seinen kleinen Hund, Benji, der sehnsüchtig auf die Rückkehr seines Herrn wartete.
Dann wurde mein Vater sehr ernst. „Da ist etwas, das ich dir beschreiben möchte“, sagte er. „Ich habe an dem Morgen nach meinem Herzanfall ein ganz unglaubliches Erlebnis gehabt.“ Er begann zu weinen, als er sprach.
Ich machte mir Sorgen, daß diese emotionale Belastung für sein Herz zuviel werden könnte, und ich bat ihn, noch etwas zu warten und mir später davon zu erzählen. Er war einverstanden, und wir ließen die Angelegenheit beiseite. Ich mußte am darauffolgenden Tag abreisen, und er starb vor unserer geplanten Begegnung an Weihnachten.
Mein Vater hatte jedoch meiner Mutter und einem Freund, Dr. Dean Baldwin, eine Woche vor seinem Tod Einzelheiten über sein Erlebnis berichtet. Außerdem fand ich nach seinem Tod beim Durchsehen seines schriftlichen Nachlasses eine teilweise abgeschlossene Beschreibung dieser Erfahrung, die er handschriftlich festgehalten hatte. Der nun folgende Bericht ergibt sich aus der Konsultierung der drei genannten Quellen, und er beschreibt eine dramatische Vision, die er am Morgen nach seinem Herzanfall hatte. (Bedenken Sie bitte, daß die Ärzte davon

ausgegangen waren, daß er diese Nacht nicht überstehen würde.) Und so etwa lauteten seine Worte.

„Es geschah in den frühen Morgenstunden, als ich weder wach war noch schlief. Ich lag da, in einem stillen Krankenzimmer, als ich plötzlich die schönste Person sah, die ich je gesehen hatte. Ich wußte nicht sofort, wer es war, aber inzwischen glaube ich, daß es Jesus war. Das war kein Traum im klassischen Sinne. Meine Umstände waren mir deutlich bewußt, und die Erscheinung war sehr lebendig. Es war mir bewußt, daß mir gestattet wurde, eine Art Szene im Gerichtssaal zu beobachten – eine göttliche Verhandlung –, aber ich war nur Zuschauer. Es wurde kein Wort an mich direkt gerichtet. Die ‚Person' saß und schrieb in einem Buch. Es schien, als befasse sie sich mit einer sehr wichtigen Angelegenheit. Dann erkannte ich, daß sie sich mit *meinem* Fall beschäftigte. Mein Leben wurde bis in die Einzelheiten überprüft. Die Person hörte auf zu schreiben und begann ein direktes Plädoyer für mich vor Gott. Ich habe niemals eine so wunderbare Sprache gehört wie die, in der sie meine Lebensumstände beschrieb, während wiederholt mein Name genannt wurde. Dann schrieb sie weiter, bis sie unten auf der Seite angelangt war und den letzten Satz beendete, und in einer plötzlichen Geste streckte sie ihre Hand aus. Obgleich kein Wort gesprochen wurde, zeigten diese Bewegung und ihr Gesichtsausdruck, zu welchem Schluß sie über mein Leben gekommen war. Er lautete: ‚Er ist in Ewigkeit *willkommen!*'"

Dr. Baldwin berichtet, daß mein Vater ganz offen weinte, als er ihm von dieser Erfahrung erzählte. Dann erklärte er, zutiefst bewegt, er habe eine abschließende Botschaft von großer Bedeutung empfangen, aber sie sei zu persönlich, als daß er etwas darüber sagen könne. Er konnte sie nicht einmal meiner Mutter mitteilen, mit der er sonst alles austauschte. Wir können nur vermuten, daß in diesem unglaublichen Augenblick sein bevorstehender Tod vorausgesehen wurde.
Dann verschwand die Vision, und mein Vater blieb in der Morgendämmerung in seinem Krankenzimmer zurück. Diese Erfahrung hatte ihn so sehr getroffen, daß er, bis zwei Wochen später bei meinem Besuch, niemandem versuchte, etwas davon zu erzählen. Selbst bis zu seinem Tod konnte er nicht darüber sprechen, ohne daß ihm die Tränen kamen.
Mancher wird nun sagen, daß mein Vater in jener Stunde einen Traum gehabt habe, der durch die Medikamente ausgelöst worden sei. Das glaube ich nicht. Mein Vater, der keineswegs zu mystischen Übertreibungen neigte, betonte, daß diese Vision keine Halluzination oder Einbildung gewesen sei. Ich werde die Entscheidung darüber dem Leser überlassen. Über eines bin ich mir allerdings sicher. Dieser Mann *war* seinem Schöpfer „will-

kommen". Er hatte sich Jesus Christus rückhaltlos und mit seinem ganzen Leben hingegeben. Er hatte seinen guten Kampf gekämpft und bis zum Ende den Glauben bewahrt.

Der dreiundzwanzigste Psalm gibt dem Gerechten die Verheißung, daß Gott durch das finstere Tal des Todes mit ihm gehen wird. Er hat dieses Versprechen im Falle meines Vaters mit Sicherheit gehalten. Und das Leben dieses gütigen Menschen ging zu Ende, nur um in größerer Herrlichkeit in der anderen Welt weitergeführt zu werden.

Das Hinscheiden meines Vaters hat meine eigene Wahrnehmung des Todes verändert. Ich habe immer noch ein großes, tief in mir sitzendes Bedürfnis nach Leben – besonders, da ich zu Hause noch nicht alle Aufgaben abgeschlossen habe –, aber ich betrachte das Ende dieses Lebens nicht mehr als das allergrößte Unglück. Jetzt weiß ich, daß hinter dieser Schwelle ein alter Freund darauf wartet, mich zu begrüßen. Ich bin sicher, daß er mir voller Begeisterung die Sterne, die Planeten und die himmlische Stadt zeigen wird. Ich gehe auch davon aus, daß er mich dem Herrn, dem ich zu dienen versucht habe seit ich drei Jahre alt war, von Angesicht zu Angesicht vorstellen wird.

Aber was die Gegenwart anbelangt, so ist er nicht mehr da, und nun bin *ich* derjenige, dessen Fall im göttlichen Gerichtssaal verhandelt wird. Mir bleibt dieses Gebet:

„Himmlischer Vater, ich sehne mich danach, der Ehemann und Vater zu sein, der ich nach deinem Willen sein soll. Mein höchstes Ziel auf dieser Erde sind die Worte der Bestätigung: ‚Du frommer und getreuer Knecht.' Und doch fühle ich mich so unfähig, meiner Verantwortung wirklich gerecht zu werden. Ich weiß, daß die Vorstellung, die meine Kinder von dir haben, stark davon abhängig ist, wie sie mich wahrnehmen, und dieser Gedanke erschreckt mich. Aber ich weiß, daß du nur von mir erwartest, daß ich mein Bestes tue, und dieser Gedanke tröstet mich. Ich danke dir für das Beispiel, das du mir in meinem Vater gegeben hast. Hilf du mir nun, dieses Beispiel an die Kinder weiterzugeben, die du Shirley und mir anvertraut hast. Und obgleich ich dich schon früher darum gebeten habe, möchte ich dich erneut bitten, daß im Kreis unserer Familie keiner fehlen möge, wenn wir vor deinem Thron stehen.

Und abschließend, Herr, möchte ich dich bitten, meinem Vater kurz etwas auszurichten. Ich bitte dich, daß du ihm sagst, daß ich ihn liebe. Kein Sohn verdankt seinem Vater mehr als ich!"

Anmerkungen

1 Sieben Mitglieder unserer Familie waren in den vorausgegangenen 18 Monaten gestorben.
2 James Dobson, „Das solltest du über mich wissen“, Verlag Schulte + Gerth.
3 Sandy & Harry Chapin, „Cat's in the Cradle“, © 1974 Story Songs, Ltd. Alle Rechte vorbehalten. Mit freundlicher Genehmigung.
4 Nachdruck mit freundlicher Erlaubnis von „American Girl“, einer Zeitschrift der Pfadfinderinnen der USA.
5 Richard Farson, „Birthrights: A Child's bill of Rights“, New York: Macmillan, 1974.
6 James Dobson, „Das solltest du über mich wissen“, Verlag Schulte + Gerth.
7 Richard Selzer, M. D., „Mortal Lessons: Notes in the Art of Surgery“, New York: Simon & Schuster, 1976
8 Dr. med. John F. Whitaker, „Personal Marriage Contract“, OK Street, Inc., Dallas, 1976.
9 James Dobson, „Das solltest du über mich wissen“, Verlag Schulte + Gerth.
10 James Levine in der Fachzeitschrift „Psychology Today“, November 1979.
11 Nora Ephron, „Women“ in der Zeitschrift „Esquire“, Juli 1972.
12 George Gilder, „Sexual Suicide“, Quadrangle/The New York Times Book Company, New York.
13 Dr. Richard Restak, „The Brain: The Last Frontier“, Garden City, New York: Doubleday & Company, 1979.
14 Aus der Fachzeitschrift „Psychology Today“, Februar 1972.
15 Die Symptome der Menopause und ihre Behandlung habe ich in meinem Buch „Das solltest du über mich wissen“ beschrieben.
16 Dr. Jim Conway, „Die besten Jahre“, Arbeitsgemeinschaft Mut zum Leben.
17 Dennis Overbye, „Omni Magazine“, Februar 1979.

Lieber Leser,
wenn durch die Lektüre dieses Buches in Ihnen persönliche oder seelsorgliche Fragen aufgekommen sind, so wenden Sie sich mit diesen bitte an einen Seelsorger Ihres Vertrauens. Gerne dürfen Sie sich auch an die

Family Life Mission, Postfach 1965, 77679 Kehl

wenden, die von Walter und Ingrid Trobisch gegründet wurde. Erfahrene Seelsorger werden Ihnen antworten. Ihre Anfragen werden selbstverständlich vertraulich behandelt.

Weitere Bücher von James Dobson

Minderwertigkeitsgefühle – eine Epidemie

Ursachen und Überwindung von Minderwertigkeitskomplexen
Pb., 180 S.,
Nr. 854.047, ISBN 3-7751-9047-3

Wie Sie Ihre Kinder dabei unterstützen können, zu selbstbewußten, gesunden Persönlichkeiten zu werden: James Dobson entwirft in seinem klaren, humorvollen Stil zehn umfassende Strategien.

Endlich … ich werde erwachsen!

Ein Ratgeber für Teenager und ihre Eltern!
Pb., 154 S.,
Nr. 854.088, ISBN 3-7751-9088-0

Damit kämpfen Teens: mangelnde Selbstachtung, physische Veränderungen, Liebe und Sexualität, Gefühlsschwankungen, Anpassungsdruck von Gleichaltrigen … So geht es leichter: Der Ratgeber für Teenager und ihre Eltern!

Weitere Bücher zum Thema »Mann-Sein – Frau-Sein«

Dan Benson

Der totale Mann

Das Handbuch zum Geheimnis Mann – für sie und ihn

Tb., 288 S., Nr. 854.058, ISBN 3-7751-9058-9

Marabel Morgan

Die totale Frau

Das Handbuch zum Frau-Sein

Tb., 192 S., Nr. 854.055, ISBN 3-7751-9055-4

Walter Trobisch

Der mißverstandene Mann

Der Mann: das starke Geschlecht, Held, Unterdrücker ... tatsächlich? Das Buch für Männer und Frauen, das Innerste des Mannes kennen und verstehen zu lernen!

Pb., 72 S., Nr. 854.046, ISBN 3-7751-9046-5

Gary Smalley

Entdecke deine Frau

Für alle Männer, die mehr über ihre Frau wissen wollen!

Pb., 170 S., Nr. 854.065, ISBN 3-7751-9065-1

Gary Smalley

Entdecke deinen Mann

Für alle Frauen, die das Wesen ihres Mannes besser verstehen lernen möchten!

Pb., 180 S., Nr. 854.061, ISBN 3-7751-9061-9

Bitte fragen Sie in Ihrer Buchhandlung nach diesen Büchern! Oder schreiben Sie an die Auslieferung von Edition Trobisch: Hänssler-Verlag, Postfach 12 20, D-73762 Neuhausen.